lonely planet

LONDRES

Hannah Ajala, Tharik Hussain, Linda Konde,
Travis Levius, Demi Perera, Qin Xie

Sommaire

BOX

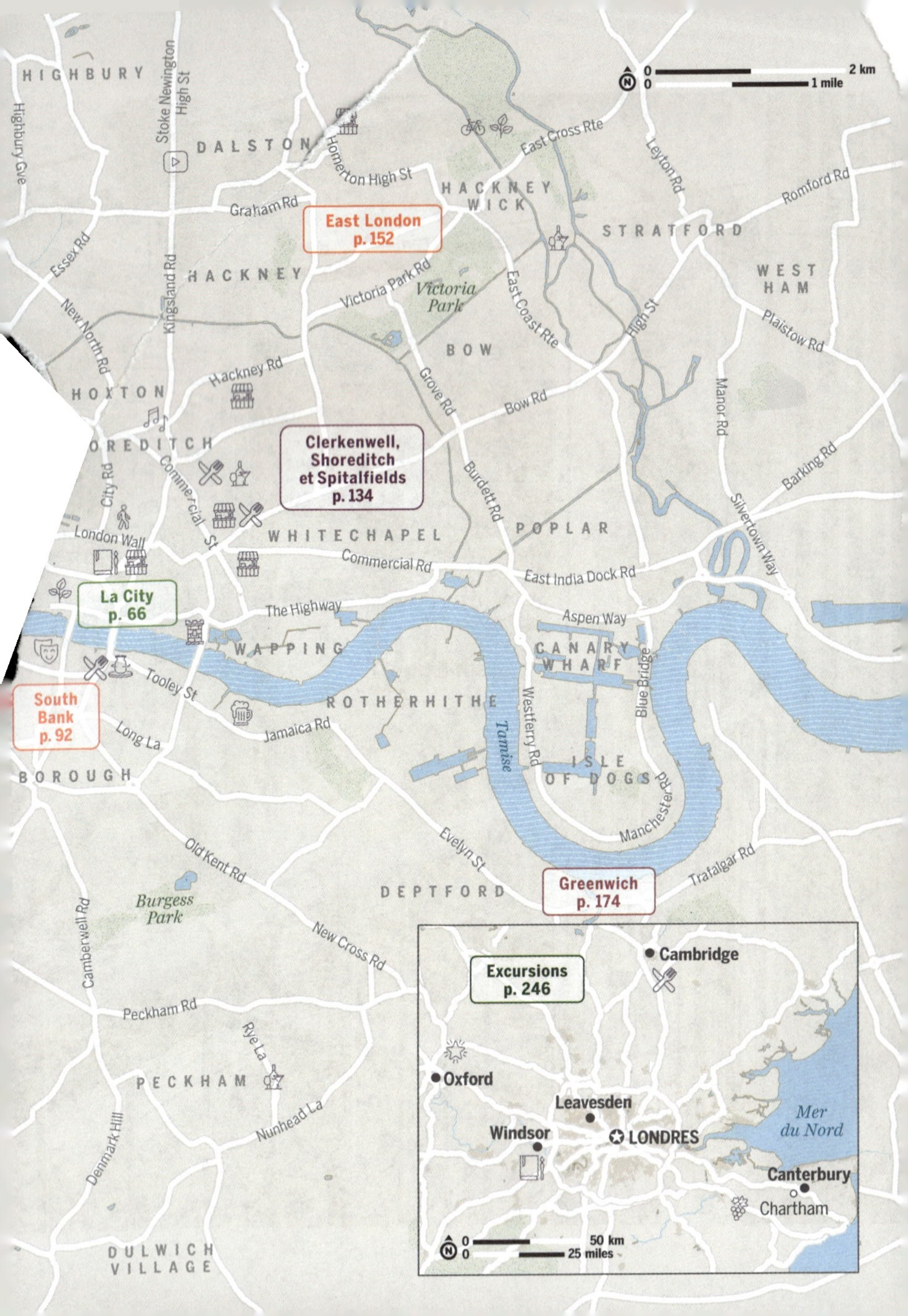

East London
p. 152
Clerkenwell, Shoreditch et Spitalfields
p. 134
La City
p. 66
South Bank
p. 92
Greenwich
p. 174
Excursions
p. 246
HIGHBURY
DALSTON
HACKNEY WICK
STRATFORD
HACKNEY
WEST HAM
BOW
HOXTON
SHOREDITCH
WHITECHAPEL
POPLAR
WAPPING
CANARY WHARF
ROTHERHITHE
ISLE OF DOGS
BOROUGH
DEPTFORD
PECKHAM
DULWICH VILLAGE
Burgess Park
Victoria Park
Tamise
Highbury Gve
Stoke Newington High St
Homerton High St
East Cross Rte
Leyton Rd
Romford Rd
Graham Rd
Essex Rd
Kingsland Rd
Victoria Park Rd
East Coast Rte
High St
Plaistow Rd
New North Rd
Hackney Rd
Grove Rd
Manor Rd
Bow Rd
Barking Rd
City Rd
Commercial St
Burdett Rd
Silvertown Way
London Wall
Commercial Rd
East India Dock Rd
The Highway
Aspen Way
Tooley St
Blue Bridge
Westferry Rd
Jamaica Rd
Long La
Manchester Rd
Old Kent Rd
Evelyn St
Trafalgar Rd
Camberwell Rd
New Cross Rd
Peckham Rd
Rye La
Nunhead La
Denmark Hill
0 2 km
0 1 mile
Cambridge
Oxford
Leavesden
Windsor
LONDRES
Mer du Nord
Canterbury
Chartham
0 50 km
0 25 miles

Contemplez la cathédrale Saint-Paul depuis le sommet de la Tate Modern. Dînez dans un restaurant étoilé d'East London. Admirez, sans bourse délier, des œuvres d'art parmi les plus belles qui soient. Évadez-vous à vélo dans un coin de nature. Chassez les vampires et rendez visite à Karl Marx au Highgate Cemetery. Faites la tournée des bars tendance de Hoxton et Shoreditch. Mangez comme un Londonien à Brick Lane, quartier multiculturel. Baignez-vous en liberté à Hampstead Heath. Profitez d'un coucher de soleil du haut du "Walkie Talkie", et dégustez une pinte de bière artisanale dans une microbrasserie de Bermondsey.

Bienvenue à Londres.

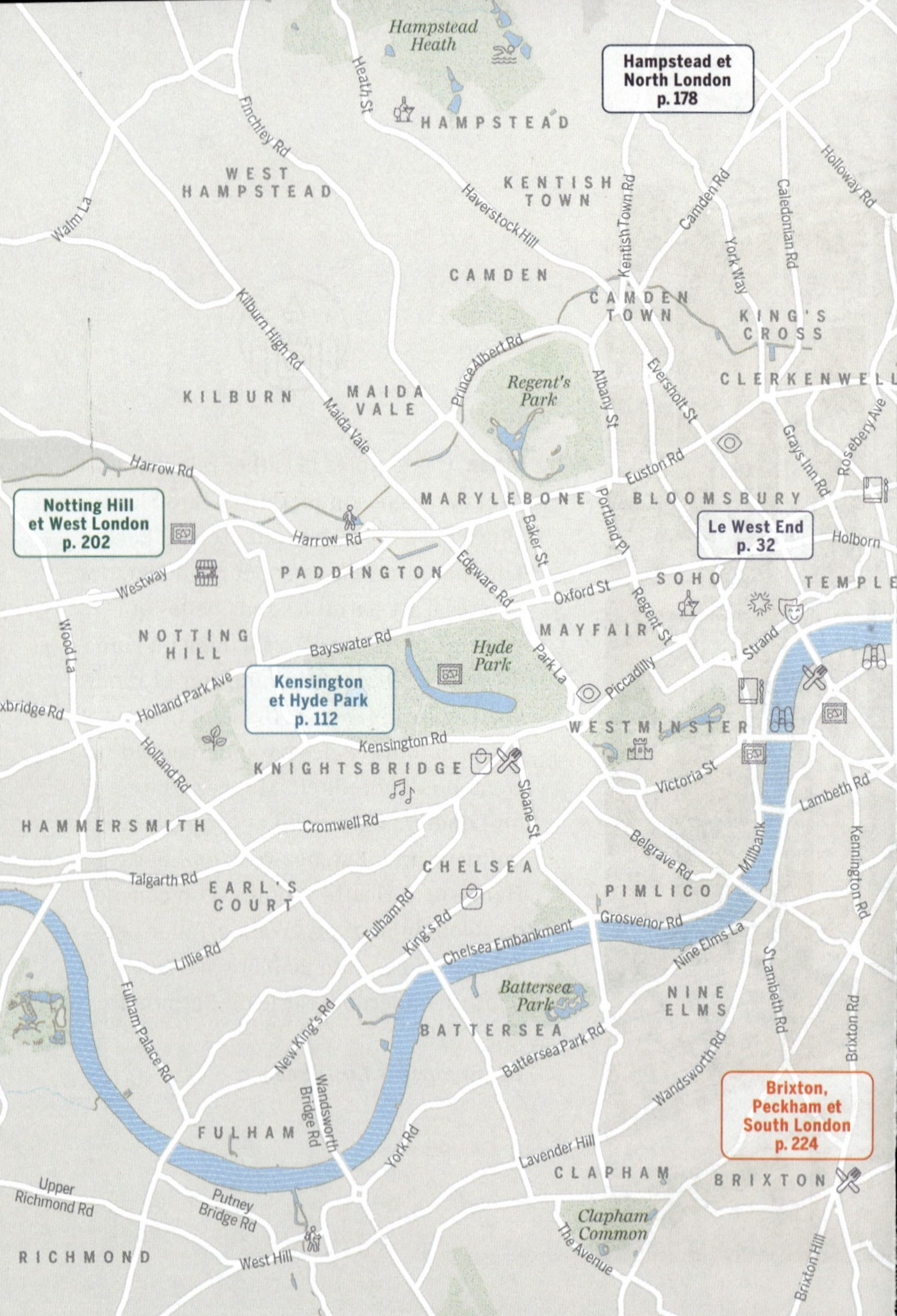
Hampstead Heath
HAMPSTEAD
Heath St
Hampstead et North London p. 178
Finchley Rd
WEST HAMPSTEAD
KENTISH TOWN
Kentish Town Rd
Camden Rd
Holloway Rd
Caledonian Rd
York Way
Haverstock Hill
Walm La
CAMDEN
CAMDEN TOWN
KING'S CROSS
Kilburn High Rd
Prince Albert Rd
Regent's Park
Albany St
Eversholt St
CLERKENWELL
KILBURN
MAIDA VALE
Maida Vale
Grays Inn Rd
Rosebery Ave
Harrow Rd
Euston Rd
Notting Hill et West London p. 202
MARYLEBONE
BLOOMSBURY
Portland Pl
Baker St
Le West End p. 32
Holborn
Harrow Rd
Westway
PADDINGTON
Edgware Rd
SOHO
TEMPLE
Oxford St
Regent St
Wood La
NOTTING HILL
MAYFAIR
Bayswater Rd
Hyde Park
Park La
Strand
Holland Park Ave
Kensington et Hyde Park p. 112
Piccadilly
Uxbridge Rd
WESTMINSTER
Kensington Rd
Holland Rd
KNIGHTSBRIDGE
Sloane St
Victoria St
Lambeth Rd
HAMMERSMITH
Cromwell Rd
Belgrave Rd
Kennington Rd
Millbank
Talgarth Rd
EARL'S COURT
CHELSEA
PIMLICO
Fulham Rd
King's Rd
Grosvenor Rd
Chelsea Embankment
Nine Elms La
Lillie Rd
Battersea Park
NINE ELMS
St Lambeth Rd
Fulham Palace Rd
New King's Rd
BATTERSEA
Battersea Park Rd
Brixton Rd
Wandsworth Rd
Wandsworth Bridge Rd
Brixton, Peckham et South London p. 224
FULHAM
York Rd
Lavender Hill
CLAPHAM
BRIXTON
Upper Richmond Rd
Putney Bridge Rd
Clapham Common
The Avenue
RICHMOND
West Hill
Brixton Hill

GIORGIOGALANO/GETTY IMAGES ©

Ci-dessus Portobello Road Market (p. 206, 208)

PAGES PRÉCÉDENTES : ROY JAMES SHAKESPEARE/GETTY IMAGES ©

CUISINE **COSMOPOLITE**

Quand une ville compte plus de 270 nationalités (et la liste s'allonge), est-il vraiment étonnant d'y trouver une offre culinaire à l'aune de la diversité de sa population ? Que votre prédilection aille aux grands restaurants ou à la cuisine de rue, il se trouvera toujours, à Londres, un établissement étoilé au Michelin, ou un simple stand sur un marché, pour faire votre bonheur.

À gauche Curries au Camden Market
À droite *Goru di Hatkora*, plat traditionnel sylheti
Ci-dessous Produits de la mer chez Da Terra (p. 171)

→ UN AUTHENTIQUE CURRY

Si vous êtes las des cartes de la plupart des restaurants "indiens" de Londres, essayez de nouveaux lieux tels que Graam Bangla, qui propose une authentique cuisine sylhetie, dans Brick Lane (p. 171).

EAST LONDON ÉTOILÉ

Les restaurants étoilés au guide Michelin font peut-être la réputation du centre de Londres mais certains des plus courus sont aujourd'hui dans l'East End. Choisissez les plats de micro-saison chez Lyle's (p. 171), près de Brick Lane, ou le menu-dégustation autour du poisson issu de la pêche responsable de Behind (p. 171), à Hackney.

↑ JOYEUSE FUSION

Londres cultive, en termes de restaurants, une longue tradition d'expérimentation. Savourez, par exemple, une cuisine fusion dans des lieux tels que Da Terra (p. 171), étoilé au Michelin pour son menu fixe inspiré des cuisines d'Europe et d'Amérique du Sud.

Marchés gourmands

- **Rive sud, vous trouverez, au Southbank Centre Food Market, une des meilleures cuisines de rue de Londres.** (p. 111)
- **Apprenez à concocter pain ou beignets au Borough Market, un ancien marché de la capitale.** (p. 98)
- **Baladez-vous dans Exmouth Market, à Clerkenwell, entre stands de produits indiens et méditerranéens.** (p. 140)
- **Dénichez des produits exotiques et un vaste choix de denrées halal au Brick Lane Sunday Market.** (p. 173)

MARCHÉS **DE PLEIN AIR**

Il y a, en gros, deux catégories de marchés à Londres. Les locaux, dont les étals débordent de denrées et d'articles à petits prix, et ceux où l'on vient moins pour acheter que pour se balader et profiter de l'ambiance. Ainsi voit-on Londoniens et visiteurs fureter, en quête de vêtements d'occasion, tandis qu'un musicien de rue joue du jazz, non loin, ou bien déguster un bon *sambal* sri-lankais tout en admirant un joli collier fantaisie fait main.

À gauche Columbia Road Flower Market (p. 157)
À droite Vêtements vintage à Spitalfields Market (p. 139)
Ci-dessous Brick Lane Market (p. 173)

MARCHANDER

Au marché, tout peut se marchander (sans outrance), hormis les produits alimentaires. Les meilleures affaires se font juste avant la fermeture.

PAOLO PARADISO/SHUTTERSTOCK ©

↓ MARCHÉS DU DIMANCHE

Londres compte plusieurs marchés dominicaux, mais peu valent l'association du Brick Lane Market à Bethnal Green (p. 173) et du Columbia Road Flower Market à Hackney (p. 157).

À DROITE : ELENA ROSTUNOVA/SHUTTERSTOCK ©
À GAUCHE : ELENACHAYKINAPHOTOGRAPHY/SHUTTERSTOCK ©

COMME LES LONDONIENS

Pour goûter une excellente cuisine de rue exotique, un *chana chaat*, par exemple, ou simplement voir comment on vit à East London, visitez des marchés comme celui de Whitechapel (p. 173).

Incomparables marchés

- **Mettez-vous à l'abri, les jours de pluie, au Spitalfields Market, paradis du vintage et de l'artisanat.** (p. 139)
- **Dénichez des vêtements africains à l'East Street Market de Walworth Rd.** (p. 242)
- **Le Herne Hill Market est idéal pour y trouver artisanat et articles vintage.** (p. 242)
- **Laissez-vous séduire par les couleurs du Columbia Road Flower Market** (p. 157)
- **Le Portobello Road Market reste un incontournable de Notting Hill.** (p. 206, 208)

LONDRES VILLE-MONDE

Londres a vu passer son lot d'arrivants du monde entier. Romains, Vikings, Anglo-Saxons, Huguenots, Juifs, Irlandais, Afro-Caribéens, Asiatiques et, plus récemment, Européens de l'Est y ont successivement élu domicile. C'est ce qui rend la ville si particulière. Certaines de ces communautés se sont établies dans des quartiers où elles ont aujourd'hui leurs marchés, restaurants, lieux de culte ou foyers municipaux. S'y promener tient en soi d'un voyage.

À gauche Fête du nouvel an chinois (p. 21)
À droite Tara Theatre (p. 245), Earlsfield **Ci-dessous** Fête de Boishakhi Mela (p. 23)

→ THÉÂTRE OFF

Le Tara Theatre de Wandsworth (p. 245) présente des pièces produites par diverses communautés britanniques issues d'Asie du Sud, qui explorent les questions sociopolitiques auxquelles elles sont confrontées.

ARCHITECTES : AEDAS. SIMON TURNER/ALAMY STOCK PHOTO ©

BLACK ARTS

Il y a à Londres d'excellentes galeries consacrées aux voix venues de la diversité, comme Brixton's 198 Contemporary Arts, qui fut à l'avant-garde du *Black Arts Movement* britannique.

À DROITE : OLIVIER GUIBERTEAU/SHUTTERSTOCK ©
À GAUCHE : JESSICAGIRVAN/SHUTTERSTOCK ©

↑ CARNAVALS

Le carnaval de Notting Hill est le plus connu de Londres, mais d'autres fêtes communautaires comme Boishakhi Mela, la fête du nouvel an bengali, valent aussi le détour.

Quartiers ethniques incontournables

- **Apprenez-en plus sur la communauté bangladaise de Brick Lane.** (p. 162)
- **Allez de Shoreditch à Dalston et au borough de Haringey pour un petit air d'Anatolie.** (p. 168, 188)
- **Découvrez une vitrine de la culture chinoise à Chinatown, non loin de Soho, dans le centre de Londres.** (p. 58)
- **Direction l'East Street Market pour un aperçu de la culture et de l'histoire afro-caribéennes.** (p. 242)

LONDRES À PIED ET À VÉLO

Capitale d'un pays où la randonnée tient de l'art de vivre, Londres se prête bien à la marche et compte maints espaces verts. Découvrez de nouvelles voies navigables et une faune singulière, le long de pistes piétonnes ou cyclables qui permettent de voir la ville autrement. Prenez toutefois garde à vélo : les cyclistes ont peut-être ici moins la partie facile qu'ailleurs.

À gauche La ville vue depuis Primrose Hill **À droite** Vélos Santander **En bas** Westminster Bridge lors de la World Naked Bike Ride

→ LOUER DES VÉLOS

Les loueurs de cycles sont assez rares à Londres car ses habitants choisissent les vélos en libre-service Santander, qu'on trouve partout (p. 268).

COWARDLION/SHUTTERSTOCK ©

APPLIS POUR MARCHER ET PÉDALER

Pour trouver votre itinéraire, essayez les applis suivantes : TfL Go, Footpath Route Planner, Cyclestreets ou Cyclers. Consultez aussi l'excellent site Internet Sustrans (sustrans.org.uk).

À DROITE : MELINDA NAGY/SHUTTERSTOCK ©
À GAUCHE : ALEXANDER JUNG/SHUTTERSTOCK ©

↑ NU À VÉLO

Pour associer naturisme et promotion de la sécurité à vélo, participez à la World Naked Bike Ride, en juin.

Le top des balades à pied et à vélo

- **Suivez à pied le River Wandle Trail, et découvrez un pan étonnamment campagnard de Londres.** (p. 233)
- **Suivez à vélo les chemins de halage des berges de la Lea.** (p. 164)
- **Baladez-vous dans Hampstead Heath ou admirez la vue depuis Primrose Hill (Regent's Park).** (p. 186, 190)

ARCHITECTE : RAFAEL VIÑOLY, PAJOR PAWEL/SHUTTERSTOCK ©

↘ LES HABITANTS DU CIEL

Tout en admirant le panorama, tâchez de repérer ces quelques représentants de la faune aviaire londonienne :

- perruche à collier
- mésange à longue queue
- pinson des arbres
- mésange noire

VUES D'EN HAUT

Dans les années 1980, il n'y avait qu'un seul gratte-ciel à Londres, la tour Natwest, et le public ne pouvait guère profiter de la vue. Aujourd'hui, les Londoniens sont gâtés, avec des restaurants, des cafés, des terrasses panoramiques et même des jardins publics d'où le panorama sur la ville est époustouflant.

Meilleurs points de vue

- **Prenez le petit-déjeuner au Duck & Waffle en regardant le soleil se lever sur la ville.** (p. 90)
- **Allez au Sky Garden, jardin public suspendu, d'où la vue est splendide.** (ci-dessus, p. 79)
- **Sirotez un cocktail au GŎNG, un bar qui domine la ville depuis la rive sud du fleuve.** (p. 110)
- **Prenez un café en contemplant la silhouette des toits de Londres du haut de la Tate Modern.** (p. 96, 107)

LES PETITS

Il y a beaucoup de jolis petits parcs :
London Fields à Hackney
Victoria Park à East London
Coram's Fields à Russell Square
Southwark Park à Bermondsey

FB93/SHUTTERSTOCK ©

ESPACES **VERTS**

L'intégration d'espaces verts dans une ville par ailleurs dense et étouffante fut l'une des plus belles réussites des urbanistes victoriens. Aujourd'hui, Londres compte davantage de parcs que la plupart des grandes capitales du monde, et presque chaque quartier dispose d'au moins un espace vert. Les plus vastes se prêtent à une belle journée en plein air.

Les plus grands

- **Allez canoter sur les lacs et assister, les soirs d'été, à des représentations de Shakespeare, à Regent's Park.** (p. 61)
- **L'eau est délicieuse mais fraîche dans les trois étangs de baignade de Hampstead Heath, l'un des espaces verts les plus prisés du nord-ouest de Londres.** (p. 190)
- **Mêlez-vous aux paons du délicieux Kyoto Garden de Holland Park.** (ci-dessus, p. 207, 212)

BRASSÉES À LONDRES

Londres a toujours su alimenter sa propre intempérance, comme en témoigne la folle mode du gin, au XVIIIe siècle. On sait aujourd'hui mieux raison garder et, si le gin distillé localement fait son retour, ce sont surtout les microbrasseries branchées, où un connaisseur vous servira votre bière à la perfection, qui ont la faveur du public.

★ UN VERRE DANS UN PUB HISTORIQUE

Buvez une pinte dans un antique pub londonien tel Ye Olde Watling (p. 91), dessiné par sir Christopher Wren en 1668. Il y aurait, dit-on, tracé les plans de la cathédrale Saint-Paul.

Le top des microbrasseries

- **Kernel Brewery fut la première brasserie à s'installer à Bermondsey.** (p. 244)
- **Fourpure Brewing Co, à Bermondsey, produit des bières artisanales.** (p. 244)
- **Crate Brewery, à Hackney Wick, fait une excellente bière, ainsi que de bonnes pizzas à manger sur place.** (p. 173)
- **Howling Hops Brewery & Tank Bar est réputé pour ses bières généreuses en houblon.** (p. 172)

FAITES-LE VOUS-MÊME

Fabriquez votre propre gin à la City of London Distillery, ou votre cidre à Hawkes Cidery & Taproom, l'unique cidrerie urbaine de Londres. (p. 236).

En haut Crate Brewery, à Hackney Wick (p. 161)
À gauche Howling Hops Brewery & Tank Bar (p. 161)

CULTURE GRATUITE

Nulle cité au monde n'offre un accès libre à autant d'institutions culturelles de premier plan que Londres. Pouvoir admirer un Rembrandt, un Turner, un Monet ou la pierre de Rosette, sans bourse délier, est un vrai bonheur, dans cette ville par ailleurs plutôt chère.

KIEV.VICTOR/SHUTTERSTOCK ©

★ RÉSERVEZ

Nombre de musées et de galeries ont adopté un système de billetterie avec un créneau horaire à respecter : réservez donc suffisamment tôt lorsque c'est nécessaire.

DÉCONSTRUCTION ET DIVERSITÉ

Il s'est récemment ouvert ici un débat sur la manière de "décoloniser" les institutions culturelles traditionnelles et certaines, comme le Museum of the Home (p. 138), ont d'ores et déjà changé de nom.

Le top des sites gratuits

- **Découvrez ce qu'était la vie sur les célèbres quais de Londres au Museum of London Docklands.** (p. 156)
- **Admirez l'exposition d'un artiste d'avant-garde à la Whitechapel Gallery, dans le quartier branché d'East London.** (p. 156)
- **Partez en voyage au Natural History Museum, aussi apprécié des enfants que de leurs parents.** (p. 116)
- **Découvrez, entre autres objets d'exception, un des carnets de Léonard de Vinci, au V&A (Victoria & Albert Museum).** (p. 116)

En haut Victoria & Albert Museum (p. 116)

Haute saison touristique

Les demandes d'hébergements se font plus nombreuses, l'été. Réservez circuits, vols et assurances.

← Week-end "jardins ouverts"

Un week-end durant, début juin, quelque 200 jardins, habituellement fermés au public, ouvrent leurs portes.

↘ Trooping the Colour

On fête officiellement l'anniversaire de la reine, à grand renfort de drapeaux, de parades, et de défilés aériens, le deuxième samedi de juin.

▸ trooping-the-colour.co.uk

↓ Tournoi de tennis de Wimbledon

Pendant deux semaines, en juin-juillet, Wimbledon, agglomération de South London, devient l'épicentre du tennis mondial.

▸ Wimbledon

JUIN

Température moyenne diurne : 17°C
Jours de pluie : 13

JUILLET

Londres en ÉTÉ

→ Pride London

La communauté LGBTIQ+ colore la ville de rose (et de toutes les couleurs...) lors de cette grande fête annuelle.

▸ prideinlondon.org

↓ Great British Beer Festival

Cette fête de la bière fait sauter des bondes de tonneaux d'ale du monde entier, le premier week-end d'août, au centre des expositions d'Olympia London.

▸ gbbf.org.uk

← Wireless

Un des meilleurs festivals de musique de Londres, qui met l'accent sur la dance et le R&B. En juillet, dans un grand parc de la ville.

▸ wirelessfestival.co.uk

AOÛT

Température moyenne diurne : 19°C
Jours de pluie : 14

Température moyenne maximale : 18°C
Jours de pluie : 13

← Carnaval de Notting Hill

Le plus grand carnaval en plein air d'Europe célèbre le Londres caribéen, pendant un week-end férié d'août.

▸ Notting Hill

Dans la valise

Chapeaux d'été, lunettes de soleil et écran solaire pour les occasionnelles "vagues de chaleur", plus un imperméable léger.

→ The Mayor's Thames Festival

Cette "fête de la Tamise" cosmopolite, en septembre, culmine avec une parade nocturne à ne pas manquer.

▸ thamesfestivaltrust.org

London Film Festival

Le principal événement cinématographique de la ville se déroule sur deux semaines, en octobre. On y projette plus de 100 films, britanniques ou internationaux, avant leur sortie en salles.

▸ bfi.org.uk/lff

↘ Open House London

Pendant un week-end, mi-septembre, plus de 800 bâtiments historiques, fermés au public le reste du temps, ouvrent leurs portes.

▸ openhouselondon.org.uk

→ Affordable Art Fair

Pendant quatre jours en mars et octobre, Battersea Park devient un marché de l'art géant – et abordable.

▸ Battersea, Wandsworth

▸ affordableartfair.com

SEPTEMBRE

Température moyenne diurne : 16°C
Jours de pluie : 15

OCTOBRE

Londres en AUTOMNE

BARRY LEWIS/GETTY IMAGES ©, DAN KITWOOD/GETTY IMAGES ©, PETER MACDIARMID/GETTY IMAGES ©, SVEN HANSCHE/SHUTTERSTOCK ©, TEO73/GETTY IMAGES ©, PHIL SWALLOW/SHUTTERSTOCK ©, EFGLJF 2020 BINKER GOLDING KINGS PLACE 4/EFG LONDON JAZZ ©

→ Guy Fawkes Night

Le 5 novembre, des feux d'artifice illuminent le ciel pour célébrer l'échec de Guy Fawkes à faire sauter le Parlement, en 1605.

↘ Lord Mayor's Show

Un défilé est organisé chaque année, quand le nouveau Lord Mayor (lord-maire) de la Cité de Londres jure allégeance à la Couronne.

▶ lordmayorsshow.london

↓ London Jazz Festival

En novembre, dix jours durant, se produisent des musiciens de jazz parmi les plus populaires du moment.

▶ efglondonjazzfestival.org.uk

NOVEMBRE

Température moyenne diurne : 13°C
Jours de pluie : 15

Température moyenne diurne : 9°C
Jours de pluie : 17

Habillez-vous chaudement et baladez-vous dans les rues arborées et les parcs de Londres pour profiter des jolies couleurs des feuilles d'automne.

Dans la valise

C'est le moment de ressortir la petite laine – équipez-vous de vêtements chauds mais faciles à ôter, selon que vous restiez à l'intérieur ou que la météo se fasse clémente.

Vacances de Noël

La plupart des habitants restent en famille le jour de Noël, mais dès le lendemain, pour Boxing Day, c'est le début des soldes d'hiver. Les deux jours sont fériés.

↘ Patins à glace

De mi-novembre à janvier, on installe des patinoires en plein air dans toute la ville, en des lieux choisis pour leur charme.

← Nouvel An

Une foule immense vient célébrer le passage à la nouvelle année. Après le compte à rebours, quand Big Ben a sonné minuit, on tire un feu d'artifice depuis le London Eye.

→ Arbres de Noël et illuminations

Pour les fêtes, le centre de Londres s'illumine et on installe un immense sapin de Noël à Trafalgar Square.

DÉCEMBRE

Température moyenne diurne : 6°C
Jours de pluie : 17

JANVIER

Londres en
HIVER

← London Art Fair

Plus de 130 galeries d'importance participent à cette foire d'art contemporain, en janvier.

▶ londonartfair.co.uk

↓ Imagine Children's Festival

Pour les enfants, douze jours de performances, de spectacles comiques, de littérature et de fête, chaque mois de février, au Southbank Centre.

▶ Waterloo

→ Nouvel An chinois

Fin janvier ou début février, Chinatown pétille, crépite et pétarade avec cette célébration haute en couleur.

▶ Chinatown

FÉVRIER

Température moyenne diurne : 6°C
Jours de pluie : 19

Température moyenne diurne : 6°C
Jours de pluie : 16

← Course aux crêpes

Assistez à des courses aux crêpes et autres joyeusetés un peu partout en ville (et notamment à l'Old Spitalfields Market), le jour du Mardi gras.

Dans la valise

Place aux gros pulls, aux écharpes, aux gants et aux manteaux d'hiver. Collants ou leggings supplémentaires seront peut-être bienvenus.

Tout Londres est en fleurs ; promenez-vous dans les nombreux jardins ou parcs de la ville pour admirer la saison à son meilleur.

↙ Saint-Patrick

Ce défilé pittoresque, bien arrosé à la Guinness, a lieu le dimanche le plus proche du 17 mars.

BAFTAs

La British Academy of Film & Television Arts déroule, mi-mars, le tapis rouge pour sa remise annuelle de récompenses cinématographiques.

▶ bafta.org

→ Flare

Festival du film LGBTIQ+ organisé par le British Film Institute avec projections, soirées club, conférences et événements.

▶ bfi.org.uk/flare

MARS

Température moyenne diurne : 8°C
Jours de pluie : 16

AVRIL

Londres au PRINTEMPS

PATRICK WANG/SHUTTERSTOCK ©, TIM FRANCIS/GETTY IMAGES ©, MS JANE CAMPBELL/SHUTTERSTOCK ©, PRETTYAWESOME/SHUTTERSTOCK ©, STEVE VIDLER/ALAMY ©, PAJOR PAWEL/SHUTTERSTOCK ©

← Marathon de Londres

Près de 40 000 athlètes vont de Blackheath jusqu'au Mall, dans une des plus célèbres courses sur route au monde.

▶ tcslondonmarathon.com

↓ Boishakhi Mela

Ce défilé, frénésie de couleur, de musique et de cuisine, traverse Brick Lane et le quartier voisin de Weavers Fields, pour fêter le nouvel an bengali, en mai.

▶ East End

↙ Chelsea Flower Show

Le plus célèbre Salon horticole du monde attire jardiniers amateurs et amoureux des fleurs.

▶ Chelsea

▶ rhs.org.uk

Température moyenne diurne : 11°C
Jours de pluie : 16

MAI

Température moyenne diurne : 14°C
Jours de pluie : 15

Oxbridge Boat Race

Massez-vous sur les rives de la Tamise pour voir les deux célèbres universités se mesurer à grands coups d'aviron, entre Putney et Mortlake.

▶ theboatraces.org

Dans la valise

T-shirts et pulls légers font leur retour, mais n'oubliez pas le parapluie pour les ondées d'avril.

MA JOURNÉE PARFAITE À **LONDRES**

par Hannah
@hannah_ajala

VÉLO, PARCS ET STREET FOOD

Ce serait une fin d'après-midi, au printemps ou en été. Je louerais un vélo non loin, ferais un tour dans mes quartiers favoris, puis marquerais une petite pause pour me régaler de street food et d'un café glacé. Ensuite, je me reposerais dans le parc le plus verdoyant des environs. Ce sont les petites choses qui me font apprécier, voire adorer Londres, une ville bruyante mais non moins ravissante. Ma conception de la vie a été modelée par la culture londonienne dans laquelle je suis née et j'ai grandi.

POURQUOI J'AIME LONDRES

J'aime Londres, car je m'y sens plus proche des pays que j'ai explorés. Je l'aime également parce qu'elle sera toujours mon chez-moi.

SUTTIRAT WIRIYANON/SHUTTERSTOCK ©

PAOLO PARADISO/SHUTTERSTOCK ©

À gauche Sandwich au Borough Market (p. 100) **Ci-dessus** Promenade à vélo le long du Regent's Canal (p. 183) à Hackney
À droite Gâteaux au gingembre au Borough Market

PETIT-DÉJEUNER DANS LES NUAGES. DÎNER SUR LA TERRE FERME

par Demi
@girl_travels world

Après un réveil en beauté au Shangri-La The Shard, cap sur la Sky Pool, au 52e étage, pour un petit plongeon. Je pourrais passer là le plus clair de la matinée. Le midi, je me promènerais jusqu'au Borough Market et goûterais différents produits artisanaux, puis profiterais de South Bank jusqu'en fin d'après-midi. Je passerais ensuite devant la Tate Modern, l'Oxo Tower et la plage de galets qui borde la Tamise, puis poursuivrais en direction du National Theatre jusqu'au London Eye : une magnifique promenade !

KIRILL LIVSHITSKIY/SHUTTERSTOCK ©

NOTRE SÉLECTION À SOUTH BANK

Borough Market. Pour le café et les pâtisseries sorties du four.

The Market Porter Pub. Pour déjeuner d'une tourte à la viande.

South Bank. Pour flâner et voir la foule.

SITES AU BORD DU FLEUVE ET BIJOUX ARCHITECTURAUX

par Travis
@mister levius

Commencez à South Bank par un circuit de l'architecture du National Theatre, l'un des édifices de style brutaliste de Londres. Au départ du London Eye Pier, faites une croisière sur la Tamise d'où vous pourrez observer les ponts et les monuments. Retrouvez la terre ferme au Tower Pier et promenez-vous dans la City, entre gratte-ciel futuristes, ruines romaines et églises médiévales. Terminez votre journée en dégustant quelques verres face au soleil couchant à l'Oblix, situé dans The Shard, plus haut édifice d'Europe occidentale, d'où se déploie un magnifique panorama sur les toits de la capitale.

POURQUOI J'AIME LONDRES

Je me sens en vie, dans cette ville où se mêlent architecture, jolis parcs et scène artistique créative. Londres n'est pas parfaite, avec ses prix exorbitants et le temps maussade, mais elle est parfaite pour moi.

par Tharik
@tharik_hussain
@_tharikhussain

POURQUOI J'AIME LONDRES

Londres est moins une ville qu'une succession de petits mondes, qui offre à voir presque tous les coins de la terre et à en goûter les saveurs.

QUARTIERS ARTY, TENDANCE ET MULTICULTURELS

Débutez votre journée par l'exposition du moment à la Whitechapel Art Gallery avant d'aller vous balader dans la très tendance Brick Lane. Admirez, à l'entrée, la superbe fresque murale puis offrez-vous un repas léger, mais épicé, à Graam Bangla. Après avoir découvert la célèbre mosquée flanquée du minaret le plus moderne du pays, passez l'après-midi à faire du shopping dans des boutiques branchées ou vintage comme Beyond Retro. Surtout, ne repartez pas sans avoir dévoré un délicieux bagel chez Beigel Bake.

MARC ZAKIAN/ALAMY STOCK PHOTO ©

NOTRE SÉLECTION DE BARS

Sushi Samba (Heron Tower). Bar en terrasse avec vue.

Bokan 37 (40 Marsh Wall). Bar sur le toit très relax.

Dirty Martini (dirtymartini.uk.com). Bar à cocktails élégant.

BARS, RESTAURANTS, PARCS ET CULTURE

Prenez la direction d'East London pour vous promener dans les environs de l'éclectique Brick Lane, où vous pourrez admirer des fresques aux couleurs éclatantes, peintes par des artistes locaux. Promenez-vous ensuite dans les rues animées de Shoreditch pour atteindre Boxpark, où l'on sert des repas copieux accompagnés d'une boisson. En soirée, si le temps le permet, profitez du coucher du soleil à Greenwich Park, qui offre une vue magnifique sur Londres. Sinon, rendez-vous à Sushi Samba, au 38e étage, pour un dîner accompagné de vin et d'une vue à 360° de Londres.

par Linda
@lyndakonde

Ci-dessus Beyond Retro (p. 173) **En haut à droite** Spitalfields Market (p. 139) **À droite** Petites assiettes au A Wong

par Qin
@qinxiesays

WILLY BARTON/SHUTTERSTOCK ©

UNE TOURNÉE DES RESTAURANTS ET DES BARS

Faites le plein d'énergie avec un petit-déjeuner "City Boy" plantureux au Fox & Anchor, ou optez pour le sandwich au bacon du St John. Pour un déjeuner de street food éclectique, direction l'est, jusqu'à l'Old Spitalfields Market, où vous attendent burgers aux crevettes et pâtes maison onctueuses. Partez ensuite vers l'ouest. Choisissez entre un café en sous-sol, au HR Higgins, ou un apéritif sur le toit-terrasse de Selfridges. Pour le dîner, Chinatown est de mise, et le Gerrard's Corner est la table la plus en vogue. Terminez par un verre à l'Experimental Cocktail Club.

↓ NOTRE SÉLECTION DE RESTAURANTS

Noble Rot (51 Lamb's Conduit St). Cuisine délicieuse et excellents vins.

Bancone (39 William IV St). Pour les grands amateurs de pâtes.

A Wong (70 Wilton Rd). La cuisine chinoise réinventée.

Brat (4 Redchurch St). Des cheese-cakes à se damner.

DAVID COTSWORTH/IMAGE SUPPLIED BY QIN XIE ©

7 choses à savoir sur LONDRES

CONSEILS D'INITIÉS POUR PARTIR DU BON PIED

1 Les arts gratis

Nulle autre ville au monde ne donne accès gratuitement à autant de lieux de culture. Au nombre des musées de renom ouvrant les portes de leurs collections sans demander de contrepartie financière, mentionnons le Victoria & Albert Museum, la National Portrait Gallery, le Tate Modern, le Tate Britain, le Museum of London, le Natural History Museum, la Royal Academy of Arts, le Science Museum et le British Museum.

▸ Plus d'information sur les lieux de culture gratuits p. 15.

2 Le thé... et le café

Autrefois fière nation de buveurs de thé, l'Angleterre a vu ses habitudes changer sous l'influence des communautés venues du Moyen-Orient, d'Afrique du Nord et du pourtour méditerranéen. Plutôt que sur un thé, misez aujourd'hui sur un *flat white* (café) au lait écrémé ou, pour les connaisseurs, un *cortado*.

3 Arcs-en-ciel

Il pleut beaucoup à Londres. Certes, vous aurez plus de chances d'y voir de fugaces arcs-en-ciel que dans d'autres capitales, mais ne sortez pas sans un parapluie ou un imperméable pliable.

▸ Plus d'information sur les saisons p. 16.

4 Conseil à l'œil

Les Londoniens évitent en général de se regarder et de se parler dans les transports en commun.

▸ Pour ne pas commettre d'impairs en voyage, voir p. 277.

5 Jour de repos

Chose étonnante pour cette métropole moderne, la tradition du dimanche comme "jour de repos" est toujours observée à Londres. Ne soyez pas surpris si une rue bourdonnante d'activités le samedi se révèle déserte le lendemain. Pour retrouver la foule, rendez-vous dans l'un des nombreux marchés dominicaux de la ville.

6 Jargon londonien

'Ave a butchers – Jette un coup d'œil.

'Aving a bubble – Rigoler.

Bloody... – Mot béquille qui sert à intensifier le terme qu'il accompagne ("bloody hell!", "bloody marvellous!").

Hammering it down – Les précipitations ne sont pas rares à Londres et les Londoniens ont plusieurs façons de décrire la pluie. L'expression (qu'on pourrait traduire par "marteler") a cours lorsque l'averse est diluvienne.

Old Bill – Il ne s'agit pas d'un vieux monsieur prénommé William (Bill)... mais simplement d'un agent de police.

Fam – Abréviation du mot "family" (famille) prisée des jeunes Londoniens qui s'utilise en parlant de n'importe qui ("listen fam!").

A score – Il ne s'agit pas du résultat d'un match de foot, mais d'un billet de 20 £. On peut ainsi vous indiquer le prix de quelque chose par l'expression "that's a score".

Sarf ou Noorf – Indiquent l'une et l'autre rive de la Tamise ("I'm from sarf London" ou "I live in noorf London").

Get lost! – Fiche le camp.

Have a good one – Passe une bonne journée.

7 Londres multiculturelle

Bien que Londres soit la capitale de l'Angleterre, tout le monde n'y parle pas anglais, loin s'en faut. Elle fut naguère à la tête d'un vaste empire, et l'on y entend encore jusqu'à 300 langues différentes (si l'on en croit les estimations), du swahili à l'allemand.

Inspirations

LIRE

Les Aventures de Sherlock Holmes (sir Arthur Conan Doyle ; 1892). Vous découvrirez la face cachée de Londres dans les histoires qui voient le brillant détective Sherlock Holmes, avec l'aide de son assistant Watson, affronter des criminels.

Londres, la biographie (Peter Ackroyd ; 2016). Ce livre explore l'histoire de Londres et des Londoniens depuis la préhistoire jusqu'à nos jours. Un ouvrage qui fait autorité sur l'histoire de la ville.

Sept mers et treize rivières (Monica Ali ; 2003). Une jeune Bangladaise arrive à East London pour un mariage arrangé. Un magnifique roman sur le choc des cultures, les désenchantements de l'exil et les mirages de l'intégration.

Sourires de loup (Zadie Smith ; 2001). Un classique du roman moderne, récompensé par plusieurs prix. L'histoire, qui se déroule à Londres, parle de la Grande-Bretagne multiculturelle, riche en personnages bien campés et en rebondissements.

ÉCOUTER

Gang Signs & Prayers (Stormzy ; 2019). Le premier album de grime, une musique électro britannique, à atteindre la première place au hit-parade, par le roi du genre.

The Return of the Space Cowboy (Jamiroquai ; 1994). Album funk le plus vendu de tous les temps, par un groupe londonien précurseur.

19 (Adele ; 2008). Le premier album, plusieurs fois récompensé, de la diva de Tottenham.

A Rush of Blood to the Head (Coldplay ; 2001). Un album multiprimé du groupe pop-rock britannique originaire de Londres.

Londonist Out Loud (Londonist). Si la langue anglaise vous est familière, cet excellent podcast sur Londres couvre tous les sujets, des édifices emblématiques aux *black cabs*.

VOIR

Rocks (2020). Une lettre d'amour à East London, vu depuis ses toits-terrasses par des adolescents.

Top Boy (2011). Une série criminelle réaliste sur la vie dans des lotissements, du centre de Londres.

Withnail et moi (1987). Deux acteurs en perte de vitesse des années 1960 quittent Camden Town pour la campagne britannique.

Performance (1970). Mick Jagger, en star de rock, prend en remorque un petit truand (James Fox) se faisant passer pour un artiste.

Attack The Block (2011). Des extraterrestres envahissent Brixton, mais s'y heurtent à une jeunesse déterminée (dont un John Boyega à ses débuts).

ALLSTAR PICTURE LIBRARY LTD./ ALAMY STOCK PHOTO ©

MOVIESTORE COLLECTION LTD/ ALAMY STOCK PHOTO ©

S'INFORMER

@TimeOutLondon
Compte Instagram du fameux média d'actualités.

Londres secret
(www.londressecret.com). Nombreux bons plans d'un bloggeur français.

VISIT LONDON
Bienvenue à Londres
(visitlondon.com/fr). Culture, circuits, hébergements, etc.

@prettylittlelondon
Superbes photos de Londres.

Transport for London
(@TfL) Conditions de circulation en temps réel, entre autres, sur Twitter.

LE WEST END

SORTIES | SHOPPING | HISTOIRE

CARNABY STREET
FOUBERT'S PLACE W1
MAC

LE WEST END à la carte

INCONTOURNABLES ET TRÉSORS CACHÉS

Incontournable, le West End plaît pour son atmosphère tendance et dynamique. Fort de neuf quartiers, chacun avec son caractère propre, il compte de nombreux sites emblématiques de la capitale, ainsi que des boutiques mondialement connues, de hauts lieux de divertissement et une scène culinaire particulièrement variée.

En pratique

Incontournables Culture, histoire, vie nocturne, scène culinaire et shopping.

Transports Ligne Central, ainsi que les lignes Victoria, Northern, Piccadilly, Bakerloo, Jubilee, Circle et District.

Circuler En métro ("tube"), à vélo ou à pied.

Notre conseil Le West End est presque toujours animé. Pour en profiter pleinement, explorez-le en journée, mais aussi en soirée.

0 1 km
0 0,5 mile
La tournée des bars, des clubs ou des restaurants de **Soho**, cœur de la scène LGBTQI+ de Londres.
9 minutes de la station Tottenham Court Road
Explorez le **Chinatown** de Soho, pour y découvrir d'authentiques boulangeries et restaurants asiatiques, et goûter un thé aux perles.
4 minutes de la station Leicester Square
Découvrez l'art à travers les siècles et les cultures du monde au **British Museum**.
5 minutes de la station Tottenham Court Rd
Profitez des boutiques, bars à vins et restaurants de **Covent Garden**.
2 minutes de la station Covent Garden
Échappez au tumulte dans **St James's Park**, situé en plein cœur de la ville.
10 minutes du palais de Buckingham
Accordez-vous un moment d'émerveillement dans l'**abbaye de Westminster** et les Queen's Diamond Jubilee Galleries.
4 minutes depuis la station Westminster
CLERKENWELL
Clerkenwell Rd
Grays Inn Rd
Farringdon Rd
FITZROVIA
Oxford St
Kingsway
New Bond St
Regent St
Shaftesbury Ave
Charing Cross Rd
Haymarket
Strand
Trafalgar Sq
Victoria Embankment
Waterloo Rd
SOUTH BANK
Piccadilly
St James's St
Pall Mall
WHITEHALL
Whitehall
Golden Jubilee Bridges
Green Park
ST JAMES'S
Westminster Bridge
Abingdon St
Tamise
Victoria St
WESTMINSTER
Lambeth Rd
Buckingham Palace Rd
Vauxhall Bridge Rd
Belgrave Rd
Kennington La
PIMLICO

Les grands classiques

Pour les infos pratiques de chaque site, reportez-vous au *Carnet d'adresses* p. 60.

Abbaye de Westminster

L'abbaye, qui mêle plusieurs styles architecturaux, constitue le plus bel exemple de style gothique anglais primitif. À l'exception d'Édouard V (assassiné) et d'Édouard VIII (qui a abdiqué avant son couronnement), tous les souverains britanniques y ont été couronnés depuis Guillaume le Conquérant en 1066. Seize d'entre eux s'y sont mariés et beaucoup y reposent. Ne manquez pas la tombe du Soldat inconnu, le maître-autel, la chapelle de la Vierge, les Queen's Diamond Jubilee Galleries et le coin des Poètes.

GRZEGORZ_PAKULA/SHUTTERSTOCK ©

British Museum

Site le plus visité du pays, le British Museum offre un époustouflant voyage à travers les millénaires et les cultures du monde. Derrière le hall s'étend la Great Court, recouverte d'une impressionnante verrière. La pièce phare de la collection égyptienne est la pierre de Rosette, qui a permis à Jean-François Champollion de déchiffrer les hiéroglyphes.

COLIN PORTEOUS/SHUTTERSTOCK ©

Palais de Buckingham

Édifié en 1703, ce palais est la résidence de la famille royale depuis 1837, date à laquelle la reine Victoria s'y installa. Les simples mortels peuvent accéder aux appartements d'État (State Rooms) en été, quand Sa Majesté est en vacances en Écosse. La salle du trône (Throne Room) comporte deux fauteuils ornés des monogrammes "ER" et "P". Seules 19 pièces parmi les 775 que compte le palais sont ouvertes au public.

DAVID STEELE/SHUTTERSTOCK ©

Houses of Parliament

Le majestueux Parlement, composé de la House of Commons (Chambre des communes) et de la House of Lords (Chambre des lords), est logé dans le palais de Westminster. L'élément le plus célèbre du Parlement est la tour de l'Horloge, rebaptisée en 2012 "tour Élisabeth", mieux connue sous le nom de Big Ben.

MIREK OSMERA/500PX ©

IVAN MATEEV/SHUTTERSTOCK ©

St James's Park

De petite taille, St James's Park est l'un des espaces verts les plus soignés de Londres. Il offre une vue superbe sur le palais de Buckingham depuis le Blue Bridge, traversant le lac central. Ce dernier est peuplé de canards, d'oies, de cygnes... et de pélicans, qui sont nourris de poisson frais entre 14h30 et 15h. De mars à octobre, on peut louer des transats.

National Gallery

Cet immense musée, situé sur Trafalgar Square, réunit une collection de tableaux d'artistes européens du XIIIe siècle au milieu du XXe siècle (Léonard de Vinci, Michel-Ange, Titien, Van Gogh ou Renoir) d'une exceptionnelle richesse. La National Portrait Gallery, derrière le musée, rassemble des portraits de Britanniques célèbres dans un bel édifice de style Renaissance.

ANDERSPHOTO/SHUTTERSTOCK ©

Trafalgar Square

Véritable centre de Londres, Trafalgar Square est dominé par la colonne de Nelson (52 m), en hommage à l'amiral Horatio Nelson, qui mena la flotte britannique à la victoire contre Napoléon lors de la bataille de Trafalgar en 1805. Festivités du Nouvel An, cinéma en plein air, manifestations… c'est sur cette place que tout se passe.

SHAHID KHAN/SHUTTERSTOCK ©

KIEV.VICTOR/SHUTTERSTOCK ©

Tate Britain

La plus ancienne et la plus célèbre des "Tate" a ouvert ses portes en 1892. L'art britannique de 1500 à nos jours y est présenté, avec des œuvres de William Hogarth, Gainsborough, Turner et John Constable, ainsi que des toiles plus modernes de Lucian Freud, Francis Bacon ou de Henry Moore.

RIK HAMILTON/ALAMY STOCK PHOTO ©

Churchill War Rooms

Lors de la Seconde Guerre mondiale, Winston Churchill participa à la coordination de la résistance des alliés contre l'Allemagne nazie depuis ce bunker souterrain. On perçoit très bien l'atmosphère de résistance et de tension de l'époque dans les Cabinet War Rooms, quasiment figées en l'état depuis 1945.

Wallace Collection

Ce splendide musée replonge le visiteur dans la vie aristocratique du XVIIIe siècle, avec des tableaux de Rembrandt, Delacroix, Titien, Rubens, Poussin… À voir aussi : l'ensemble d'armures et d'armes du Moyen Âge et de la Renaissance. Le grand escalier est un chef-d'œuvre d'architecture à la française.

NEIL SETCHFIELD/LONELY PLANET ©

Somerset House

Cette belle demeure de style palladien abrite deux musées. La Courtauld Gallery rassemble des tableaux de maîtres de la Renaissance, des impressionnistes, etc. et les Embankment Galleries accueillent des expositions temporaires. La charmante cour sert de cadre à des spectacles en été. L'hiver, la patinoire attire les familles.

CEDRIC WEBER/SHUTTERSTOCK ©

LUKASZ PAJOR/SHUTTERSTOCK ©

Piccadilly Circus

Piccadilly Circus est le décor de carte postale de Londres, et son effervescence (ainsi que la multitude d'enseignes lumineuses) symbolise tout le piquant d'un séjour dans la capitale britannique. Au centre de la place se dresse une statue en aluminium appelée Éros – qui représente en réalité Antéros, son jumeau.

01 Pause culture à L'OPÉRA

MUSIQUE | OPÉRA | DÎNER

Si la Royal Opera House fait la part belle à l'opéra traditionnel, les compositeurs contemporains de premier plan y ont également droit de cité. Dans cet impressionnant édifice blanc de style néo-baroque, bâti en 1858, quelque 150 représentations sont données chaque saison. Le ballet *Roméo et Juliette*, un classique, est un des spectacles les plus acclamés.

YANG LIU/GETTY IMAGES ©

En pratique

S'y rendre Prenez la ligne de métro Piccadilly jusqu'à Covent Garden ; de là, comptez 2 minutes à pied jusqu'à Bow St. Voir aussi p. 61.

Quand La saison va de septembre à juillet. Achetez vos billets deux mois à l'avance ou bien regardez si des billets de dernière minute sont en vente avant la représentation.

Quelle tenue Le *dress code* pour la Royal Opera House n'a rien de strict, pour peu que vos pieds et votre buste soient couverts.

ROBBIE JACK/GETTY IMAGES ©

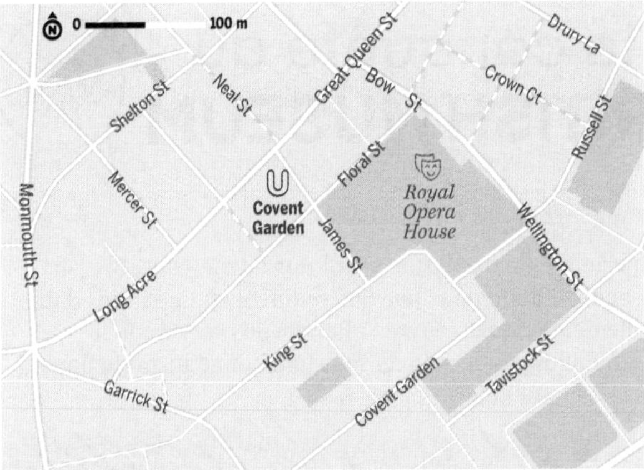

À gauche Royal Opera House
En bas, à gauche John Tomlinson dans une production de *Faust* à la Royal Opera House

L'alliance du classique et du moderne Piste de danse durant la Seconde Guerre mondiale, cette célèbre salle de spectacle de Covent Garden devint l'Opéra que nous connaissons aujourd'hui lorsqu'il ouvrit ses portes au public en 1946. Depuis, il héberge le Royal Opera et le Royal Ballet. Y sont programmées de remarquables représentations de classiques de l'opéra comme *Macbeth*, *Tosca* et *Les Noces de Figaro*, ainsi que des ballets, tels que *Le Lac des cygnes* et *Giselle*, et des productions contemporaines plus atypiques. Si vous hésitez sur le spectacle à choisir, optez pour le *Roméo et Juliette* du Royal Ballet, chorégraphié par Kenneth MacMillan. Depuis sa première ici, donnée en 1965, c'est un ballet très apprécié, avec plus de 400 représentations.

Ouverture sur la rue Les importantes rénovations de l'Opéra furent achevées en 2018. Avec son ouverture au rez-de-chaussée, l'édifice se veut plus attrayant, et voué à un public plus large. En marge des spectacles, y sont organisés des cours de danse, dirigés par un membre du Royal Ballet, ainsi que des visites du bâtiment, des événements en coulisse. Des représentations et des récitals (certains gratuits) ont parfois lieu à l'heure du déjeuner, notamment des spectacles du Royal Opera, du Royal Ballet, de l'orchestre et d'artistes invités.

Se restaurer et prendre un verre à l'Opéra

L'Opéra compte huit restaurants et bars, et tous affichent une ambiance et des tarifs différents. Ils ne sont ouverts qu'aux personnes munies de billets, à l'exception du **Royal Opera House Café** (p. 61), où tout le monde est bienvenu en journée. La salle à manger coiffée d'une verrière du **Paul Hamlyn Hall** (p. 61), qui surplombe Covent Garden, est mémorable avec sa structure en berceau. La réservation n'est pas obligatoire. Goûtez une des spécialités, comme les croquettes de poisson ou un appétissant repas de 3 plats pour 17,50 £. Le Paul Hamlyn Hall héberge aussi le **Balconies Restaurant** (p. 61), autre lieu formidable où dîner.

02 À la conquête du BRITISH MUSEUM

CULTURES DU MONDE | ÉGYPTE ANCIENNE | ARCHÉOLOGIE

Avec une collection permanente d'environ 8 millions de pièces, le British Museum est si vaste qu'on peut se demander par où commencer. Ce circuit d'une demi-journée à la découverte de quelques œuvres phares vous servira de fil d'Ariane. Les visites guidées ou audioguidées (5 £) sont une bonne formule pour aller plus loin.

ANNA LEVAN/SHUTTERSTOCK ©

En pratique

S'y rendre De la station Tottenham Court Rd, au sud du musée, ou de la station Russell Sq, au nord, vous n'aurez que quelques minutes à pied pour atteindre le musée, dans Great Russell St. Voir aussi p. 60.

À savoir Le musée est gratuit. Étant donné l'immensité des lieux, mieux vaut cibler quelques salles ou participer à l'une des visites guidées gratuites.

Conseils Pour ne pas vous fatiguer trop vite : portez des chaussures confortables, laissez vos affaires au vestiaire, buvez et asseyez-vous de temps en temps.

UNE PETITE FAIM ?

Court Café Au nord de la Great Court, le café propose salades et sandwichs.

Pizzeria Non loin de la salle 12, plus au calme, on sert des pizzas et des salades.

Great Court Restaurant Pour un repas assis et détendu, grimpez à l'étage en surplomb de l'ancienne salle de lecture de la British Library.

British Museum

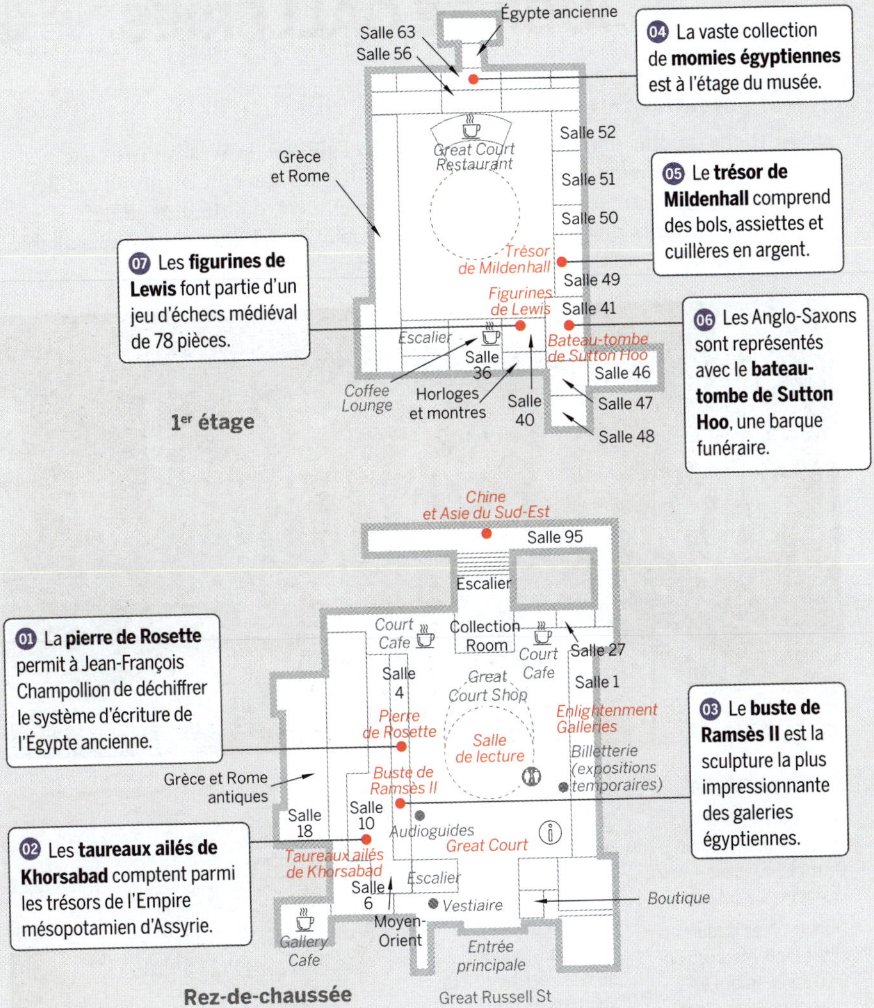

03 Les Queen's Diamond JUBILEE GALLERIES

ROYAUTÉ | GALERIE | HISTOIRE

Riche de plus d'un millénaire d'histoire, l'abbaye de Westminster est l'église des couronnements britanniques. En 2018, les Queen's Diamond Jubilee Galleries furent inaugurées dans le triforium médiéval, qui domine la nef, offrant aux visiteurs une vue unique sur l'intérieur de l'abbaye et sa remarquable collection d'objets, dont la majorité n'avait jamais été exposée.

LEON NEAL/GETTY IMAGES ©

En pratique

S'y rendre Prenez les lignes de métro Circle, District ou Jubilee jusqu'à la station Westminster.

Quand Évitez la foule en y allant tôt le matin ou en fin d'après-midi. Les cultes quotidiens sont ouverts au public.

Tarifs Le ticket d'entrée pour les Queen's Diamond Jubilee Galleries (5 £) ne peut s'acheter qu'en supplément au billet pour l'abbaye de Westminster (24 £). Voir aussi p. 60.

JOHN STILLWELL/PA IMAGES/GETTY IMAGES ©

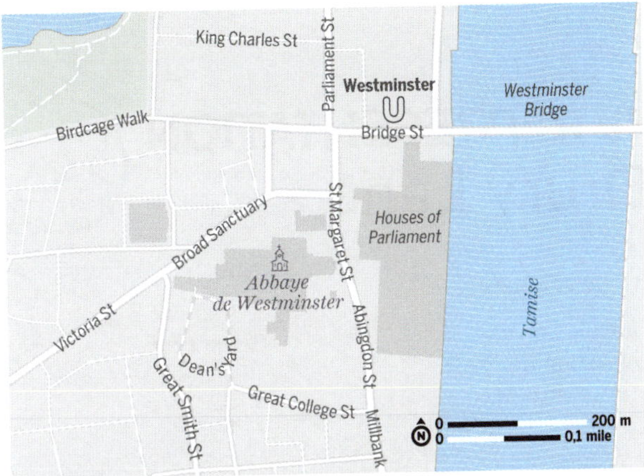

À gauche Effigies funéraires de Catherine Sheffield et Robert Sheffield, 1735 **En bas, à gauche** Certificat de mariage du prince William et de Kate Middleton

Ouvert au public L'ouverture des Queen's Diamond Jubilee Galleries (p. 61) en 2018 a ajouté une perspective nouvelle et singulière à ce lieu emblématique. Installées dans le triforium du XIIIe siècle, à 16 m de hauteur, elles ont permis au public de découvrir, pour la première fois dans toute l'histoire de l'abbaye, un espace qui servait autrefois d'entrepôt. On accède à ce grenier par la Weston Tower (équipée d'un escalier et d'un ascenseur), tour haute de 30 m en forme d'étoile, qui a été ouverte en même temps que les galeries et constitue le premier ajout d'importance à l'abbaye depuis 1745. En montant l'escalier, admirez la vue sur la salle capitulaire (Chapter House), de l'époque médiévale, et le palais de Westminster.

La collection La collection, qui couvre les mille ans d'histoire de l'abbaye, est répartie en quatre secteurs clés : construction de l'abbaye (Building the Abbey), culte et vie quotidienne (Worship and Daily Life), l'abbaye et la monarchie (the Abbey and the Monarchy), et l'abbaye et la mémoire nationale (the Abbey and National Memory). Parmi les 300 objets exposés, vous verrez 21 effigies funéraires médiévales superbement conservées, dont la tête d'Henri VII, la chaise du couronnement (Coronation chair) de Marie II, le certificat de mariage du prince William et Kate Middleton, et l'équipement de combat d'Henri V, ainsi que des œuvres d'art, des sculptures et des manuscrits provenant de la bibliothèque de l'abbaye et de la collection des archives. Dans cet espace aux couleurs neutres, entre parquet et vieilles poutres en chêne, les vitraux de l'abbaye participent, en filtrant la lumière, d'une atmosphère paisible.

Abbaye de Westminster

Fondée par des moines bénédictins en 960, l'abbaye de Westminster est le lieu de sépulture de la royauté et de personnalités de premier plan (dont sir Isaac Newton, et quelque 30 rois et reines), et a accueilli des mariages royaux (16 au total), notamment celui du prince William et de Kate Middleton en 2011. "Les visiteurs sont tout naturellement attirés par les tombes de la famille royale, explique Guy Fairbank, mais il y a également des merveilles cachées à voir." Traversez la salle capitulaire (Chapter House) jusqu'à une lourde porte en chêne. De l'autre côté, vous pourrez voir les vestiges de l'abbaye normande d'origine, avec ses colonnes rondes trapues, son autel épuré et ses carreaux d'époque médiévale.

Réflexions de Guy Fairbank, *London Blue Badge Guide à Urban Saunters, @guyfairbank*

04 UNE REPRÉSENTATION à Drury Lane

THÉÂTRE | COMÉDIES MUSICALES | SPECTACLES

Depuis bientôt 400 ans, le Théâtre royal de Drury Lane accueille de mémorables représentations en plein cœur du West End. Ce lieu historique a bien mérité sa renommée : le bâtiment d'origine date de 1663, ce qui en fait le plus ancien théâtre en activité de Londres. L'auditorium accueille aussi bien des spectacles modernes que classiques.

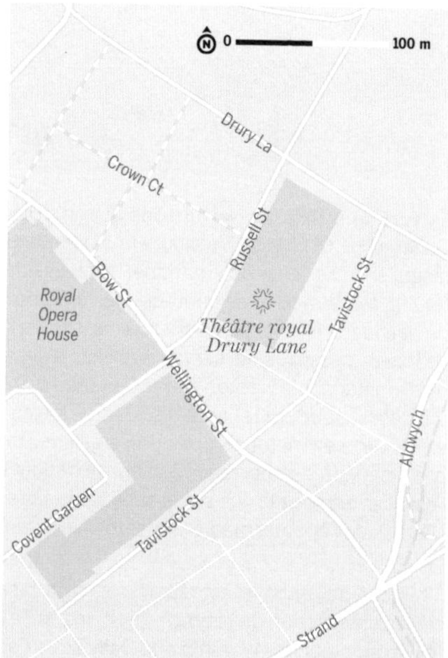

En pratique

S'y rendre Prenez la ligne de métro Piccadilly jusqu'à Covent Garden, d'où il faut marcher 4 minutes pour gagner le théâtre. Voir aussi p. 61.

Quand y aller Le théâtre est ouvert tous les jours, mais il est préférable d'acheter ses billets à l'avance.

À savoir L'une des entrées est exempte de marches, et il existe des espaces accessibles aux fauteuils roulants à tous les étages, hormis au balcon.

Des représentations extraordinaires Le célèbre compositeur Andrew Lloyd Webber, à qui l'on doit plusieurs productions mondialement connues, comme *Le Fantôme de l'Opéra* et *Cats*, a acheté le Théâtre royal de Drury Lane en 2004. C'est sa société, LW Theatres, qui dirige aujourd'hui le site. Entre 2019 et 2021, d'importants travaux de modernisation ont été menés. Nombre d'éléments d'origine ont été restaurés, tandis que l'auditorium et l'accessibilité du bâtiment ont été améliorés, et que plusieurs bars et restaurants ont été annexés à l'ensemble.

À droite Production de *42nd Street* au Théâtre royal de Drury Lane
En bas, à droite Extérieur du Théâtre royal de Drury Lane

GAVIN RODGERS/ALAMY LIVE NEWS ©

DAVID WILLIAMS/GETTY IMAGES ©

Un vénérable théâtre

Construit à l'origine en 1663, le Théâtre royal de Drury Lane est le plus ancien de la capitale. Le monument a subi diverses modifications et rénovations au fil des ans. L'édifice actuel date de 1812 et c'est le quatrième théâtre bâti à cet emplacement.

La grande scène, où se produisirent nombre de comédies musicales, telles *My Fair Lady* et *42nd Street*, en impose plus que jamais. Elle est désormais ponctuée de spectacles immersifs, à l'exemple de la comédie musicale *La Reine des neiges*.

Un restaurant enchanteur
Voisin du théâtre, mais en retrait de la rue, **The Garden** (p. 61) est un café-bar contemporain, qui appartient à LW Theatres. C'est un lieu de rendez-vous idéal pour se sustenter ou boire un verre. Passez une heure ou deux dans cet établissement verdoyant, en dégustant un cocktail ou un café, en savourant du fromage servi sur des planches provenant de l'ancienne scène, ou encore en vous délectant des desserts créés par la boulangère londonienne Lily Vanilli. Les personnes munies de billets tout comme le grand public sont les bienvenus.

05 Une journée au palais de BUCKINGHAM

ROYAUTÉ | THÉ | PALAIS

Résidence de la reine Élisabeth II, le palais de Buckingham – de fait, un ancien hôtel particulier construit en 1703 – est célèbre dans le monde entier et attire des millions de visiteurs chaque année. C'est l'un des rares palais royaux au monde a toujours être habité. Malgré le caractère très solennel de l'endroit, les visiteurs peuvent le visiter durant l'été et profiter d'un thé dans le jardin privé.

En pratique

S'y rendre Prenez la ligne de métro Victoria ou Piccadilly jusqu'à Victoria, Green Park ou Hyde Park. Évitez d'y aller en voiture, car le stationnement est cher et limité. Voir aussi p. 60.

Quand y aller Le palais de Buckingham peut être visité par le public entre juillet et septembre, lorsque la reine ne loge pas sur place. La relève de la garde a lieu tout au long de l'année.

Tarifs Les prix des boissons chaudes dans le café du jardin, y compris le thé, sont à partir de 3 £. Accompagnez votre boisson d'un dessert, ou choisissez un wrap ou un sandwich.

Une expérience royale
La visite guidée des appartements d'apparat (State Rooms), pièces de couleurs vives, tient d'une incursion dans un monde à part. Ces 19 somptueuses salles, sur les 775 que compte le palais, ont été conçues pour accueillir les invités à l'occasion de rencontres officielles et de réceptions. Elles abritent une prestigieuse collection

À droite Salle de bal du palais de Buckingham
En bas, à droite Jardins du palais de Buckingham

PA IMAGES/ALAMY STOCK PHOTO ©

GARY BLAKE/ALAMY STOCK PHOTO ©

Les drapeaux du palais

Si l'étendard royal, rouge bleu et or, flotte au-dessus du palais de Buckingham, cela signifie que la reine est à Londres. Lorsqu'elle est absente, c'est l'Union Jack qui est hissé.

■ **Le conseil de Justin Roxburgh,**
Guide touristique Blue Badge, @just_in_london_tours

de sculptures, de meubles et d'œuvres d'art provenant de la collection royale. Au cours de la visite, vous découvrirez, entre autres, la salle de bal (Ballroom), la salle du trône (Throne Room), le salon blanc (White Drawing Room) et la salle de musique (Music Room).

Thé au jardin L'*afternoon tea* est un rituel britannique. Après la visite guidée des appartements officiels, prenez place sur la pelouse, de préférence avec vue sur le lac du XIXe siècle, pour pique-niquer à l'heure du thé. Régalez-vous d'un choix de sandwichs, de gâteaux et de scones tout en goûtant l'ambiance, étonnamment sereine pour le centre de Londres (c'est le jardin privé le plus grand de la ville). Ensuite, explorez le domaine royal de 16 ha, avant de quitter le célèbre palais.

06 Promenade dans le WEST END

HISTOIRE | PROMENADE | MONUMENTS

Le meilleur moyen de découvrir le West End consiste à l'explorer à pied ou à vélo. Avec sa myriade de lieux et monuments historiques, le quartier enchantera la plupart des voyageurs, qui pourront s'imprégner du passé complexe de la ville et apprendre la raison pour laquelle nombre de sites sont devenus importants, voire emblématiques de la Grande-Bretagne.

WILLY BARTON/SHUTTERSTOCK ©

Vieux Londres

Plongez dans plus de mille ans d'histoire à la faveur d'une balade dans le West End, et apprenez-en plus sur l'histoire politique et les personnalités qui ont formé la nation. Arrêtez-vous devant les lieux culturels, comme le vénérable **Regency Cafe** (p. 61), qui incarne la "culture café" de Londres et sert un petit-déjeuner anglais traditionnel.

En pratique

S'y rendre Prenez les lignes Bakerloo et Northern jusqu'à la station Charing Cross pour rejoindre Trafalgar Square. De là, comptez 2 minutes à pied jusqu'à la place.

Quand y aller Le quartier est souvent animé, en particulier l'été et les week-ends. Suivez les rues principales pour ne manquer aucun site.

Notre conseil Pensez à mettre des chaussures confortables. Vous pourrez très bien finir par marcher plus longtemps que prévu...

Tous nos remerciements à Shabby Flanders, directeur d'Urban Saunters, à Londres, @urbansaunters

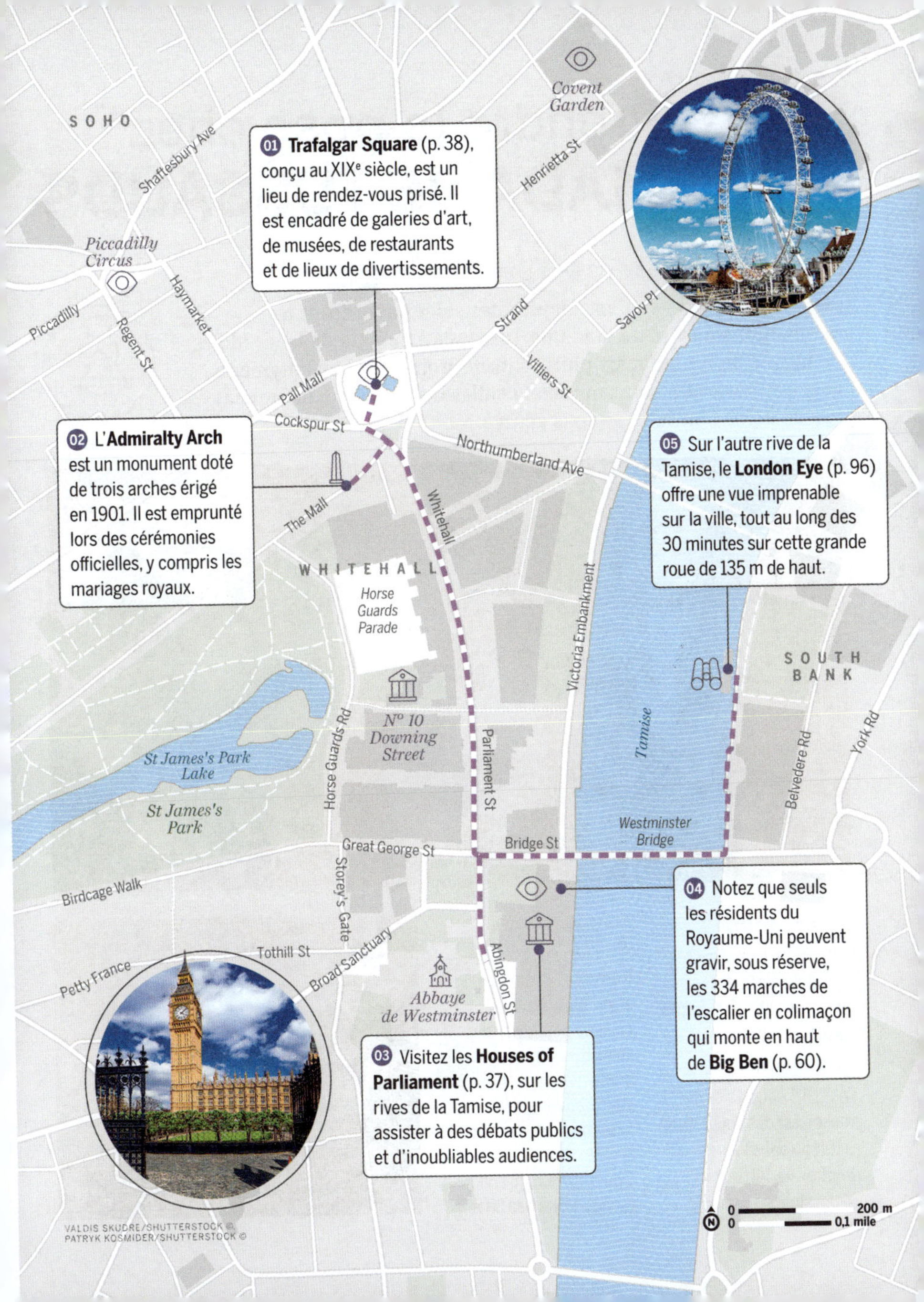

01 **Trafalgar Square** (p. 38), conçu au XIXe siècle, est un lieu de rendez-vous prisé. Il est encadré de galeries d'art, de musées, de restaurants et de lieux de divertissements.

02 L'**Admiralty Arch** est un monument doté de trois arches érigé en 1901. Il est emprunté lors des cérémonies officielles, y compris les mariages royaux.

03 Visitez les **Houses of Parliament** (p. 37), sur les rives de la Tamise, pour assister à des débats publics et d'inoubliables audiences.

04 Notez que seuls les résidents du Royaume-Uni peuvent gravir, sous réserve, les 334 marches de l'escalier en colimaçon qui monte en haut de **Big Ben** (p. 60).

05 Sur l'autre rive de la Tamise, le **London Eye** (p. 96) offre une vue imprenable sur la ville, tout au long des 30 minutes sur cette grande roue de 135 m de haut.

07 Prendre la pose chez MADAME TUSSAUDS

MANNEQUINS DE CIRE | SELFIES | CÉLÉBRITÉS

Les enfants et ados adeptes des selfies adoreront les mannequins de cire de Madame Tussauds à l'effigie de leurs idoles. Ce musée de renom mais plutôt kitsch promet de bons moments. Pour rapporter un souvenir, les 12 salles du musée ne manquent pas de coins boutique en tous genres.

ANTON_IVANOV/SHUTTERSTOCK ©

En pratique

S'y rendre Le musée est à quelques pas du métro Baker Street, juste au sud de Regent's Park.

Quand y aller Le meilleur moment pour visiter le musée est dès l'ouverture à 10h ou dans l'après-midi, entre 14h et 15h, si possible en semaine.

Tarifs adulte/enfant 35/30 £

Conseils Le musée est assez cher, réservez en ligne pour avoir des tarifs avantageux (www.madametussauds.com). Vous obtiendrez des réductions en combinant la visite du musée avec 2 ou 3 autres attractions (London Eye, Sea Life...).

YURI TURKOV/SHUTTERSTOCK ©

À gauche Élisabeth II, le prince Philip, duc d'Édimbourg, à côté du prince William et de Kate Middleton
En bas, à gauche Les Beatles

Dans cet impressionnant musée de cire, on se fait prendre en photo avec ses **stars préférées** : Daniel Craig, Lady Gaga, Audrey Hepburn, des vedettes du sport (Usain Bolt, Rafael Nadal, Cristiano Ronaldo) ou des têtes couronnées (Sa Majesté la reine, le prince Harry, la princesse Kate...).

Les amateurs de **musique** pop et d'autres courants musicaux ne sont pas en reste avec une multitude d'effigies de cire, tels que Rihanna, Ariana Grande, Freddie Mercury, Taylor Swift, Miley Cyrus, Amy Winehouse ou David Bowie.

Les fans de Luke Skywalker et de Han Solo pourront revivre les aventures de **Star Wars**, avec nombre de personnages principaux représentés dans d'impressionnants décors.

Un film 4D sur l'univers des **super-héros Marvel** (Captain America, Black Panther, Spider Man) vous fera plonger au cœur de l'action avec des effets sensoriels FBFX stupéfiants.

La balade en taxi **Spirit of London Ride** est un must ! Dans le confort d'un taxi londonien réaménagé, est relatée l'histoire de la ville d'hier à aujourd'hui d'une façon aussi amusante que pédagogique. Vous aurez un aperçu du règne d'Élisabeth Ire et de celui de la reine Victoria, vous serez témoin de la terrible grande peste en 1665 et, une année plus tard, du Grand Incendie de Londres.

Dans le sous-sol du musée, la présentation thématique **Sherlock Holmes Experiences** est une sensationnelle plongée interactive dans l'univers du célèbre détective britannique.

Un peu d'histoire

L'histoire du musée remonte à l'artiste **Marie Tussaud** (de son vrai nom Marie Grosholtz ; 1761-1850), qui travailla à Versailles pendant neuf ans et fut emprisonnée en même temps que la famille royale, et condamnée à la guillotine. Elle fut libérée grâce à ses aptitudes pour façonner à la cire les masques mortuaires de victimes exécutées pendant la Révolution française.

Arrivée à Londres en 1803, elle exposa une trentaine de ses œuvres non loin, dans Baker Street, permettant ainsi aux visiteurs de voir des représentations fidèles de personnages célèbres bien avant la généralisation de la photographie. Ouvert en 1835, ce musée a précédé le musée Grévin (1882) à Paris.

08 Une soirée endiablée à SOHO

VIE NOCTURNE | RESTAURANTS | LGBTQI+

Un voyage à Londres ne saurait être complet sans une visite à Soho, un petit quartier à l'ambiance ultra-conviviale. Très animé et apprécié pour son atmosphère bohème, il compte certains des bars et restaurants les plus en vue de la ville, et est un haut lieu de la scène LGBTQI+.

FOTOMATON/ALAMY STOCK PHOTO ©

En pratique

S'y rendre Prendre la ligne de métro Victoria jusqu'à Oxford Circus, d'où vous pourrez gagner Soho à pied. Vous pouvez aussi prendre les lignes de métro Central ou Northern jusqu'à Tottenham Court Road et terminer à pied.

Quand y aller Le quartier est toujours animé, mais se révèle encore plus turbulent le week-end, entre fêtards et touristes.

Tarifs Les boissons sont généralement plus chères dans ce quartier, mais certains bars LGBTQI+ proposent des consommations à moindre coût.

CHRISTO MITKOV CHRISTOV/SHUTTERSTOCK ©

ALENA VEASEY/SHUTTERSTOCK ©

Bars et clubs Soho compense sa petite taille par son vaste choix de divertissements et de lieux de sortie. Presque toutes ses ruelles sont ponctuées de bars, clubs et pubs, où afflue une clientèle de tous horizons. En Grande-Bretagne, la culture des pubs a évolué au fil des ans et fait désormais figure d'élément clé de la vie locale, ce qui explique que des pubs comme le **Dog & Duck** (p. 63) soient souvent bondés, à toute heure de la journée. Découvrez la "culture pubs" en frayant avec la clientèle, qui comptera sans doute une bonne part d'habitués. Mettez le cap vers le **Zebrano** (p. 64) pour danser, ou vers le **Salsa ! Soho** (p. 64) pour écouter de la salsa, de la bachata, du mérengué et du reggaeton. Si vous aimez les cocktails, direction **The Vault** (p. 64), un bar à cocktails chaleureux au décor de

Un bar au féminin

Dans Old Compton St se tient le **She Soho** (p. 64) – premier et unique bar lesbien de Londres. Dans un cadre rappelant un sous-sol voûté, cet espace minuscule et bondé est un lieu sûr pour les femmes queer. Des DJ mettent invariablement l'ambiance.

En haut, à gauche Simmons Bar
Ci-dessus Le Dog & Duck
À gauche Enseigne lumineuse de Soho

librairie. Certains lieux, tel le **Simmons Bar** (p. 64), affichent des happy hours très appréciées avec un bon choix de boissons, comme le mojito à 10 £.

Dîner à Soho La formidable scène gastronomique du quartier reflète la culture diversifiée de Londres. La petite taille du **10 Greek Street** (p. 61), l'une des adresses favorites du coin, se prête à dîner dans un cadre intimiste, chose rare dans ce quartier trépidant. Si vous rêvez de cuisine mexicaine, direction le **Temper** (p. 63), un grill avec une impressionnante carte des boissons. Les fans de japonais iront au **Shack-Fuyu Soho** (p. 63) pour goûter le fameux pudding – il serait le meilleur de Londres ! Si vous cherchez du haut de gamme, vous ne serez pas déçu en allant au chic **Bob Bob Ricard Soho** (p. 62), dont le menu russe et anglais comprend des huîtres et du caviar accompagnés de

Un monde coloré

The Yard Bar (p. 64) Une clientèle masculine se retrouve dans ce bar loft doté d'une vaste cour. L'abondance de fleurs et le mobilier en font un lieu détendu, propice aux rencontres amicales.

Comptons of Soho (p. 64) Ce pub de style victorien, qui évoque le passé homosexuel secret de Soho, a ouvert ses portes dans les années 1890. Passez-y pour déguster une pinte !

G-A-Y Bar (p. 64) On le qualifie de "kitsch" ou de "basique", mais il est résolument festif après quelques verres avalés durant l'happy hour. Prenez un bracelet à l'extérieur pour entrer gratuitement au G-A-Y Late ou au Heaven pour continuer la fête.

Recommandé par Andrew Headspeath, *éditeur et membre de la communauté LGBTQI+ @thescottipino*

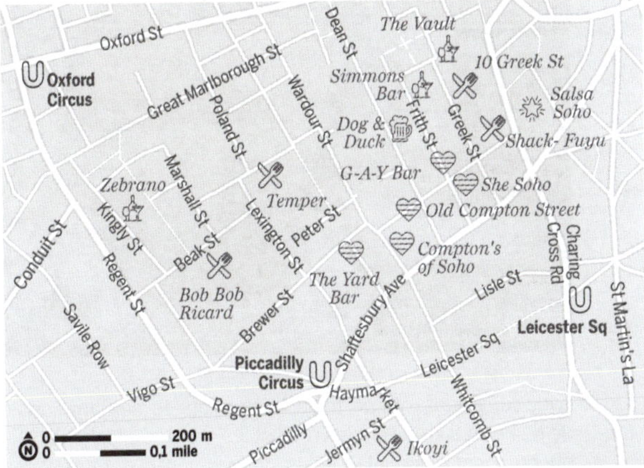

À gauche Intérieur du Bob Bob Ricard
Ci-dessous Old Compton Street, Soho

champagne. Découvrez les saveurs du Nigeria à **Ikoyi** (p. 62), un restaurant étoilé au Michelin qui marie saveurs ouest-africaines aux produits de saison anglais.

Le cœur LGBTQI+ de Londres Les enseignes lumineuses au néon et les drapeaux de fierté ne sont que quelques-unes des curiosités qui émaillent les environs d'**Old Compton Street**, reconnue pour être un important centre LGBTQI+. Bien qu'assez courte, la rue abrite les principaux bars et clubs gays de la capitale et attire la foule. Vous ne serez pas seul. Chaque week-end, les fêtards s'en donnent à cœur joie toute la nuit, en faisant la tournée des innombrables établissements, dont le **G-A-Y Bar** (p. 64), le club gay le plus ancien de la ville. Assurez-vous d'arriver sur place avant minuit, heure à laquelle certains établissements se mettent à refuser l'entrée, car ils peuvent déjà afficher complet.

par Angela Hui
Angela est spécialiste de la scène culinaire à Time Out London. Autrice freelance couvrant les modes de vie, la cuisine et les voyages, elle a remporté deux récompenses. @angelahuii

Chinatown et sa scène culinaire en évolution

CONCEPTS GASTRONOMIQUES CONTEMPORAINS

Le Chinatown de Soho laisse de plus en plus de place à une cuisine chinoise régionale et panasiatiques, qui plaît à une clientèle plus jeune. Mais, face à l'apparition de restaurants de chaîne, les établissements traditionnels familiaux ont du mal à faire face à la concurrence.

PICTURE CAPITAL/ALAMY STOCK PHOTO ©

Ci-dessus Restaurant Golden Phoenix
Page ci-contre à gauche Laksa medan
Page ci-contre à droite Glace Ube bilong au Mamasons Dirty Ice Cream

Avec son imposante porte aux piliers rouges, ses lampions de papier qui émaillent les rues et les arômes alléchants qui émanent des boulangeries, des restaurants et des boucheries, Chinatown est incontournable. Les rues situées entre Leicester Square et Piccadilly Circus représentent, depuis les années 1960, le cœur des commerces chinois de Londres. Le premier Chinatown a vu le jour à Limehouse, dans East London, où on servait à manger aux marins chinois sur les docks, dès l'époque georgienne. Après les bombardements durant la Seconde Guerre mondiale, de nombreux immigrants chinois, qui vivaient près des quais, ont été contraints de se réinstaller de l'autre côté de la ville, où ils ont pu ouvrir des magasins dans le quartier alors mal famé de Soho.

Aujourd'hui, Chinatown vit une métamorphose. Quartier autrefois essentiellement cantonais, il s'est diversifié et s'est transformé en un paradis de la street food, des plats à emporter et des pâtisseries. Nombre de ces établissements ne disposent cependant pas toujours de places assises pour se restaurer entre amis ou en famille, ce qui était un des points forts du Chinatown de naguère.

Bienvenue à Snacktown

Longtemps, les restaurants de Chinatown ont fait découvrir les saveurs de l'Orient, bien qu'un peu édulcorées. Les restaurants à l'ancienne faisant office de salle de réception et les établissements de dim sums comme le Golden Phoenix, le Joy King Lau et le Golden Dragon (p. 62), qui servaient du porc sauce aigre-douce et du canard laqué, étaient très recherchés. Aujourd'hui, la diversité de la cuisine chinoise et des pays d'Asie du Sud-Est se reflète

ARIYANI TEDJO/SHUTTERSTOCK ©

NATHANIEL NOIR/ALAMY STOCK PHOTO ©

enfin sur les cartes des restaurants. Dans le même périmètre, il est ainsi possible de déguster un laksa au curry de Malaisie au C&R Cafe (p. 62), des pains plats *rou jia mo* de Xi'an au Food House (p. 62), un *ube bilog* philipin à Mamasons (p. 63), et un riz aux œufs frits cantonais au Cafe TPT (p. 62). S'il reste encore des restaurants traditionnels, ils côtoient des adresses aux concepts contemporains – gaufres de Hong Kong dignes d'être postées sur Instagram, soufflé japonais moelleux et thé aux perles à la feuille d'or de Taïwan – qui ont la faveur d'une clientèle jeune.

> Le premier Chinatown a vu le jour à Limehouse, dans East London, où on servait à manger aux marins chinois sur les docks, dès l'époque georgienne.

Quel avenir pour Chinatown ?

Alors que les restaurants de Chinatown rivalisent de créativité pour attirer les clients, le quartier connaît une sorte de crise d'identité, se transformant lentement en une copie de ce qui existe dans nombre de centres urbains de Chine continentale : un Disneyland panasiatique sans âme, jalonné de chaînes et de snack-bars, dont les plats, venus des quatre coins du monde, font mollement consensus. Dans les années à venir, il ne s'agira peut-être pas de la survie des commerces les mieux adaptés ni même de la renaissance des restaurants à l'ancienne, mais plutôt d'une façon de rappeler aux Londoniens et aux visiteurs pourquoi Chinatown mérite le détour : l'important est d'y découvrir de nouvelles saveurs et spécialités culinaires, d'y savourer un bon repas en famille et entre amis, pour contribuer à une valeur ajoutée à tout un pan de l'identité britannique.

Le visage changeant de Chinatown

Même avant que la pandémie de Covid-19 ne frappe en 2020, de nombreux commerces de Chinatown étaient déjà en danger en raison de la flambée des loyers commerciaux. Les entreprises traditionnelles et gérées en famille, qui dépendent de leur trésorerie pour survivre, ne tiennent souvent plus qu'à un fil. Certains commerces, comme l'emblématique restaurant de grillades cantonais Hung's, ont fermé leurs portes, tandis que d'autres ont quitté le centre de Londres. On trouve désormais de "mini Chinatowns" à King's Cross, Angel, Holborn, Aldgate, Lambeth et Victoria, ce qui signifie que les clients qui se rendaient autrefois à Soho pour déguster de la cuisine chinoise peuvent désormais le faire sans quitter leur quartier.

Carnet d'adresses

Les grands classiques (p. 36)

Abbaye de Westminster

(020-7222 5152 ; www.westminster-abbey.org ; 20 Dean's Yard ; adulte/enfant 24/10 £, demi-tarif mer après 16h30 ; 9h30-15h30 mar, jeu et ven, 9h30-18h mer, 9h30-15h sam mai-août et 9h30-13h sam sept-avr ; Westminster)

British Museum

(020-7323 8000 ; www.britishmuseum.org ; Great Russell St ; entrée libre ; 10h-17h30 sam-jeu, 10h-20h30 ven ; Tottenham Court Rd ou Russell Sq)

Churchill War Rooms

(020-7416 5000 ; www.iwm.org.uk ; Clive Steps, King Charles St ; adulte/enfant 23/11,50 £ ; 9h30-18h ; Westminster)

Houses of Parliament

(020-7219 4114 visites guidées ; www.parliament.uk ; Parliament Sq ; avec guide adulte/enfant 26,50/11,50 £, audioguidée 19,50 £/gratuite ; Westminster)

National Gallery

(020-7747 2885 ; www.nationalgallery.org.uk ; Trafalgar Sq ; entrée libre ; 10h-18h sam-jeu, 10h-21h ven ; Charing Cross)

Palais de Buckingham

(0303 123 7300 ; www.rct.uk/visit/the-staterooms-buckingham-palace ; Buckingham Palace Rd ; tarif plein/réduit/–5 ans- 26,50/14,50 £/gratuit ; 10h-17h30 mi-juil à fin sept, à partir de 9h30 mi-juil à sept ; Green Park ou St James's Park)

Piccadilly Circus

(Piccadilly Circus)

Somerset House

(020-7845 4600 ; www.somersethouse.org.uk ; The Strand ; cour 7h30-23h ; Temple)

St James's Park

(www.royalparks.org.uk/parks/st-jamess-park ; The Mall ; 5h-minuit ; St James's Park ou Green Park)

Tate Britain

(020-7887 8888 ; www.tate.org.uk/visit/tate-britain ; Millbank ; entrée libre ; 10h-18h ; Pimlico)

Trafalgar Square

(Charing Cross ou Embankment)

Wallace Collection

(020-7563 9500 ; wallacecollection.org ; Hertford House, Manchester Square ; 10h-17h ; Bond Street)

Monuments, visites et culture

Big Ben

Voir p. 37. (www.parliament.uk/visiting/visiting-and-tours/tours-of-parliament/bigben ; Bridge St ; Westminster)

Marble Arch

Si cet imposant arc de triomphe blanc (1828) réveille l'anarchiste qui sommeille en vous, franchissez le portail central : selon une loi

Fontaine William Shakespeare, Leicester Square

IR STONE/SHUTTERSTOCK ©

(non appliquée), ce privilège est réservé à la famille royale et à la King's Troop Royal Horse Artillery. (U Marble Arch)

Queen's Diamond Jubilee Galleries

Voir p. 44. (www.westminster-abbey.org/fr/visit-us/plan-your-visit/the-queens-diamond-jubilee-galleries ; Dean's Yard ; tarif plein, 5 £, en complément d'un billet d'accès à l'abbaye ; 10h-15h lun-ven, 9h30-15h sam ; U Westminster)

Regency Cafe

Voir p. 50. (020-7821 6596 ; regencycafe.has.restaurant ; 17-19 Regency St ; 7h-14h30 et 16h-19h15 lun-ven, 7h-12h sam ; U St James Park ou Pimlico)

Royal Opera House

Voir p. 40. (020-7304 4000 ; www.roh.org.uk ; Bow St ; boutique de souvenirs et café à partir de 10h ; U Covent Garden)

Royal Opera House café, Paul Hamlyn Hall et Balconies Restaurant

Voir p. 40, 41. (020-7212 9254 ; www.roh.org.uk/eat-and-drink ; Bow St ; U Covent Garden)

Théâtre royal de Drury Lane

Voir p. 46. (020-7557 7300 ; lwtheatres.co.uk/theatres/theatre-royal-drury-lane/ ; 65 Drury Lane ; U Covent Garden)

The Garden

Voir p. 47. (wtheatres.co.uk/the-garden-at-the-lane/ ; Catherine St ; 9h30-23h lun-ven, 9h30-22h30 dim ; U Covent Garden)

Espaces verts

Regent's Park

Parc parmi les plus vastes de Londres, le Regent's Park est un espace vert magnifique parfait pour échapper au vacarme de la ville et se prélasser au milieu de la nature. (www.royalparks.org.uk/parks/the-regents-park ; 5h-crépuscule ; U Regent's Park or Baker St)

WILLY BARTON/SHUTTERSTOCK ©

Oxford Circus

Victoria Tower Gardens

Un petit espace vert proche de certains sites historiques de Londres, notamment des Houses of Parliament, de Big Ben et de l'abbaye de Westminster. L'endroit rêvé pour profiter du quartier par temps chaud. (www.royalparks.org.uk/parks/victoria-tower-gardens ; Millbank ; 7h-21h ; U Westminster ou Pimilco)

Cuisine internationale

10 Greek Street — ££

Voir p. 56. (020-7734 4677 ; www.10greekstreet.com ; 10 Greek St ; plats 20-26 £ ; 12h-14h30 lun-sam, plus 17h30-22h lun-mar, 17h30-22h30 mer-sam et 12h-23h dim ; U Tottenham Court Rd)

Akoko — £££

En plein cœur de Londres, ce charmant restaurant met à l'honneur le meilleur de la cuisine d'Afrique de l'Ouest, notamment du Nigeria. On y sert des mets alléchants dans un cadre chic de Fitzrovia. (020-7323 0593 ; akoko.co.uk ; 21 Berners St, Fitzrovia ; 18h-23h lun-sam, plus 12h-16h sam ; U Goodge Street ou Tottenham Court Road)

Blacklock — ££

Un grill animé qui sert des steaks et des burgers bien juteux dans une ancienne maison close en sous-sol, en plein cœur de Soho. (020-3441 6996 ; theblacklock.com/

restaurants/blacklock-soho/ ; 24 Great Windmill St ; 12h-15h et 17h-23h lun-ven, 12h-16h sam, 11h45-20h dim ; Piccadilly Circus)

Bob Bob Ricard Soho

Voir p. 56. (020-3145 1000 ; www.bobbobricard.com/soho/ ; 1 Upper James St ; 17h30-minuit lun-mer, 12h-minuit jeu-dim ; Oxford Circus ou Piccadilly Circus)

Brasserie Zédel £££

Le Zédel est un petit coin de France, une élégante brasserie qui rend hommage au Paris des années 1930. Réputée pour son menu d'un bon rapport qualité/prix good-value de plats traditionnels français. (020-7734 4888 ; www.brasseriezedel.com ; 20 Sherwood St ; plats 15-18 £ ; 11h30-minuit lun-sam, 11h30-23h dim ; ; Piccadilly Circus)

Cafe TPT

Voir p. 59. (020-7434 7980 ; www.cafetpt.com ; 21 Wardour St ; 12h-1h tlj ; Leicester Square ou Piccadilly Circus)

C&R Cafe

Voir p. 59. (020-7434 1128 ; www.cnrcaferestaurant.com ; 4 Rupert Court ; 12h-22h mar dim ; Leicester Square ou Piccadilly Circus)

Food House

Voir p. 59. (020-7287 2818 ; 46 Gerrard St ; 12h-23h jeu-mar ; Leicester Square)

Gaucho £££

Ce grill argentin est fameux pour ses steaks, tenus pour les meilleurs de Londres. Cette chaîne acclamée par la critique compte plusieurs restaurants dans toute la ville, mais celui de Piccadilly est le plus en vue. (020-7734 4040 ; gauchorestaurants.com/restaurants/piccadilly/ ; 25 Swallow St ; 12h-23h dim-jeu, 11h30-23h ven-sam ; Piccadilly Circus)

Golden Dragon

Voir p. 58. (020-7734 1073 ; www.gdlondon.co.uk ; 28-29 Gerrard St ; 12h-23h30 lun-jeu, 12h-minuit ven-sam, 11h-23h dim ; Leicester Square ou Piccadilly Circus)

Golden Phoenix

Voir p. 58. (020-7439 9123 ; 37-38 Gerrard St ; 12h-minuit lun-sam, 11h-22h dim ; Leicester Square)

Ikoyi

Voir p. 57. (020-3583 4660 ; ikoyilondon.com ; 1 St James's Market ; 12h-15h et 18h-22h30 lun-ven, 12h-22h30 dim, réserver 2 mois à l'avance minimum ; Piccadilly Circus)

Imperial China ££

L'un des plus grands restaurants cantonais de Chinatown, l'Imperial China est installé sur 2 niveaux et sert des spécialités chinoises traditionnelles et des dim sums depuis 1993. Salles réservées au karaoké pour les groupes. (020-7734 3388 ; www.imperialchinalondon.com ; 25a White Bear Yard, Lisle St ; 12h-23h lun-jeu, 12h-23h30 ven-sam, 11h30-22h30h dim ; Leicester Square)

Joy King Lau

Voir p. 58. (020-7437 1132 ; www.joykinglau.com ; 3 Leicester St ; 12h-23h30 lun-sam, 11h-22h30 dim ; Leicester Square ou Piccadilly Circus)

GEOFF STRINGER/LONELY PLANET ©

Magasin Liberty

Mamason

Voir p. 59. (☎ 020-7287 7955 ; 32 Newport Court ; ⏲ 12h-22h lun-dim ; Ⓤ Leicester Square)

Shack-Fuyu Soho

Voir p. 56. (☎ 020-7734 7492 ; www.facebook.com/shackfuyu/ ; 14a Old Compton St ; ⏲ 12h-22h lun, 12h-15h et 17h30-22h mar et jeu, 12h-15h et 17h30-23h mer et ven, 12h-23h sam, 12h-minuit dim ; Ⓤ Tottenham Court Rd ou Leicester Square)

Sketch, Soho £££

Ce gastropub insolite est connu pour son décor sympathique et son atmosphère. Les salles sont remplies d'œuvres d'art, les principaux espaces se transformant en salon à cocktails animé en soirée. (☎ 020-7659 4500 ; www.sketch.london ; 9 Conduit St ; ⏲ 9h-minuit dim-mer, 9h-2h jeu-sam ; Ⓤ Oxford Circus)

Temper

Voir p. 56. (☎ 020-3879 3834 ; temperrestaurant.com/temper-soho/ ; 25 Broadwick St ; ⏲ 17h-23h mar, 12h-23h mer-sam, 12h-19h dim ; Ⓤ Tottenham Court Rd, Oxford Street ou Piccadilly Circus)

Thé, café et douceurs

Chez Antoinette £

Ce restaurant français convivial, au rez-de-chaussée du Covent Garden Market, affiche une carte formidable, avec tartines sucrées, planches de fromages et une copieuse salade au jambon cru. (☎ 020-7240 9072 ; www.chezantoinette.co.uk/covent-garden/ ; 30 The Market, Lower Piazza ; ⏲ 10h-19h lun-jeu, 10h-22h ven-sam, 10h-20h dim ; Ⓤ Covent Garden)

Biju Bubble Tea Room Soho

Cet agréable café taïwanais sert un authentique thé aux perles à ses nombreux habitués. Goûtez au Black Cream Tea et au Hong Kong Milk Tea, les boissons signatures de l'établissement. (☎ 020-7287 4040 ; www.bijububbletea.com ; 45 Old Compton Street ; ⏲ 11h-23h lun-dim ; Ⓤ Piccadilly Circus ou Leicester Square)

GETTY IMAGES ©

Billetterie pour spectacles de musique et pièces de théâtre

Söderberg ££

Une boulangerie suédoise sur 2 niveaux à la déco scandinave minimaliste. À la carte : petits pains à la cannelle tout frais, tartines salées, gaufres, pâtisseries et les fameuses boulettes de viande suédoises. (☎ 020-7287 2111 ; www.soderberg.uk/soderberg-soho ; 36 Berwick St ; ⏲ 9h-18h lun-ven, 10h-18h sam, 11h-17h dim ; Ⓤ Oxford Circus ou Tottenham Court Road)

Cocktails et bières

Aqua Nueva

Au dernier étage, doté d'un impressionnant bar en terrasse qui domine le centre de Londres, cet élégant restaurant contemporain est spécialisé dans la cuisine espagnole. Pas de réservation nécessaire, mais mieux vaut arriver tôt pour être sûr d'avoir une place. (☎ 020-7478 0540 ; aquanueva.co.uk ; 240 Regent St, accès par le 30 Argyll St ; ⏲ 12h-minuit dim-jeu, 12h-0h30 ven-sam ; Ⓤ Oxford Circus)

Dog & Duck

Voir p. 55. (☎ 020-7494 0697 ; www.nicholsonspubs.co.uk ; 18 Bateman St ; ⏲ 11h30-23h lun-mer, 11h30-1h jeu-sam, 12h-22h30 dim ; Ⓤ Tottenham Court Rd)

Opium

Un bar à cocktails de Chinatown à l'ambiance intimiste qui vous plonge dans le Shanghai des années 1920. Parfaitement caché derrière une porte lumineuse, l'établissement compte plusieurs espaces à l'éclairage tamisé répartis sur 2 niveaux. (020-7734 7276 ; www.opiumchinatown.com ; 15-16 Gerrard St ; 17h-1h lun-mar, 17h-2h mer, 17h-3h jeu-sam, 17h-minuit dim ; Leicester Square)

Shochu Lounge

Dans le centre de Fitzrovia, un bar contemporain rustique-chic en sous-sol qui rend hommage à la culture japonaise. Des cerisiers en fleur- illuminent ce lieu sophistiqué, créant une atmosphère décontractée. Il y a également un bar à chicha. (020-7580 6464 ; www.rokarestaurant.com/restaurant/shochu-lounge/ ; 37 Charlotte St ; 17h30-23h mer-sam ; Goodge Street)

Simmons Bar

Voir p. 56. (020-3879 9244 ; www.simmonsbar.co.uk ; 2 Bateman St ; 15h-23h30 lun-jeu, 15h-minuit ven, 12h-minuit sam, 12h-22h30 dim ; Tottenham Court Rd)

The Harp, Covent Garden

Ce pub primé de Trafalgar Square est connu pour son atmosphère conviviale, son excellent service et sa grande sélection de bières. Idéal pour les amoureux de cette boisson houblonnée. Près de la National Gallery. (020-7836 0291 ; www.harpcoventgarden.com ; 47 Chandos Pl ; 11h-23h lun-sam, 12h-20h dim ; Charing Cross)

The Rooftop at The Trafalgar St James

Vous pouvez trouver moins cher ailleurs, mais rien ne vaut la vue que l'on a du Rooftop. Admirez les toits de Londres, notamment au soleil couchant, tout en dégustant un verre. (020-7870 2900 ; trafalgarstjames.com/the-rooftop ; 2 Spring Gardens ; 12h-23h lun-mar, 12h-minuit mer-jeu, 12h-1h ven-sam, 12h-23h dim ; Charing Cross)

The Vault

Voir p. 55. (www.thevaultsoho.co.uk ; 3 Greek St ; 18h-23h30 lun-sam ; Tottenham Court Rd)

Soirées festives et arc-en-ciel

Comptons of Soho

Voir p. 56. (020-7096 5470 ; www.comptonsofsoho.co.uk ; 51-53 Old Compton St ; 12h-23h30 lun-jeu, 12h-minuit ven-sam, 12h22h30 dim ; Piccadilly Circus ou Leicester Square)

G-A-Y Bar

Voir p. 56. (020-7494 2756 ; www.g-a-y.co.uk ; 5 Goslett Yard ; 12h-minuit tlj ; Tottenham Court Rd)

Salsa ! Soho

Voir p. 55. (020-7379 3277 ; www.bar-salsa.com/soho ; 96 Charing Cross Rd ; 12h-2h dim-jeu, 12h-3h ven-sam ; Tottenham Court Rd)

She Soho

Voir p. 55. (020-7437 4303 ; www.facebook.com/shesohobar/ ; 23a Old Compton St ; 17h-1h mer-sam, 17h-23h30 dim ; Tottenham Court Rd ou Leicester Square)

The Yard Bar

Voir p. 56. (020-7437 2652 ; yardbar.co.uk ; 57 Rupert St ; 16h-23h30 lun-jeu, 14h-minuit ven, 13h-minuit sam, 14h-22h30 dim ; Piccadilly Circus)

Zebrano

Voir p. 55. (020-7287 5267 ; www.zebranolondon.com ; 18 Greek St ; 21h-3h mar-mer, 17h-3h jeu-ven, 13h-3h sam ; Tottenham Court Rd)

NEIL SETCHFIELD/LONELY PLANET ©

Pub The French House, Dean Street

Shopping thérapie

Burlington Arcade

Inaugurée en 1819, cette galerie marchande couverte est considérée comme le premier grand magasin de Grande-Bretagne. On y vend des marques de vêtement ultra-luxueuses et des articles de mode exclusifs. (www.burlingtonarcade.com ; 51 Piccadilly ; 9h-19h30 lun-sam, 11h-18h dim ; Green Park)

Carnaby Street

Rue historique, Carnaby St, haut lieu londonien, est bordée de nombreuses boutiques, notamment des magasins de vêtements indépendants et des enseignes internationales populaires, ainsi que Kingly Court, un espace de restauration de 3 étages proposant des cuisines du monde.

Liberty

Un grand magasin haut de gamme installé dans un édifice de style néo-Tudor de 6 étages, près de Carnaby St. Articles de luxe de certaines des plus grandes

CHRISPICTURES/SHUTTERSTOCK ©

Rue bordée de boutiques, Soho

marques au monde. (020-7734 1234 ; www.libertylondon.com ; Regent St, entrée sur Great Marlborough St ; 10h-20h lun-sam, 11h30-18h dim ; ; Oxford Circus)

Oxford Street

La plus grande rue commerçante au monde avec plusieurs de ses 300 boutiques réparties entre Tottenham Court Road et Marble Arch Station. Vous trouverez de tout, de la mode à l'électronique.

LA CITY

HISTOIRE | ARCHITECTURE | JARDINS

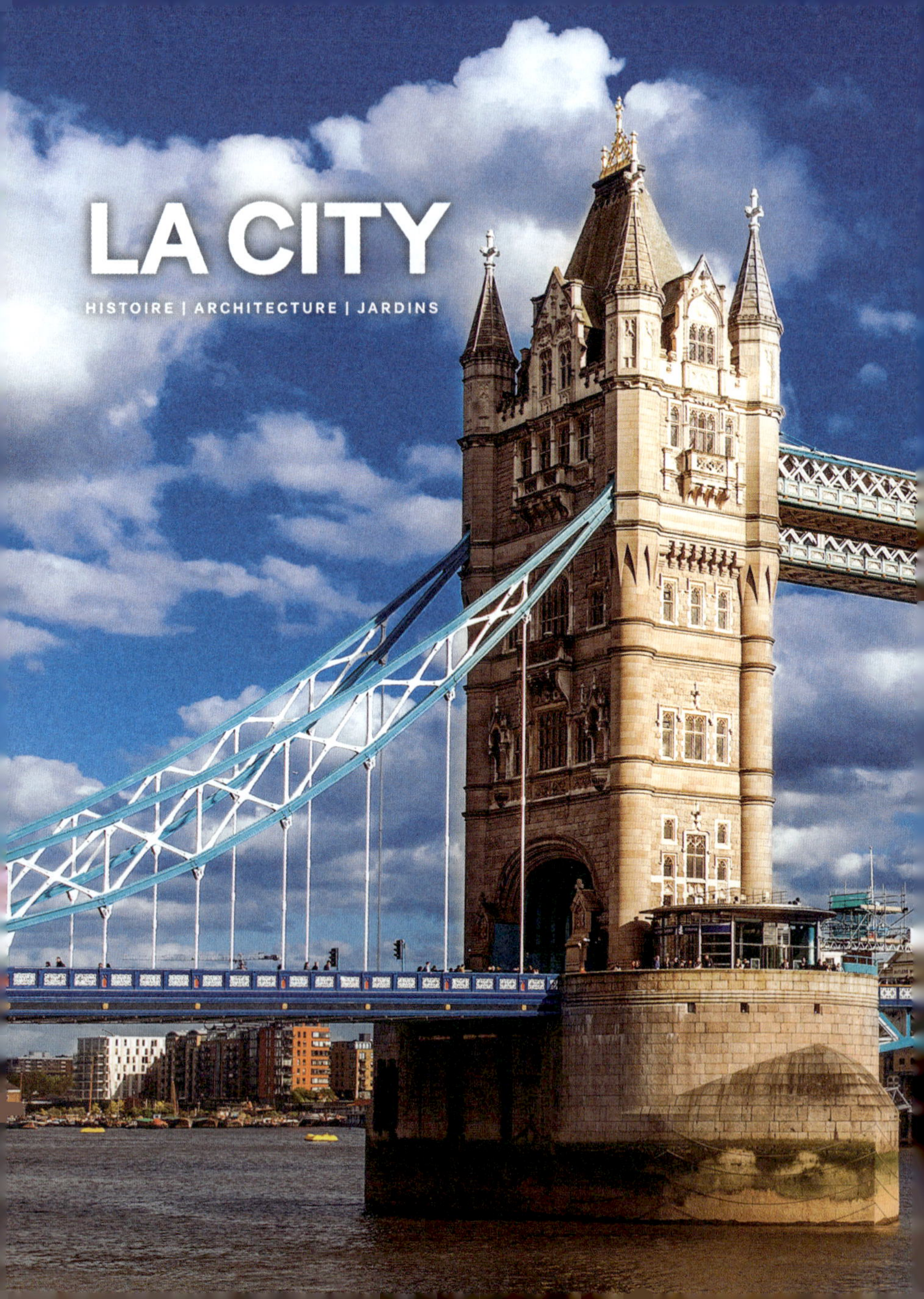

BUTLERS WHARF

LA CITY
à la carte

INCONTOURNABLES ET TRÉSORS CACHÉS

Le principal intérêt de la City tient à son histoire et à sa singulière architecture. Ici, des gratte-ciel à parois de verre offrent une toile de fond futuriste à des ruines pluricentenaires. Dans ce quartier, qu'on peut très bien arpenter à pied, on découvre de discrets jardins, de superbes églises et quantité d'œuvres d'art publiques, ainsi que d'excellents pubs.

En pratique

Incontournables Architecture et histoire.

Transports Lignes Central, District, Circle et Northern (ainsi que Metropolitan, Waterloo & City, Hammersmith & City, DLR, Thames Clippers)

Circuler C'est toujours plus rapide à pied.

Notre conseil Prévoyez une visite le week-end si vous souhaitez éviter la foule, mais, avant votre arrivée, vérifiez que les bars et restaurants sont ouverts.

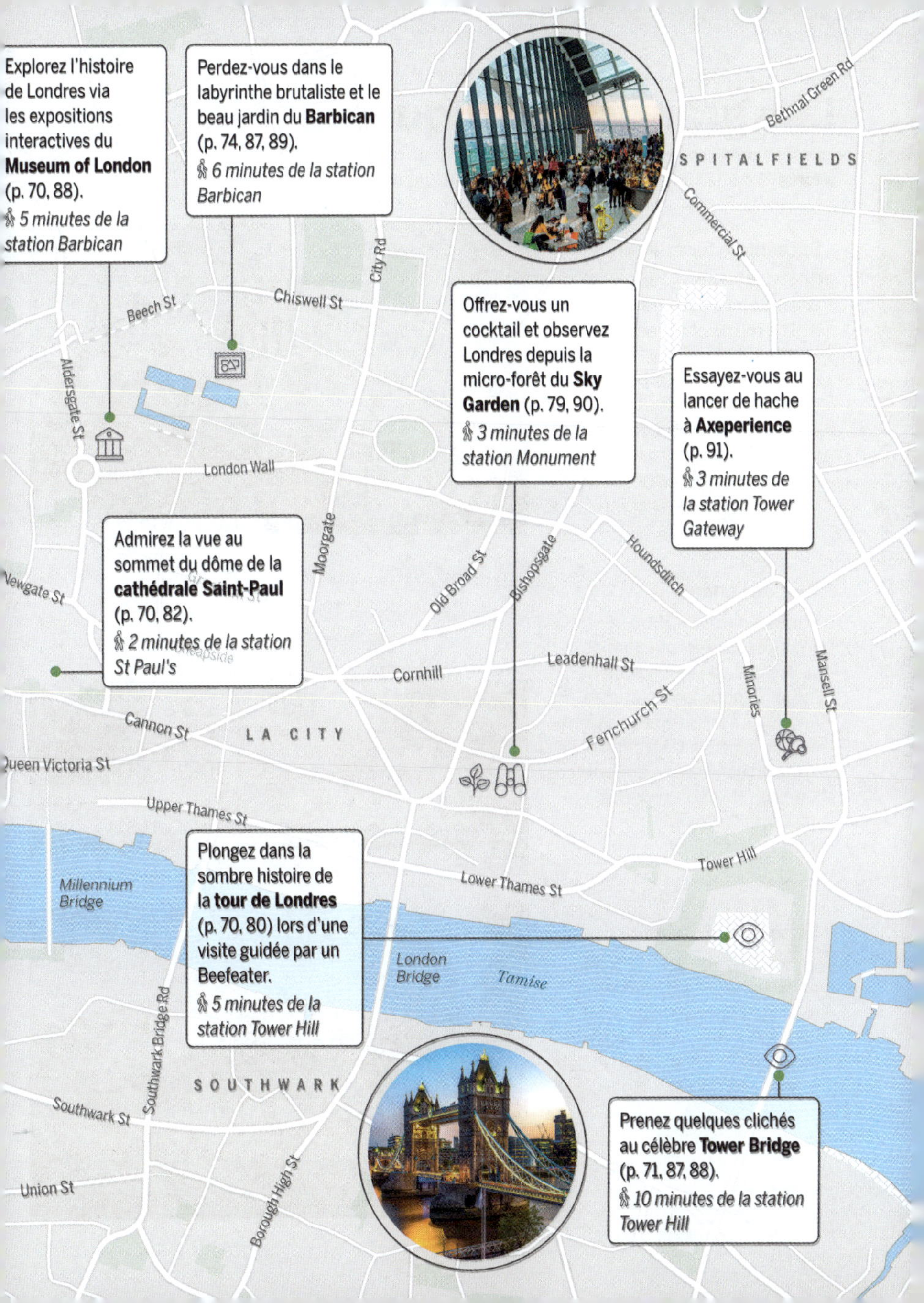

Explorez l'histoire de Londres via les expositions interactives du **Museum of London** (p. 70, 88).
5 minutes de la station Barbican

Perdez-vous dans le labyrinthe brutaliste et le beau jardin du **Barbican** (p. 74, 87, 89).
6 minutes de la station Barbican

Offrez-vous un cocktail et observez Londres depuis la micro-forêt du **Sky Garden** (p. 79, 90).
3 minutes de la station Monument

Essayez-vous au lancer de hache à **Axeperience** (p. 91).
3 minutes de la station Tower Gateway

Admirez la vue au sommet du dôme de la **cathédrale Saint-Paul** (p. 70, 82).
2 minutes de la station St Paul's

Plongez dans la sombre histoire de la **tour de Londres** (p. 70, 80) lors d'une visite guidée par un Beefeater.
5 minutes de la station Tower Hill

Prenez quelques clichés au célèbre **Tower Bridge** (p. 71, 87, 88).
10 minutes de la station Tower Hill

Les grands classiques

Pour les infos pratiques de chaque site, reportez-vous au *Carnet d'adresses* p. 88.

Cathédrale Saint-Paul

Chef-d'œuvre de Christopher Wren, Saint-Paul fut le premier édifice religieux à triple dôme au monde. L'intérieur comporte de larges ouvertures pour laisser entrer la lumière. Depuis son sommet, la vue sur Londres est imprenable. Certains des plus illustres citoyens de la ville ont été inhumés dans sa crypte.

DAN BRECKWOLDT/SHUTTERSTOCK ©

Tour de Londres

Érigée à partir de 1066, la Tour de Londres, qui domine la Tamise, est le plus ancien monument de la ville encore debout. La forteresse renferme les Joyaux de la Couronne et se visite en compagnie de Yeomen Warders (hallebardiers) en costume Tudor.

GEORGECLERK/ISTOCK ©

Museum of London

Ce musée, à la fois instructif et divertissant, est l'un des meilleurs de la capitale. Il offre un passionnant voyage dans le passé pour découvrir, au fil de quelque 25 galeries, les visages successifs de Londres, du village anglo-saxon à la métropole du XXIe siècle. Multiples dispositifs interactifs.

WILL JONES/LONELY PLANET ©

PHILIP BIRD LRPS CPAGB/SHUTTERSTOCK ©

Leadenhall Market

Ce bijou de marché couvert (1881) donne sur Gracechurch Street. Échoppes, restaurants et pubs se succèdent dans un décor victorien faisant la part belle au fer forgé, aux pavés d'époque et aux verrières. Il a servi de décor à de nombreux films, dont ceux de *Harry Potter* – le Diagon Alley notamment.

SOL DE ZUASNABAR BREBBIA/GETTY IMAGES ©

Tower Bridge

Avec ses deux tours néogothiques et son pont-levis, ce pont est connu dans le monde entier. Son système de bascule à vapeur permettait de lever le tablier du pont en 3 minutes afin d'ouvrir le passage des bateaux (le mécanisme est désormais électrique). Une passerelle en verre surélevée a été aménagée entre les deux tours.

GEOFF STRINGER/LONELY PLANET ©

St Mary-le-Bow

On dit que pour être un vrai Cockney (terme désignant un Londonien de la classe ouvrière habitant l'est de la ville), il faut être né à portée d'oreille des cloches de St Mary-le-Bow (1673). L'église fut sévèrement endommagée pendant la Seconde Guerre mondiale, mais a été restaurée depuis.

09 Exploration du Londres des ROMAINS

SOUTERRAIN | INSOLITE | ARCHITECTURE

La City fut bâtie sur la cité romaine de Londinium, dont les anciens remparts marquent les limites de l'actuel quartier. Des vestiges de l'ancienne cité subsistent un peu partout, mais nombre de ruines ayant été incorporées à des bâtiments modernes, il faut descendre dans les sous-sols des gratte-ciel pour en contempler certaines.

DAVID WILLIAMS/AFP VIA GETTY IMAGES ©

En pratique

S'y rendre Partez de Bank/Monument (lignes Central, Northern, Circle, District and Waterloo & City) et continuez à pied.

Quand y aller L'amphithéâtre romain et le temple de Mithra sont gratuits et ouvrent tous les jours. Les Billingsgate Roman House & Baths (thermes) n'ouvrent que le samedi, pour une visite guidée (réservez).

Notre conseil Vous pouvez retracer les contours de la ville romaine de Londinium en suivant le London Wall Walk, un circuit autoguidé de 21 étapes au départ de la station Tower Hill.

DANIEL LEAL-OLIVAS/AFP/GETTY IMAGES ©

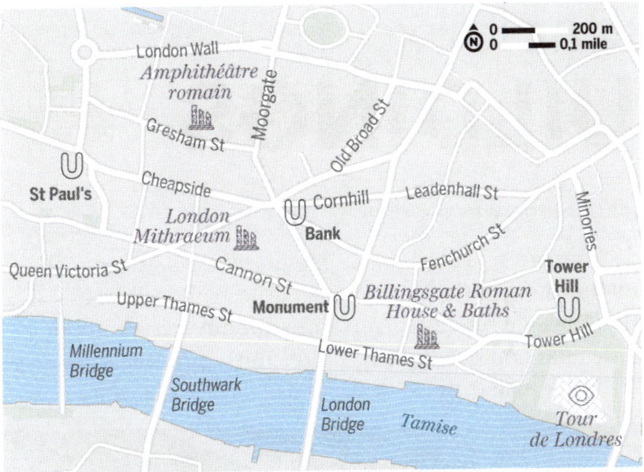

Sous la vaste collection d'art de la Guildhall Art Gallery (p. 89) se trouve l'**amphithéâtre romain**. Construit à l'origine vers l'an 70, il était alors entièrement fait en bois. Il fut agrandi au IIe siècle et une partie du matériau d'origine fut remplacée par de la pierre calcaire du Kent. Les parties qui subsistent encore – le tunnel de l'entrée, la porte est et les murs de l'arène – datent de cette refonte ; des images de synthèse montrent à quoi pouvait ressembler l'amphithéâtre.

Le **temple de Mithra** (p. 89) est la reconstruction des vestiges d'un temple dédié au dieu indo-iranien éponyme, fondé vers le IIIe siècle de notre ère et redécouvert en 1954. Mithra était l'objet d'un culte très suivi par les Romains, et seuls les hommes pouvaient entrer dans le temple. Parmi les objets exposés à l'entrée se trouvent deux tablettes en cire ; l'une décrit une transaction financière – rien de plus logique dans ce lieu situé sous les bureaux de Bloomberg – et l'autre est l'un des plus anciens documents mentionnant Londinium. Toutes les 20 minutes, un spectacle son et lumière permet de s'imaginer le temple à l'époque.

Nichés au sous-sol d'un immeuble de bureaux, avec une entrée assez insignifiante à l'arrière, les **Billingsgate Roman House & Baths** (p. 89) furent construits, à l'origine, comme villa romaine vers 150 de notre ère, et les thermes ne furent ajoutés qu'une centaine d'années plus tard. Aujourd'hui, ce sont certains des thermes les mieux préservés du Royaume-Uni. On ne peut les visiter que lors d'un circuit guidé.

À gauche Guildhall Art Gallery
En bas, à gauche Pièces romaines au temple de Mithra

Mur d'enceinte romain

La portion des remparts romains situés à proximité de la station Tower Hill est la plus ancienne de Londres. Sa structure, caractéristique de l'époque, inclut quatre ou cinq couches de pierres suivies de tuiles, puis de nouveau des pierres et des tuiles. La construction en couches successives confère au mur une certaine souplesse vouée à lui permettre de résister aux tremblements de terre. Cette conception avait cours dans tout le monde romain, même dans des régions où les séismes sont rares voire inexistants, comme au Royaume-Uni. Cependant, les matériaux de construction sont locaux – il s'agit de pierre calcaire du Kent provenant de la vallée de Medway.

Recommandé par le Dr Simon Elliott, *archéologue, historien et broadcaster, Twitter @SimonElliott20*

10 Audacieux BUILDINGS

ARCHITECTURE | PROMENADE À PIED | WEEK-END

La ligne d'horizon de Londres ne serait pas la même sans les gratte-ciel aux noms évocateurs comme le Gherkin (le "cornichon") et le Walkie Talkie. Or il ne s'agit pas que d'immeubles de bureaux : certains sont ouverts au public et accueillent des restaurants, des bars ou des jardins. Cette courte promenade passe par des bâtiments novateurs, et le plaisir ne s'y résume pas à celui des yeux.

ARCHITECTES CHAMBERLIN, POWELL AND BON, JO CHAMBERS/SHUTTERSTOCK ©

En pratique

S'y rendre Au départ de Bank/Monument (lignes Central, Northern, Circle, District and Waterloo & City) ou d'Aldgate (lignes Circle et Metropolitan) si vous faites le circuit en sens inverse.

Quand y aller Les week-ends, surtout en matinée, sont plus calmes. En revanche, les jeudis soir tendent à être très animés.

Notre conseil Le Walkie Talkie et le Gherkin abritent un restaurant et un bar avec vue. Réservez et munissez-vous d'une pièce d'identité pour entrer au Gherkin. Il est possible de visiter gratuitement le Sky Garden (Walkie Talkie).

À ne pas manquer au Barbican

Barbican Water Gardens
Ce jardin est encadré par l'architecture brutaliste du Barbican, avec alcôves et sièges encastrés.

St Giles Cripplegate
Une église médiévale qui a survécu au Grand Incendie de Londres de 1666.

Barbican Highwalk
Une passerelle surélevée qui longe le domaine.

Conseils de Richard Vines, *journaliste et résident au Barbican, @richardvines*

01 Imaginé par Rafael Viñoly, le **Walkie Talkie** (20 Fenchurch St), qui présente une façade en verre concave, avait naguère endommagé une voiture en réfléchissant les rayons du soleil. Il a depuis été équipé d'écrans de protection.

02 Richard Rogers a dessiné le **Lloyd's Building** (1 Lime St) pour qu'il ait l'air "à l'envers" : l'intérieur est un grand espace ouvert, tandis que les tuyaux et les ascenseurs sont visibles à l'extérieur, à l'image du Centre Pompidou.

03 Le **Scalpel** (52-54 Lime St) a un sommet effilé, car les architectes de Kohn Pedersen Fox ont dû se conformer aux règles visant à protéger la vue sur la cathédrale Saint-Paul.

04 Le **Cheesegrater** (la "râpe à fromage" ; 122 Leadenhall St), conçu par Rogers Stirk Harbour + Partners et officiellement baptisé le Leadenhall Building, a été dessiné de sorte à ne pas altérer la vue sur la cathédrale Saint-Paul.

05 Le **Gherkin** (30 St Mary Axe) est un gratte-ciel ressemblant à un cornichon (ou pour certains à une balle de pistolet) qui domine la ligne d'horizon de Londres. Le restaurant et le bar, logés dans le dôme, sont ouverts au public.

par Chris Rogers
Chris est un auteur et historien spécialisé dans l'architecture et la culture visuelle basé à Londres.
chrismrogers.net

Les gratte-ciel cachés de Londres

LA PREMIÈRE GÉNÉRATION TOUJOURS AUSSI IMPRESSIONNANTE

La construction de bâtiments de haute taille pour d'autres commanditaires que l'Église ou l'État n'a débuté que dans les années 1930, et il a fallu deux décennies de plus pour que de véritables tours apparaissent. Surmontant les obstacles juridiques, les incertitudes géologiques et le conservatisme architectural, ces édifices ont une histoire passionnante.

À gauche Bureaux de Shell **Au milieu** London Hilton **À droite** Tour résidentielle Hyde Park Barracks

CKTRAVELS.COM/SHUTTERSTOCK ©

Le premier gratte-ciel, qui, avec ses 27 étages et ses 107 m de haut, s'élevait à une hauteur que seule la cathédrale Saint-Paul avait atteinte auparavant, fut la tour du Shell Centre, dans South Bank. Inaugurée en 1962 et conçue par Howard Robertson, elle était le plus haut immeuble de bureaux de Grande-Bretagne. Controversée pour cette raison, ainsi que pour la piscine, le cinéma et les magasins destinés aux employés et situés au sous-sol, elle reçut également des critiques pour son esthétique néoclassique (en signe de bonne volonté, Shell a laissé, plusieurs nuits d'affilée, les lumières allumées dans certaines pièces afin de créer un arbre de Noël géant pour Londres). La galerie d'observation, ouverte au public, les sculptures en plein air et les équipements réservés au personnel se sont toutefois révélés être novateurs, et son architecture en pierre de Portland a plutôt bien vieilli.

Quelques semaines plus tard, la tour Vickers, encore plus haute (118 m), fut achevée sur la rive opposée, pour le conglomérat d'ingénierie britannique Vickers. Sa structure en creux, ou pincée, formait deux façades convexes et deux façades concaves, enveloppées dans un rideau de verre et dotées de meneaux en acier inoxydable, comme pour souligner leur verticalité. L'affiche du métro réalisée par Pat Keely cette année-là, qui montrait une tour moderniste, s'inspire de l'élégant gratte-ciel de Ronald Ward & Partners qui demeure (désormais sous le nom de Millbank Tower) l'une des plus belles de son temps.

Le London Hilton ouvrit ses portes dans Park Lane en 1963. Deuxième hôtel de la chaîne hors des États-Unis, il alliait le luxe de Mayfair au glamour américain. La collaboration transatlantique entre Lewis Solomon

WILLY BARTON/SHUTTERSTOCK ©

CERI BREEZE/ALAMY STOCK PHOTO ©

Kaye & Partners et William B. Tabler Architects finit par donner naissance à une tour en forme de Y de 123 m de haut, avec balcons donnant sur Hyde Park et des fenêtres en aluminium anodisé noir et or et des ascenseurs rapides. Les chambres étaient équipées d'un robinet, d'où coulait de l'eau glacée, et d'une trappe fermée à clé pour le service de nettoyage des chaussures. Le Roof Restaurant arborait un intérieur contemporain qui contrastait avec le Trader Vic's, à la décoration pseudo-polynésienne.

Tout près de là, l'architecte Basil Spence érigea une tour pour les logements familiaux dans les Hyde Park Barracks de la Household Cavalry. Achevé en 1970, cet édifice carré d'une hauteur de 94 m comprenait 4 appartements par étage, ainsi que des terrains de squash et des terrasses à son sommet. Sa couronne composée d'arches en béton rappelle, pour certains, le casque des soldats de la garde et, pour d'autres, une pièce d'échecs – le roi de la reine du Hilton.

> Shell a laissé, plusieurs nuits d'affilée, les lumières allumées dans certaines pièces afin de créer un arbre de Noël géant pour Londres.

La National Westminster Tower (183 m), signée par R. Seifert & Partners et dont le projet initial devait comporter deux tours, vit le jour en 1981. Trois spectaculaires "feuilles" polygonales furent suspendues en porte-à-faux à un bâtiment en béton armé, et des ascenseurs de deux cabines superposées montaient au *sky lobby*. Le vitrage entre les meneaux en acier inoxydable était lavé par un robot. Cette tour demeura la plus haute de Grande-Bretagne jusqu'à ce qu'une nouvelle vague d'édifices surgisse à Canary Wharf.

ⓘ Retour dans les années 1950

Suite aux objections royales concernant la résidence de 14 étages de la reine Anne dominant le palais de Buckingham, la hauteur habitable des futurs bâtiments dans la capitale fut limitée à 24,4 m par une loi de 1894, qui ne fut abrogée qu'en 1956. L'argile était considérée comme trop fragile pour supporter des constructions plus hautes jusqu'à ce que l'ingénieur civil Alec Skempton, expert en mécanique des sols, eût prouvé dans un article universitaire de 1959 que la friction suffisait à accrocher assez fermement les pieux forés remplis de béton. Et si les tours de verre de style international étaient trop originales pour la plupart des clients et architectes britanniques, la Lever House, édifiée à New York en 1952, fit changer les mentalités.

11 Détente dans les JARDINS CACHÉS

INATTENDU | ÉTÉ | NATURE

Hérissée de gratte-ciel, la City ne semble guère convenir aux espaces verts. Pourtant, on y trouve, en des lieux inattendus, une multitude de cours et de jardins cachés, où les employés de bureau viennent faire une pause à l'heure du déjeuner et où les visiteurs peuvent découvrir une autre facette du quartier... Cela dit, il faut savoir où chercher.

ARCHITECTE : RAFAEL VIÑOLY/DRIMAFILM/SHUTTERSTOCK ©

En pratique

S'y rendre Bank/Monument (lignes Central, Northern, Circle, District and Waterloo & City) ou gare ferroviaire de Fenchurch Street (National Rail).

Quand y aller Toute l'année, même si certains jardins sont plus agréables l'été. Les jours de semaine sont plus calmes, mais évitez d'y aller le midi.

Notre conseil Des dizaines de jardins, cours et espaces verts sont nichés dans les ruelles médiévales et entre les gratte-ciel. Beaucoup comportent des sièges : emportez un pique-nique et profitez des lieux.

JONATHAN HOSEANA/SHUTTERSTOCK ©

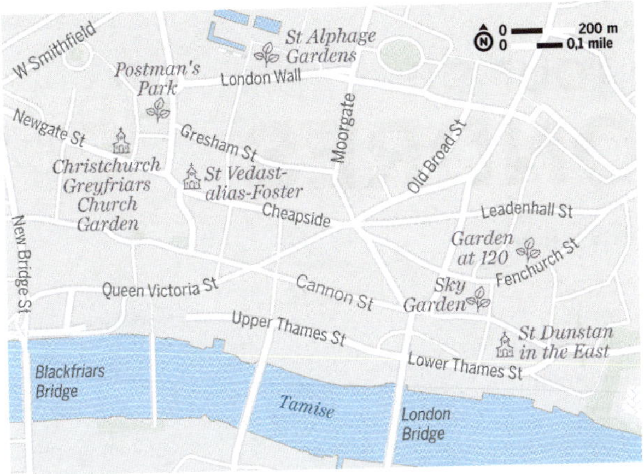

À gauche Sky Garden dans le Walkie Talkie **En bas, à gauche** St Dunstan-in-the-East

Le **Sky Garden** (p. 90) a investi les trois derniers étages (niveaux 35 à 37) du Walkie Talkie. Si l'intérieur ressemble à une serre géante, avec des plantes exotiques qui forment un jardin semblable à une forêt tropicale répartie sur des terrasses décalées, une plateforme d'observation extérieure offre une vue imprenable sur le sud de la ville. L'endroit abrite aussi deux restaurants et trois bars (nul besoin de pique-nique ici). L'entrée est gratuite, mais la réservation est obligatoire. Les billets sont mis à disposition une fois par semaine.

Non loin se trouve le **Garden at 120** (p. 90), un jardin en terrasses qui occupe le 15e étage de l'immeuble Fen Court. Outre le plan d'eau, il est agrémenté d'arbres fruitiers et de glycine qui ombragent les lieux. L'édifice est moins élevé que le Walkie Talkie, mais les garde-fous en verre permettent d'avoir une vue à 360° de Londres. Restez éloigné des bords si vous êtes sujet au vertige. Il n'est pas nécessaire de réserver, mais il faut arriver suffisamment tôt pour pouvoir entrer.

Les visiteurs désireux de rester sur la terre ferme iront à la magnifique **St Dunstan-in-the-East** (p. 90). Cette église du XIIe siècle fut endommagée durant le Grand Incendie de Londres, en 1666, puis en grande partie détruite durant le Blitz, en 1941. Aujourd'hui, la nature a repris ses droits, recouvrant les arches gothiques, ce qui lui confère une beauté envoûtante.

Ne manquez pas le **Christchurch Greyfriars Church Garden** (p. 90) pour admirer, l'été, un jardin festonné de roses, plantées dans des parterres qui marquent l'emplacement des bancs de l'église d'origine.

Toujours plus d'espaces verts

Traversez un ensemble de portes d'église discrètes pour explorer le jardin de **St Vedast-alias-Foster** (p. 90). Il est assez petit, avec un seul arbre en son centre, mais c'est cette exiguïté qui lui confère son charme.

Le **Postman's Park** (p. 90) est très beau en été, lorsque les plantes sont en fleurs. C'est aussi l'un des plus grands jardins, avec un monument à la mémoire des héros locaux.

En hiver, mettez le cap sur les **St Alphage Gardens**. Comme à St Dunstan-in-the-East, vous pourrez admirer les ruines de l'église et une partie du mur d'enceinte romain lorsque toutes les feuilles seront tombées.

Conseils de Katie Wignall, *Guide touristique Blue Badge, Instagram @look_uplondon*

12 La tour de LONDRES

FAMILLE | HISTOIRE | DIVERTISSEMENT

Riche d'une histoire presque millénaire, la tour de Londres, à la fois imposant palais et forteresse, garde l'entrée est de la City. Ce monument, idéal à visiter en famille et très apprécié, invite à découvrir les mythes et légendes locales, à en apprendre davantage sur les rois et les reines d'Angleterre et à admirer les célèbres joyaux de la Couronne.

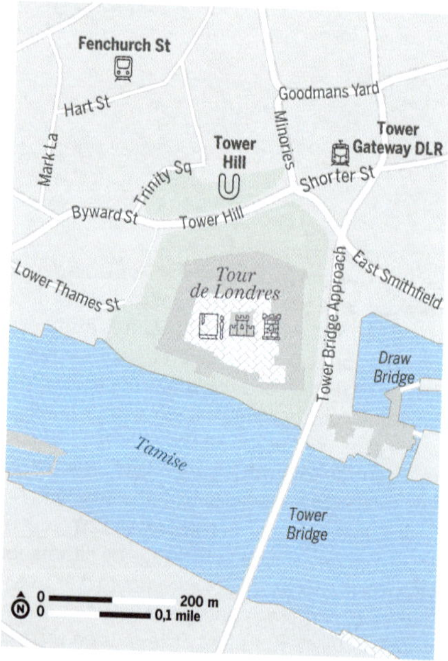

En pratique

S'y rendre Tower Hill (Circle, District, DLR, Thames Clippers)

Quand y aller Allez-y tôt et consacrez-y une journée entière ; évitez les vacances scolaires.

Tarifs À partir de 28,90/14,40 £ par adulte/enfant

Notre conseil Des événements spéciaux comme la Ceremony of the Constable's Dues (Cérémonie des droits du connétable), les salves de tir et les visites au crépuscule se tiennent plusieurs fois par an.

Circuit Commencez votre visite par un circuit gratuit d'une heure mené par un Yeoman Warder. Ces gardes, également appelés "Beefeaters" (mangeurs de bœuf), étaient à l'origine les gardes du corps personnels du monarque. Aujourd'hui encore, ils doivent avoir servi dans les Forces armées pour prétendre au poste.

Les Yeomen Warders vivent sur place avec leur famille, ce sont donc des guides expérimentés. Vous pouvez aussi suivre une visite guidée privée pour en apprendre plus sur les secrets de la tour. Conçues pour les groupes, elles sont assez chères, mais traversent des secteurs habituellement interdits au public. Voir aussi p. 88.

À droite Un Yeoman Warder
En bas, à droite Les joyaux de la Couronne

CHRISDORNEY/SHUTTERSTOCK ©

JOSEPH M. ARSENEAU/SHUTTERSTOCK ©

Cérémonie des clés

Durant ce rituel, qui se déroule tous les soirs depuis sept siècles, un Yeoman Warder verrouille et sécurise les portes intérieures et extérieures de la Tour sous l'escorte de soldats de la garnison militaire. Depuis 1826, la cérémonie débute à 21h53 pile. Réservez tôt.

Conseil de Pete McGowran, *Yeoman Warder en chef, @TowerOfLondon*

Joyaux et corbeaux Les joyaux de la Couronne sont la pièce maîtresse de la visite (allez-y directement pour éviter les files d'attente), mais, pour certains, le véritable trésor, ce sont les corbeaux du domaine. Selon la légende, si les 6 corbeaux résidant dans l'enceinte de la tour s'en allaient, le bâtiment, mais aussi le royaume, s'effondreraient. Aucun corbeau n'est encore parti ; mais il y a toujours un oiseau supplémentaire au cas où.

Surprises cachées En entrant par la Byward Tower, la brique en verre, sur votre gauche, révèle une fausse main humaine – installée là par facétie. Le réverbère proche du New Armouries Café est, quant à lui, un canon reconverti. On trouve même un pub ouvert qu'aux Beefeaters et à leurs hôtes.

13 Grimper au sommet de SAINT-PAUL

VUE PANORAMIQUE | COUPOLE | MOSAÏQUES

Couronné par un dôme éclatant, la cathédrale Saint-Paul est sans aucun doute le plus beau monument de la City. Son sommet, accessible par des escaliers, domine encore Ludgate Hill, et préside à une vue superbe sur la ville.

FRANCOIS-GENON/UNSPLASH ©

En pratique

S'y rendre Au métro St Paul's, vous êtes à un jet de pierres de la cathédrale. On peut s'y rendre également en empruntant la passerelle du Millennium Bridge.

Conseils Comptez environ 2 heures pour visiter la cathédrale et grimper jusqu'à son sommet. Un café se trouve dans la crypte.

À savoir L'audioguide est inclus dans le prix du billet (adulte/enfant 20/8,50 £), mais il est conseillé de prendre part à l'une des 2 visites guidées, qui donnent accès à des sites interdits au public.

SIMONBRADFIELD/ISTOCK ©

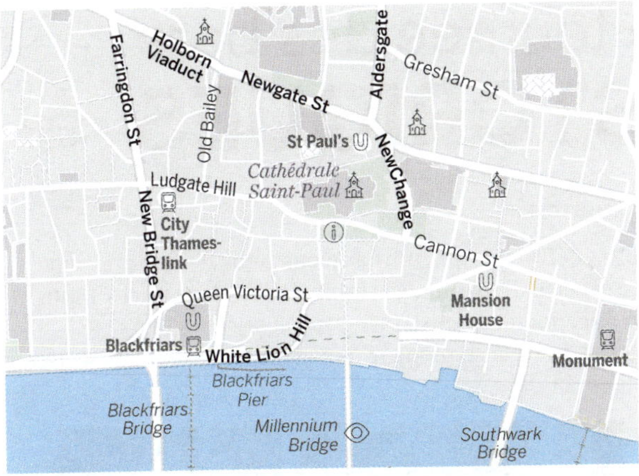

Le dôme Lorsqu'il a dressé les plans de la cathédrale, l'architecte Christopher Wren (1632-1723) souhaitait une coupole imposante à l'extérieur, mais plus modeste à l'intérieur.

Cette structure unique, premier triple dôme jamais construit, et inspirée de Saint-Pierre de Rome, fut une véritable prouesse technique. À l'origine, Wren voulait orner la coupole de mosaïques, mais les **scènes de la vie de saint Paul**, sobres et monochromes, œuvres du peintre James Thornhill, furent jugées plus conformes à l'esprit protestant. Des **mosaïques victoriennes** ont été ajoutées entre les arches et le dôme.

Les galeries de la cathédrale On gravit 528 marches (en trois volées), pour rejoindre les galeries de la cathédrale. Après 257 marches se trouve la **Whispering Gallery** (galerie des Murmures), à 30 m du sol, récemment rénovée et surnommée ainsi car on y entend d'un côté à l'autre de la galerie des paroles même prononcées à voix basse.

En gravissant encore 119 marches, on atteint la **Stone Gallery** (galerie de Pierre) et sa plateforme extérieure, à 53 m de haut, dont la vue a été occultée par des piliers, mais qui vous permet tout de même de contempler un panorama exceptionnel. Plus raides et plus étroites que les précédentes, les 152 marches d'acier restantes conduisent à la **Golden Gallery** (galerie Dorée). Le jeu en vaut la chandelle : à 85 m de hauteur, on jouit d'une vue à 360°.

À gauche Cathédrale Saint-Paul
En bas, à gauche Vue depuis le sommet de la cathédrale

Une autre petite grimpette ?

Les **Triforium Tours** (p. 89), un circuit à réserver en ligne, donnent accès à l'escalier du doyen (vu dans les films *Harry Potter*) de la cathédrale. Vous monterez 141 marches jusqu'au niveau des Triforium (ancienne galerie), mais pourrez admirer la nef depuis un endroit réservé aux caméras de la BBC et visiter l'impressionnante bibliothèque (dont la restauration devait être terminée en novembre 2022).

14 Une tournée des bars HISTORIQUES

PUBS | PROMENADE À PIED | HISTOIRE

Les poutres et les murs défraîchis des plus anciens pubs de Londres ont été les témoins de plusieurs siècles d'histoire. Certains datent des années 1600, tandis que d'autres ont été fidèlement reconstruits dans le style de leurs prédécesseurs. Cet itinéraire se prête à se plonger dans leurs histoires respectives, tout en savourant une pinte de bière.

CHRIS LAWRENCE TRAVEL/SHUTTERSTOCK ©

En pratique

S'y rendre À pied depuis Holborn (ligne Central), ou Bank/Monument (lignes Central, Northern, Circle, District and Waterloo & City) si vous faites l'itinéraire en sens inverse.

Quand y aller Les jeudis après-midi, les pubs sont très fréquentés et ils sont souvent pris d'assaut à l'heure du déjeuner, ce qui ajoute à l'atmosphère animée. La majorité des pubs sont fermés le dimanche.

Notre conseil Certains des pubs ont été reconstruits au cours du siècle passé, combinant des éléments architecturaux de différentes périodes historiques.

London Gin Distillery

L'engouement des Anglais pour le gin a gagné Londres au début du XVIIIe siècle. Les multiples lois édictées sur ce spiritueux ont entraîné la fermeture de toutes les distilleries. En 2012, la **City of London Distillery** (p. 91) est devenue la première distillerie de la région depuis près de 200 ans. Réservez pour déguster et fabriquer votre propre gin.

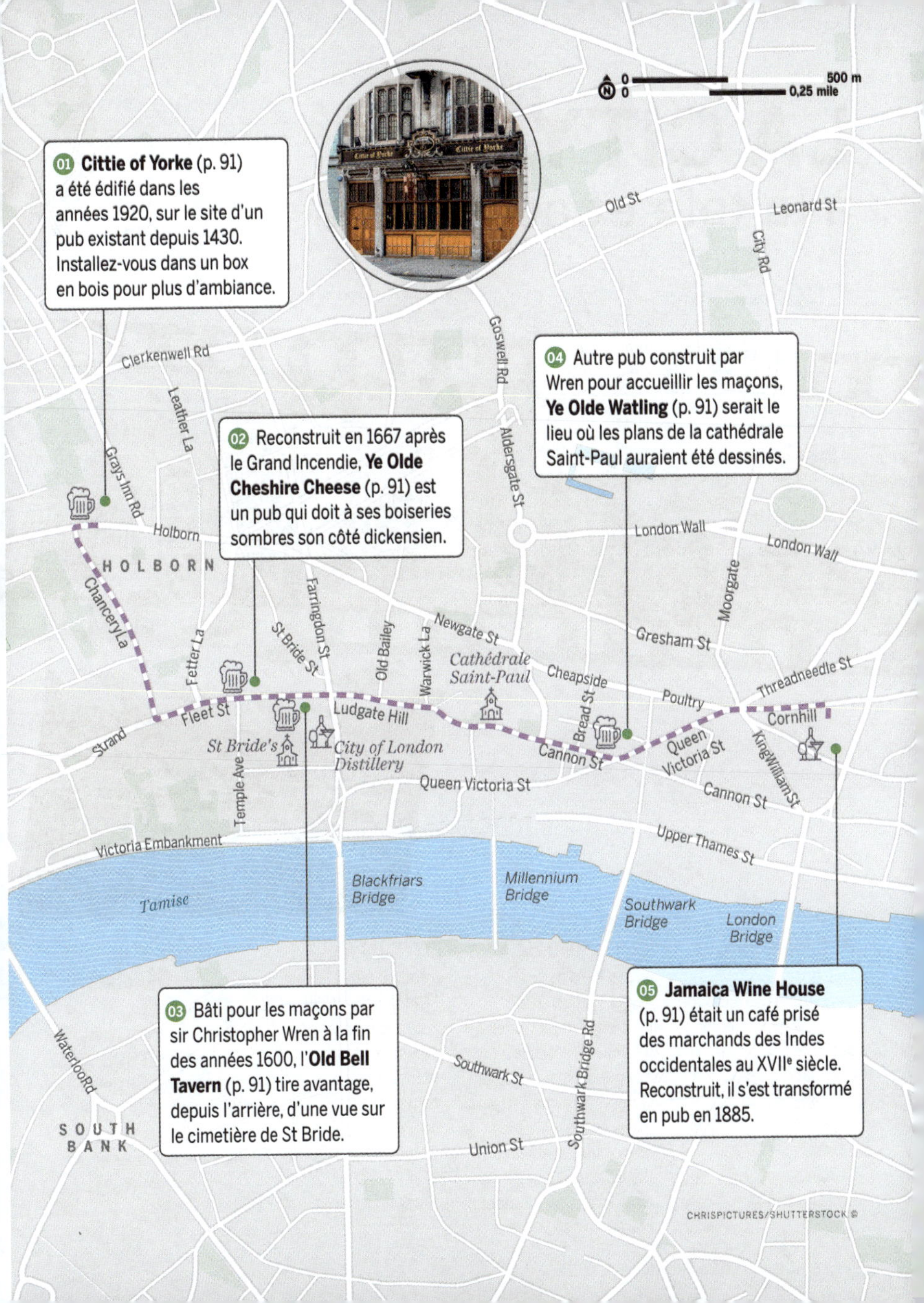

01 **Cittie of Yorke** (p. 91) a été édifié dans les années 1920, sur le site d'un pub existant depuis 1430. Installez-vous dans un box en bois pour plus d'ambiance.

02 Reconstruit en 1667 après le Grand Incendie, **Ye Olde Cheshire Cheese** (p. 91) est un pub qui doit à ses boiseries sombres son côté dickensien.

03 Bâti pour les maçons par sir Christopher Wren à la fin des années 1600, l'**Old Bell Tavern** (p. 91) tire avantage, depuis l'arrière, d'une vue sur le cimetière de St Bride.

04 Autre pub construit par Wren pour accueillir les maçons, **Ye Olde Watling** (p. 91) serait le lieu où les plans de la cathédrale Saint-Paul auraient été dessinés.

05 **Jamaica Wine House** (p. 91) était un café prisé des marchands des Indes occidentales au XVIIe siècle. Reconstruit, il s'est transformé en pub en 1885.

LA CITY
à la télé et au cinéma

01 Millennium Bridge
Depuis son inauguration en 2000 (p. 97), cette passerelle suspendue est apparue dans de nombreux films, y compris *28 semaines plus tard* (2007) et *Les Gardiens de la Galaxie* (2014).

02 Cathédrale Saint-Paul
Saint-Paul (p. 70) apparaît fréquemment en toile de fond de productions se déroulant à Londres, mais certains films comme *Mission Impossible : Fallout* (2018) révèlent son impressionnant intérieur.

03 Old Bailey
Tribunal pénal le jour, l'Old Bailey (p. 89) a été dynamité dans *V pour Vendetta* (2005) et investi par des terroristes dans *Justice League* (2017).

04 Prieuré de St-Bartholomew-the-Great
C'est l'une des plus anciennes églises de Londres (p. 89), elle a été rebaptisée église Saint-Julian dans *Quatre mariages et un enterrement* (1994).

05 Leadenhall Market
Marché à l'architecture pittoresque, le Leadenhall Market (p. 71, 88) a servi de décor dans *Lara Croft : Tomb Raider* (2001) et *Harry Potter et la pierre philosophale* (2001).

06 Tower Bridge
L'un des ponts les plus célèbres du cinéma, Tower Bridge (p. 71, 88) a également servi de toile de fond au film *Vanguard* (2020) et au final de la saison 3 de la série télévisée *Killing Eve*.

07 Barbican
Le Barbican (p. 74, 89) apparaît dans *Quantum of Solace* (2008), 22e opus de la série James Bond, où il accueille le siège du MI6, et dans la série Netflix *The One* (2021).

Carnet d'adresses

Les grands classiques

Cathédrale Saint-Paul

(☎020-7246 8357 ; www.stpauls.co.uk ; St Paul's Churchyard ; adulte/enfant 20/8,50 £ ; ⏲8h30-16h30 lun-sam ; Ⓤ St Paul's)

Leadenhall Market

(www.leadenhallmarket.co.uk ; Gracechurch St ; ⏲passage public 24h/24 ; Ⓤ Bank)

Museum of London

(☎020-7001 9844 ; www.museumoflondon.org.uk ; 150 London Wall ; ⏲10h-17h tlj ; Ⓤ Bank) GRATUIT

St Mary-le-Bow

(☎020-7248 5139 ; www.stmarylebow.co.uk ; Cheapside ; ⏲7h-18h lun-ven ; Ⓤ St Paul's ou Bank)

Tour de Londres

(☎020-3166 6000 ; www.hrp.org.uk/tower-of-london ; Petty Wales ; tarif plein/enfant 29,90/14,90 £ ; ⏲9h-16h30 mar-sam, 10h-16h30 dim-lun ; Ⓤ Tower Hill)

Tower Bridge

(☎020-7403 3761 ; www.towerbridge.org.uk ; Tower Bridge ; Ⓤ Tower Hill)

Étapes incontournables

41 Cloth Fair

Cette demeure sans prétention, édifiée entre 1597 et 1614, est la seule du quartier à avoir survécu au Grand Incendie de Londres de 1666, ce qui en fait la plus ancienne maison de la City.

Smithfield Market

Marché à la viande le plus ancien et le plus grand du pays, il présente une architecture intéressante datant des années 1860. Il est ouvert au public ; allez-y avant 7h, quand l'animation bat son plein. (☎020-7248 3151 ; www.smithfieldmarket.com ; Charterhouse St ; ⏲2h-10h lun-ven ; Ⓤ Farringdon)

The Royal Exchange

Boutiques et restaurants de luxe aménagés dans un superbe édifice de 1844. Le premier Royal Exchange construit sur le site fut inauguré par Élisabeth Ire en 1566. (☎020-3861 6500 ; www.theroyalexchange.co.uk ; entre Cornhill et Threadneedle St ; Ⓤ Bank)

Églises et petits secrets

All Hallows by the Tower

Fondée en 675, cette église est la plus ancienne de la City. Des dalles romaines datant du IIe siècle recouvrent une partie du sol, cachées dans la crypte. (☎020-7481 2928 ; www.ahbtt.org.uk ; Byward St ; ⏲8h-18h lun-ven, 10h-17h sam-dim ; Ⓤ Tower Hill)

St Bride's Church

Réputée pour sa flèche en forme de pièce montée, cette église conçue par sir Christopher Wren à proximité de Fleet St dispose d'un musée dans la crypte. (☎020-7427 0133 ; www.stbrides.com ; St Bride's Ave, Fleet St ; ⏲8h-18h lun-ven, 10h-15h30 sam, jusqu'à 18h30 dim ; Ⓤ Blackfriars)

CEDRIC WEBER/SHUTTERSTOCK ©

Marché à la viande West Smithfield

Great St Stephen Walbrook

Si l'extérieur ne paie pas de mine, l'intérieur arbore un somptueux dôme, conçu par Wren, et qui aurait servi de modèle à celui de la cathédrale Saint-Paul. (020-7626 9000 ; www.ststephenwalbrook.net ; 39 Walbrook ; 10h-16h lun, mar et jeu, 11h-15h mer, 10h-15h30 ven ; U Bank)

St-Bartholomew-the-Great

Voir p. 86. (www.greatstbarts.com ; 10h-17h lun-sam, 13h-17h dim, don recommandé ; U Barbican)

St Giles Cripplegate

Voir p. 74. (020-7638 1997 ; www.stgilesnewsite.co.uk ; Fore St ; 11h-16h lun-ven ; U Barbican)

St Mary Aldermary

Cette église se distingue par son style gothique perpendiculaire, dont c'est le seul exemple subsistant dans la ville. (020-7248 9902 ; Bow Lane ; 7h30-16h30 lun-ven ; U Mansion House)

Triforium Tours (cathédrale Saint-Paul)

Voir p. 83. (www.stpauls.co.uk/whats-on/public-triforium-tour ; 1 heure ; 10 £)

Étapes culturelles

Bank of England Museum

Ce musée interactif idéal en famille est rempli d'objets intéressants. Vous en apprendrez plus sur l'histoire de la banque et sa place dans l'économie actuelle. (020-3461 5545 ; www.bankofengland.co.uk/museum ; Bartholomew Lane ; 10h-17h lun-ven ; U Bank)

Barbican Centre

Centre culturel au cœur du complexe Barbican qui inclut un cinéma, un théâtre et une galerie d'art. Des expositions gratuites sont toujours programmées, ainsi que des représentations, qu'il vaut mieux réserver. (020-7638 4141 ; www.barbican.org.uk; Silk St ; U Barbican)

KIT LEONG/SHUTTERSTOCK ©

Intérieur de l'église All Hallows by the Tower

Billingsgate Roman House and Bath

Voir p. 73. (www.cityoflondon.gov.uk/bathhouse ; 101 Lower Thames St ; sur réservation-sam avr-nov ; U Monument ou Tower Hill)

Guildhall Art Gallery (amphithéâtre romain)

Voir p. 73. (020-7332 3700 ; www.cityoflondon.gov.uk/guildhallgalleries ; Guildhall Yard ; 10h-17h lun-sam, 12h-16h dim ; U Bank) GRATUIT

London Mithraeum (temple de Mithra)

Voir p. 73. (020-7330 7500 ; www.londonmithraeum.com ; 12 Walbrook ; 10h-18h mar-sam, 12h-17h dim ; U Cannon St) GRATUIT

Old Bailey

Voir p. 86. (www.oldbaileyonline.org ; U St Paul's)

Promenades personnalisées

Arbres de la City

On dénombre environ 70 essences d'arbres dans le dense environnement urbain de la City. Utilisez Tree Talk (*treetalk.co.uk*) pour planifier votre propre promenade.

Sculptures dans la City

Un "parc de sculptures" qui utilisent les divers espaces de la City pour ses installations. Le thème et l'emplacement des œuvres changent tous les ans. (www.sculptureinthecity.org.uk)

Londres côté jardin

Christchurch Greyfriars Church Garden

Voir p. 79. (020-7374 4127 ; www.cityoflondon.gov.uk/greyfriars ; King Edward St ; 24h/24 ; St Paul's)

Postman's Park

Voir p. 79. (www.postmanspark.org.uk ; King Edward St ; St Paul's)

Sky Garden

Voir p. 79. (020-7337 2344 ; Skygarden.London ; 20 Fenchurch St ; 10h-18h lun-ven, 11h-21h sam-dim ; Monument)

St Dunstan-in-the-East

Voir p. 79. (St Dunstan's Hill ; 24h/24 ; Monument)

St Vedast-alias-Foster

Voir p. 79. (020-7606 3998 ; www.vedast.org.uk ; 4 Foster Lane ; 8h-15h lun-ven, plus messe à 11h dim ; St Paul's)

The Garden at 120

Voir p. 79. (www.thegardenat120.com ; 120 Fenchurch St ; 10h-21h lun-ven avr-sep, 10h-18h30 oct-mars ; Bank) GRATUIT

S'attabler avec vue

City Social £££

Restaurant et bar gastronomiques tenus par le chef Jason Atherton, étoilé au Michelin. Situé au 24e étage de la Tower 42, il a vue sur le Gherkin. (020-7877 7703 ; www.citysociallondon.com ; Tower 42, 25 Old Broad St ; 12h-14h30 et 18h-21h30 mar-ven, 17h-21h30 sam ; Bank ou Liverpool St)

Duck & Waffle ££

Portant le nom de son plat signature, le "canard et gaufre" est un restaurant ouvert 24h/24. Installé au 40e étage, il jouit d'une vue imprenable sur Londres. Idéal pour un brunch en week-end, mais il est aussi couru pour les petits-déjeuners aux premières heures du jour. (020-3640 7310 ; www.duckandwaffle.com ; Heron Tower, 110 Bishopsgate ; 24h/24 ; ; Liverpool St)

Goodman £££

Grill de style new-yorkais à la décoration sombre, avec notamment des boiseries et des banquettes en cuir. Les steaks et les vins ne sont pas donnés, mais de bonne qualité. Très apprécié pour les repas d'affaires. (020-7600 8220 ; www.goodmanrestaurants.com/location/city ; 11 Old Jewry ; 12h-22h30 lun-ven ; Bank)

Hawksmoor Guildhall ££

Faisant partie d'une petite chaîne, cette adresse propose toutefois d'excellents plats de viande et burgers. Particulièrement prisée le matin pour un petit-déjeuner anglais complet accompagné d'une boisson. (020-7397 8120 ; thehawksmoor.com ; 10 Basinghall St ; 7h-10h30, 12h-15h et 17h-22h30 lun-ven ; Bank)

Koya £

Dégustez des nouilles udon japonaises en plein cœur de la Bloomberg Arcade, qui possède une terrasse couverte. Option prisée des employés de la City. (www.koya.co.uk/restaurant/city/ ; 10-12 Bloomberg Arcade ; 11h30-22h30 lun-sam, 11h30-21h30 dim ; Bank, Mansion House ou Cannon St)

GEOFF STRINGER/LONELY PLANET ©

Sculpture exposée au Barbican Centre

Madison £££

Un restaurant haut de gamme avec vue sur la cathédrale Saint-Paul. Réservez une table en terrasse où l'on ne sert que des boissons. Concerts et soirées DJ. (020-3693 5160 ; www.madisonlondon.net ; Rooftop, One New Change ; 12h-1h lun-sam, 12h-22h dim et jours fériés ; St Paul's ou Mansion House)

Yauatcha £££

Adresse de dim sums aux inspirations cantonaises, ce fastueux restaurant du groupe Hakkasan fait aussi office de pâtisserie. Superbe vue sur Broadgate Circle. Petite terrasse sur le toit. (020-3817 9888 ; yauatcha.com/city/ ; Broadgate Circle ; 12h-22h lun-mer, 12h-22h30 jeu-sam ; Liverpool St)

Tournée des pubs

Cittie of Yorke

Voir p. 85. (020-7242 7670 ; 22 High Holborn ; 12h-23h lun-sam ; Chancery Lane)

City of London Distillery

Voir p. 84. (020-7936 3636 ; www.cityoflondondistillery.com ; 22-24 Brider Lane ; 16h-22h lun-sam ; City Thameslink, Blackfriars)

Jamaica Wine House

Voir p. 85. (020-7929 6972 ; www.jamaicawinehouse.co.uk ; St Michael's Alley ; 11h-22h lun, 11h-23h mar-ven ; Bank)

Old Bell Tavern

Voir p. 85. (020-7583 0216 ; 95 Fleet St ; 12h-23h lun-mer, 11h30-23h jeu-ven, 12h-21h sam ; Blackfriars)

Ye Olde Cheshire Cheese

Voir p. 85. (020-7353 6170 ; Wine Office Ct, 145 Fleet St ; 12h-23h lun-sam ; City Thameslink, Blackfriars)

Ye Olde Watling

Voir p. 85. (020-7248 8935 ; 29 Watling St ; 10h-23h lun-ven, 11h-20h sam ; Mansion House)

BIKEWORLDTRAVEL/SHUTTERSTOCK ©

Robinets à bière dans un pub

Esprit de compétition

Axeperience

Sorte de jeu de fléchettes… joué avec des haches de 600 g. Les moniteurs restent à proximité pour toute question de sécurité ou technique. Singulièrement prisé des amoureux. (020-7897 184875 ; axeperience.co.uk ; Basement Floor 48, 51 Minories ; 12h-20h30 lun-mer, 12h-22h ven, 11h-22h sam-dim ; Tower Hill ou Aldgate)

Baranis

Un bar en sous-sol à l'atmosphère intimiste abritant un terrain de pétanque intérieur (boules fournies). Sirotez des cocktails aux herbes tout en jouant. (020-7242 8373 ; www.baranis.co.uk ; 115 Chancery Lane ; 17h-tard mar-sam ; Chancery Lane)

Swingers

Un vaste parcours de golf intérieur comprenant deux terrains sur mesure, des étals de nourriture et des bars. À tester en petit groupe. (020-3846 3222 ; swingers.club/uk/venues/city ; 8, Brown's Buildings ; 12h-minuit mar-jeu, 12h-1h ven, 10h30-1h sam, 12h-23h dim ; Bank ou Liverpool Street)

SOUTH BANK

DYNAMIQUE | MARCHÉS | EN FAMILLE

SOUTH BANK
À la carte

INCONTOURNABLES ET TRÉSORS CACHÉS

Si South Bank est connu pour la variété de ses espaces artistiques et de ses théâtres, qui valent ceux du West End, il est également le quartier des marchés alimentaires. Riche d'activités gratuites et de lieux à visiter en famille, il n'est pas en reste aux jours de pluie.

Sur place

Pour... l'alimentation et la culture.

Transports Lignes de métro Northern et Jubilee, National Rail, plus les lignes de métro Waterloo & City, Bakerloo, et les Thames Clippers.

Circuler De préférence à pied, mais prenez le métro pour aller de Waterloo au London Bridge.

Notre conseil Guettez événements et festivals : pièces de théâtre et concerts gratuits l'été, marché de Noël.

Imaginez-vous au bord de la mer à **Thames Beach** (p. 107), ou mêlez-vous aux chasseurs de trésors sur les berges.
10 minutes de Southwark Station

Assistez à une représentation en plein air au **Shakespeare's Globe** (p. 104), où le répertoire du Barde est réadapté.
3 minutes de la Tate Modern

Joignez-vous à une visite guidée à pied d'**Unseen** (p. 109) pour découvrir Londres autrement.
Départs des circuits au pied du London Bridge

Faites le plein de souvenirs puis allez boire un café ou déjeuner à **Gabriel's Wharf** (p. 111).
10 minutes de Waterloo Station

Apprenez à faire les *doughnuts* fourrés à la crème de Bread Ahead dans leur boulangerie de **Borough Market** (p. 100).
4 minutes de London Bridge Station

Admirez la vue sur Londres en sirotant un cocktail au **GŎNG** (p. 110), le plus haut bar d'hôtel d'Europe, dans le gratte-ciel du Shard.
5 minutes à pied du London Bridge

Les grands classiques

Pour les infos pratiques de chaque site, reportez-vous au *Carnet d'adresses* p. 108.

Tate Modern

Occupant une ancienne centrale électrique au bord de la Tamise, la Tate Modern est le premier musée d'art moderne et contemporain de Londres. Il accueille de riches collections des XXe et XXIe siècles. Faisant écho au bâtiment d'origine, le Blavatnik Building est une extension inaugurée en 2016, sur 10 niveaux. Turbine Hall, l'immense salle des Turbines, accueille désormais des installations de grande envergure et des expositions temporaires.

LEONU/ISTOCKPHOTO ©

London Eye

La plus grande des roues du monde a été inaugurée en 2000 pour marquer le nouveau millénaire. Avec ses 135 m de haut, elle a changé la skyline londonienne. Un "vol" (ou flight) dans l'une des 32 nacelles dure 30 minutes, le temps d'apprécier à loisir une vue à 40 km à la ronde (jusqu'au château de Windsor), à condition que le ciel soit dégagé.

PPTARA/SHUTTERSTOCK ©

Shakespeare's Globe

Cette reconstruction authentique d'un célèbre théâtre vous transportera dans la période élisabéthaine (XVIe siècle), que vous soyez assis sur les gradins en bois ou debout devant la scène. La programmation est composée de pièces de Shakespeare et de ses contemporains, tel Christopher Marlowe.

KAMIRA/SHUTTERSTOCK ©

ANDRESGARCIAM/ISTOCKPHOTO ©

Southwark Cathedral

L'histoire de la cathédrale de Southwark remonte à plusieurs siècles. Sa nef gothique et son jubé sont impressionnants. Elle abrite quantité de tombeaux et de monuments, dont la tombe de John Gower et un mémorial à William Shakespeare en albâtre. Dans le cimetière, le jardin des simples est planté d'herbes médicinales.

Millennium Bridge

Le pont du Millénaire est une passerelle qui relie la rive sud de la Tamise, au niveau de la Tate Modern, à la rive nord, au pied de Peter's Hill et de la cathédrale Saint-Paul. Le pont est spectaculaire le soir lorsqu'il est illuminé. De jour comme de nuit, la vue sur Saint-Paul est magique !

TOLGA_TEZCAN/ISTOCKPHOTO ©

ZEFART/SHUTTERSTOCK ©

The Shard

Tel un "éclat de verre" et d'acier, la silhouette du Shard (signifiant littéralement "tesson de verre") est bien vite devenue emblématique. Se dressant à 310 m, c'est l'un des plus hauts gratte-ciel d'Europe (la tour Montparnasse s'élève à 210 m). Depuis les plateformes d'observation des 69e et 72e étages, le panorama est époustouflant.

15 Les marchés de SOUTH BANK

ALIMENTATION | MARCHÉS | VISITE À PIED

Borough Market est peut-être le marché alimentaire le plus connu de South Bank, mais d'autres endroits se prêtent à la balade, d'un stand à l'autre et à la découverte des saveurs du monde. Cet itinéraire, ponctué de divertissements, vous conduira d'un bout à l'autre de South Bank, de jour comme de nuit. Venez avec votre appétit… et muni de vêtements de pluie.

LOOP IMAGES LTD/ALAMY STOCK PHOTO ©

En pratique

Circuler Waterloo (lignes de métro Northern, Jubilee, Bakerloo, Waterloo & City ; National Rail), ou London Bridge (lignes Northern et Jubilee, National Rail, Thames Clippers) si vous faites l'itinéraire dans l'autre sens.

Quand y aller Tous les marchés sont ouverts le vendredi, avec des bars où on sert tard, sauf Lower Marsh Market, qui ferme à 15h30 (lun-ven). Commencez vers midi, et vérifiez horaires et jours d'ouverture de chaque marché.

À savoir Lower Marsh Market (sam) et Vinegar Yard (sam-dim) accueillent des marchés aux puces le week-end.

Les meilleurs cafés

Roasting Plant Coffee (p. 110) Café chic où les grains sont toujours fraîchement torréfiés.

Origin Coffee (p. 110) Café certifié *B Corp*, au décor lumineux, parfait pour vos photos Instagram.

Four Corners Cafe (p. 110) Un lieu délicieusement kitsch servant des grands crus de café.

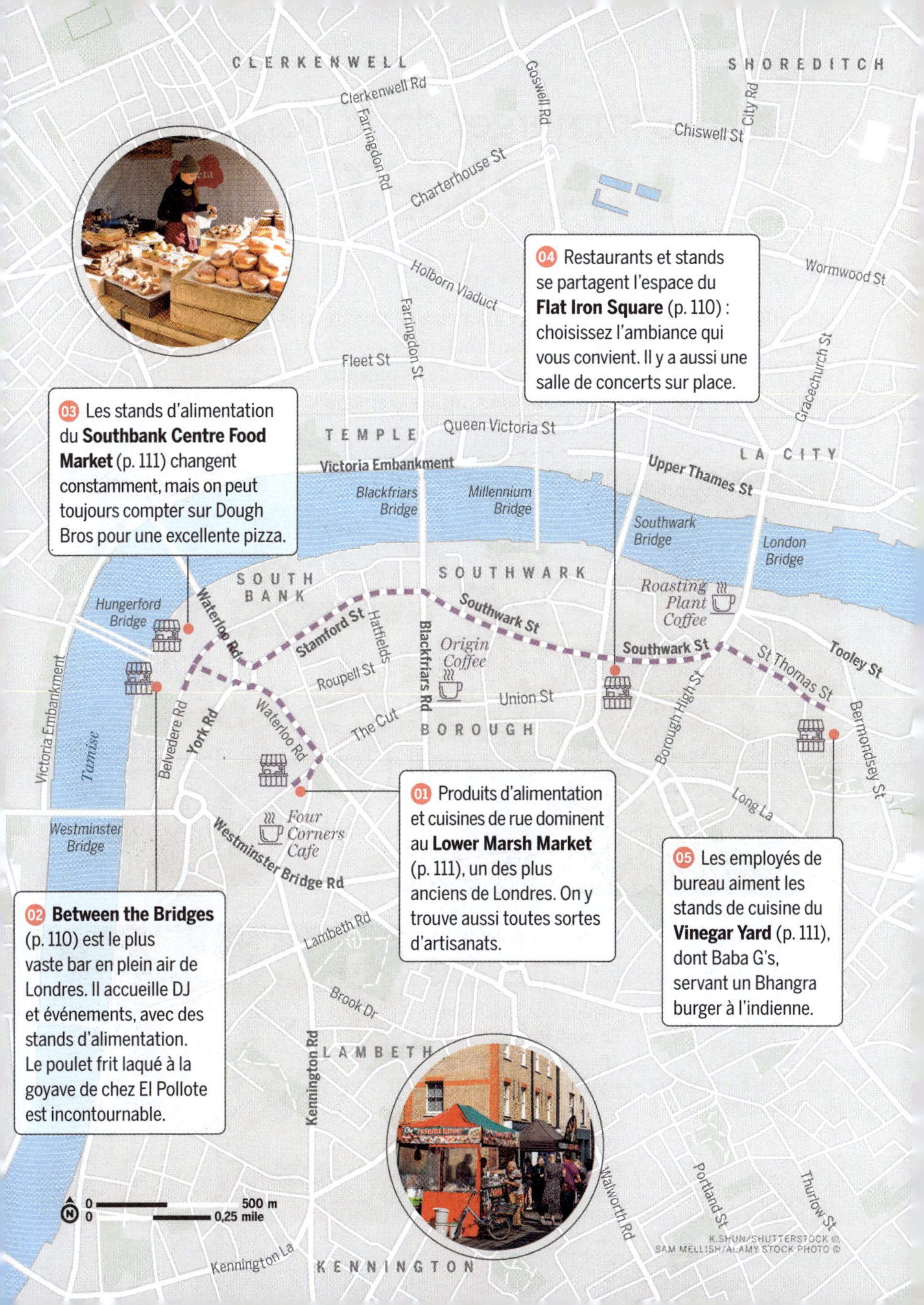

01 Produits d'alimentation et cuisines de rue dominent au **Lower Marsh Market** (p. 111), un des plus anciens de Londres. On y trouve aussi toutes sortes d'artisanats.

02 **Between the Bridges** (p. 110) est le plus vaste bar en plein air de Londres. Il accueille DJ et événements, avec des stands d'alimentation. Le poulet frit laqué à la goyave de chez El Pollote est incontournable.

03 Les stands d'alimentation du **Southbank Centre Food Market** (p. 111) changent constamment, mais on peut toujours compter sur Dough Bros pour une excellente pizza.

04 Restaurants et stands se partagent l'espace du **Flat Iron Square** (p. 110) : choisissez l'ambiance qui vous convient. Il y a aussi une salle de concerts sur place.

05 Les employés de bureau aiment les stands de cuisine du **Vinegar Yard** (p. 111), dont Baba G's, servant un Bhangra burger à l'indienne.

16 S'immerger dans Borough MARKET

ALIMENTATION | EXPÉRIENCES | ACHATS

Borough Market est un joyeux mélange de cuisines de rues, de stands d'alimentation, de bars et de restaurants, mais on n'y trouve pas qu'à manger et à boire. Apprenez à fabriquer vous-même des saucisses ou à faire frire des beignets, pour ramener chez vous plus que de simples souvenirs.

51NORTH/ALAMY STOCK PHOTO ©

En pratique

S'y rendre London Bridge (lignes de métro Northern et Jubilee, National Rail, Thames Clippers).

Quand y aller La plupart des commerces sont fermés le dimanche. Voir aussi p. 110.

Notre conseil Si vous achetez de la nourriture à emporter, ne mangez pas debout sur le trottoir, prenez le temps d'aller au carrefour de Bedale St et Borough High St, où vous attendent des sièges dans un espace clos. Sinon, marchez jusqu'à Bankside et asseyez-vous face à la Tamise, avec une vue dégagée sur les gratte-ciel de Londres.

CRISTINA A/SHUTTERSTOCK ©

Évitez la queue pour les doughnuts devant **Bread Ahead** et foncez à la boulangerie adjacente, où vous pourrez apprendre à confectionner vous-même ces gourmandises. Deux heures plus tard, vous repartirez avec un petit paquet de *custard grenades*, des beignets débordant de crème, que vous aurez faits de vos mains. Mentionnons également des cours (d'une demi-journée, un jour ou plusieurs) consacrés à la préparation de différentes sortes de pains et pâtisseries. Il faut souvent réserver un mois à l'avance.

Si vous ne craignez pas de vous salir un peu, direction le **Ginger Pig**. Cette boucherie haut de gamme propose, dans son local de Borough Market, un atelier de fabrication de saucisses très demandé. Vous en apprendrez les bases : trouver la bonne proportion entre gras et viande maigre, réussir l'assaisonnement idéal – avant de passer à la pratique et de faire les vôtres, au moyen d'un hachoir et d'un poussoir à saucisses.

Bedales of Borough Market est un caviste, bar à vins et bistrot tout à la fois. Réservez (au moins 36 heures à l'avance de préférence) pour une dégustation autoguidée, avec un prosecco et trois vins de table, le tout accompagné d'olives et de pain au levain frais. Un livret de dégustation est fourni. L'excuse parfaite pour goûter avant d'acheter.

À gauche Spice Mountain **En bas, à gauche** La vitrine de Bread Ahead

Achats à Borough Market

Spice Mountain *(spicemountain.co.uk)* De formidables épices en pots, à ramener chez soi.

Oliveology *(oliveology.co.uk)* Sachets de délectables herbes séchées de Grèce.

From Field & Flower *(fromfieldandflower.co.uk)* Un large choix de miels délicieux, aux parfums plus ou moins prononcés.

Food & Forest *(foodandforest.co.uk)* Fruits à coque au naturel, grillés ou sucrés, et produits de manière durable.

Borough Kitchen Cook Shop *(boroughkitchen.com)* Si vous avez la place dans vos bagages, prenez le *The Borough Market Cookbook* par Ed Smith, ou le *Borough Market : Edible Histories* écrit par Mark Riddaway.

Recommandé par Angela Clutton, *chroniqueuse culinaire et marraine du Borough Market Cookbook Club, @angela_clutton*

17 Admirer des œuvres de STREET ART

GRAFFITIS | EXTÉRIEUR | DÉCOUVERTE

Les galeries bien connues de South Bank, comme la Tate Modern, font peut-être un brin d'ombre au street art du quartier. Mais si l'on sait où aller, on y trouve des œuvres qui valent celles de Shoreditch. Elles sont ici plus dispersées, il faut donc enfiler son costume d'explorateur et ouvrir l'œil pour dénicher graffitis ou petites mosaïques originales.

BAILEY-COOPER PHOTOGRAPHY/ALAMY STOCK PHOTO ©

En pratique

S'y rendre Waterloo (lignes de métro Northern, Jubilee, Bakerloo, Waterloo & City ; National Rail) ou London Bridge (lignes de métro Northern et Jubilee, National Rail, Thames Clipper) dans le sens inverse.

Au préalable Consulter *streetartbio.com* pour en savoir plus sur les artistes et leurs œuvres.

Notre conseil Des œuvres d'artistes comme Banksy ont vu le jour à South Bank, mais de par leur nature, elles ne restent pas très longtemps : certaines sont déplacées, d'autres recouvertes. Donc, il est intéressant d'y (re)venir.

CHAMELEONSEYE/SHUTTERSTOCK ©

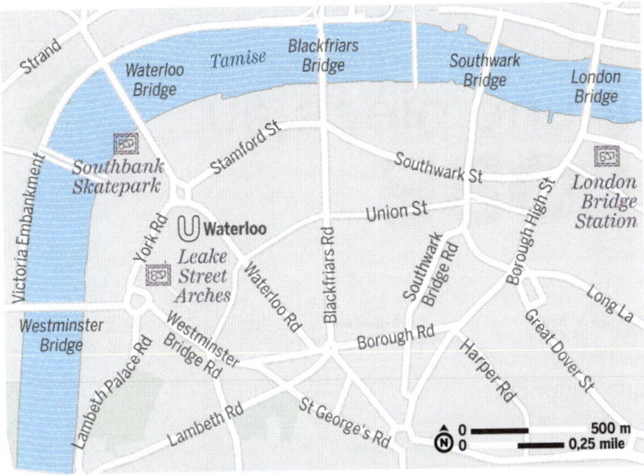

À gauche Leake Street Arches
En bas, à gauche Southbank Skatepark.

Leake Street Arches (p. 108) est le site de street art le plus connu de South Bank. Ces anciennes arches de chemin de fer étaient à l'abandon avant que le graffeur Banksy n'y organise le premier "Cans Festival" en 2008, et leur redonne vie. Depuis, elles abritent des salles de théâtre, de musique et des restaurants, auxquels on accède par une entrée bombée de couleurs vives. Il y a toujours des œuvres en cours de création, et parfois des événements auxquels on peut participer.

Qui est donc Banksy ? Banksy est un artiste de street art dont l'identité exacte demeure inconnue. Actif surtout depuis les années 1990, il serait Britannique et natif des environs de Bristol. Il utilise la peinture au pochoir pour créer des œuvres aussi touchantes que provocantes.

Juste au pied du Southbank Centre, le **Southbank Skatepark** est un lieu public souvent considéré comme le foyer du skateboard britannique. Fréquenté par les skateurs depuis plus de 40 ans, il a été réaménagé et agrandi en 2019 après une campagne de mobilisation pour le sauver des promoteurs immobiliers. Il abrite aujourd'hui la plus grande collection de tags et de *throw-ups* de South Bank.

En longeant le fleuve de Waterloo à London Bridge, vous verrez du street art autour de chaque pont. Cherchez les peintures murales colorées sur les murs d'accent et, plus haut, les petites mosaïques. On en trouve beaucoup autour des arches de **London Bridge Station**. Contrairement aux Leake Street Arches ou au Southbank Skatepark, les œuvres sont ici plus dispersées et on pourrait vraiment s'y perdre.

Illuminated River

Reliant l'est à l'ouest de Londres, **Illuminated River** (*illuminatedriver.london*) est un grand projet d'art en plein air. L'idée est d'équiper quinze ponts – de Tower Bridge à l'est jusqu'à Albert Bridge à l'ouest – de LED colorées qui en illuminent les structures, la nuit. Le design lumineux est l'œuvre de l'artiste américain Leo Villareal, et chaque pont s'orne d'une séquence unique qui souligne son design. Neuf ponts ont déjà été équipés et on peut en voir le résultat à la nuit tombée – il suffit de se promener au bord de la Tamise le soir.

Si vous souhaitez en savoir plus, il existe aussi un calendrier d'événements autour de ces ponts, notamment des croisières sur le fleuve, des visites guidées à pied et de formidables sorties nocturnes en kayak avec guide.

18 Voir une pièce au GLOBE

THÉÂTRE | ÉTÉ | PLEIN AIR

Tout proche de la Tamise, le Globe de Shakespeare est la réplique exacte du théâtre de l'époque Tudor avec son toit de chaume, ses colombages et sa cour ouverte, exposée aux éléments, où il n'y a bien souvent que des places debout. Bien que les mises en scène soient tout à fait modernes, l'expérience, absolument unique, est un reflet fidèle du théâtre élisabéthain.

En pratique

S'y rendre Bankside (Thames Clippers) ou London Bridge (lignes de métro Northern et Jubilee).

Quand y aller Les représentations du soir ont leur charme, mais il y a moins de monde aux matinées.

Tarifs À partir de 5 £.

Durée 1 heure 30 ou plus. Il n'y a pas toujours d'entracte.

Notre conseil Les parapluies ne sont pas autorisés dans la cour : prenez un imperméable.

Le Shakespeare's Globe regroupe en réalité deux salles : le **Globe Theatre** (p. 108 ; en plein air, l'été seulement) et la **Sam Wanamaker Playhouse** (en intérieur, toute l'année). Si les deux valent la visite, le Globe est incontestablement shakespearien et beaucoup plus abordable, donc idéal pour une première visite.

Les pièces présentées au Globe sont, pour la plupart, des œuvres de Shakespeare, mais réinterprétées pour le public d'aujourd'hui, avec beaucoup de chansons, de danses et d'effets spéciaux, le tout accompagné d'un

En haut, à droite Représentation de *La Tempête* par la compagnie Lions Part
À droite Extérieur du Globe Theatre

PADMAYOGINI/SHUTTERSTOCK ©

RON ELLIS/SHUTTERSTOCK ©

Le troisième Globe

Le Globe que l'on voit aujourd'hui fut achevé en 1997, avec moult éléments rappelant l'époque élisabéthaine, comme son toit de chaume. Le théâtre d'origine se situait non loin, une rue plus en retrait du fleuve. Lorsqu'il brûla en 1613, on en édifia un second au même emplacement, mais qui fut fermé sur ordre du Parlement en 1642 lorsque éclata la Première révolution anglaise.

orchestre. Les séances du soir peuvent durer jusque tard. Certaines représentations sont doublées en langage des signes ou en audiodescription, ce qui est précisé lorsque l'on prend ses billets.

Les places les moins chères – et les plus amusantes – sont dans la cour. On est au cœur du spectacle car les acteurs ont tendance à davantage interagir avec les spectateurs de la cour, voire à la traverser pendant le spectacle. On peut aussi en faire le tour, pour avoir des perspectives différentes ou pour mieux y voir, tout comme on le faisait à l'époque élisabéthaine. Si vous dénichez une place au fond de la cour, il est possible de s'appuyer à la rampe.

19 Jolies vues (gratuites) sur LONDRES

PANORAMAS | ARCHITECTURE | GRATUIT

La City compte plusieurs gratte-ciel, mais on a les plus belles vues sur leur silhouette depuis la rive sud du fleuve. Celle-ci est ponctuée de jolis points de vue le long de la Tamise, tantôt surélevés, tantôt au ras de l'eau, propices à la photo parfaite. Mieux encore : ce privilège ne coûte rien.

En pratique

S'y rendre Waterloo (lignes de métro Northern, Jubilee, Bakerloo, Waterloo & City ; National Rail) ou London Bridge (lignes de métro Northern et Jubilee, National Rail, Thames Clipper).

Quand y aller C'est beau toute l'année, mais plus particulièrement à l'aube, au coucher du soleil ou à la nuit tombée.

Notre conseil Au lieu de faire une croisière sur le fleuve, embarquez sur un des Thames Clippers. Ils vont de Putney à Woolwich, mais la partie la plus intéressante se trouve dans la Central Zone. Il y a plusieurs arrêts du RB2 à South Bank.

Pour avoir une vue presque sans obstacle sur la ville, traversez un de ses ponts. **Westminster Bridge** offre un point de vue sur le Parlement souvent utilisé au cinéma. Au **Golden Jubilee Bridges**, la vue depuis la passerelle située le plus en amont du fleuve est un peu plus intéressante, et révèle le London Eye, en traversant le pont depuis la rive nord. Pour un panorama de rêve côté aval, allez au **Waterloo Bridge** et postez-vous à mi-chemin du pont.

Pour voir les choses d'en haut, il y a une plateforme panoramique publique

En haut, à droite Big Ben
À droite la City aperçue depuis le Blavatnik Building, à la Tate Modern Gallery

S.BORISOV/SHUTTERSTOCK ©

PAWEL LIBERA/GETTY IMAGES ©

Vue sur le fleuve

À South Bank, tout ramène au fleuve, encore plus intéressant côté aval. La plage, Thames Beach, est juste au ras de l'eau et on peut descendre chercher des trésors sur la rive.

Le conseil d'Alex Lifschutz, *directeur-fondateur du cabinet d'architectes Lifschutz Davidson Sandilands @lds_architects*

peu connue au 8e niveau de la **Oxo Tower** (p. 111), près du restaurant. De là, on voit Somerset House, la cathédrale Saint-Paul et la City. Plus loin, il y a une plateforme d'observation au 10e niveau du **Blavatnik Building** (**Tate Modern**). Saint-Paul est presque en face, avec la City à l'est. Vous devrez peut-être attendre pour l'ascenseur.

On peut longer le fleuve depuis Westminster Bridge jusqu'à London Bridge, avec de nombreux points de vue en chemin. **Gabriel's Wharf** (p. 111) offre, au niveau du sol, presque la même vue que celui de la tour Oxo, mais le panorama est encore plus joli à proximité du **Scoop**, près de Tower Bridge. Vers l'ouest, on peut voir la City se profiler dans toute sa splendeur.

Carnet d'adresses

Les grands classiques (p. 96)

London Eye

(www.londoneye.com ; près de County Hall, SE1 ; adulte/enfant 29,50/23 £ ; 10h-20h30, horaires réduits en hiver ; U Waterloo ou Westminster)

Millennium Bridge

(U Blackfriars)

Shakespeare's Globe

(020-7401 9919 ; www.shakespearesglobe.com ; 21 New Globe Walk ; billetterie 10h-18h ; U London Bridge ou Blackfriars)

Southwark Cathedral

(020-7367 6700 ; www.cathedral.southwark.anglican.org ; Montague Cl ; 9h-17h lun-ven, 9h30-15h45 et 17h-18h sam, 12h30-15h et 16h-18h dim ; U London Bridge

Tate Modern

(020-7887 8888 ; www.tate.org.uk ; Bankside ; entrée libre ; 10h-18h dim-jeu, 10h-22h ven-sam ; U Southwark)

The Shard

(0844 499 7111 ; www.theviewfromtheshard.com ; Joiner St ; adulte/enfant à partir de 25/20 £ ; 10h-21h ; U London Bridge)

Plus d'un spectacle

Globe Theatre / Sam Wanamaker Playhouse

Voir *Shakespeare's Globe* ci-dessus.

Leake Street Arches

(www.leakestreetarches.london ; U Waterloo)

National Theatre

Ce centre des arts du spectacle financé par l'État accueille trois salles de théâtre, baptisées Olivier, Lyttelton et Dorfman. Il y a souvent des spectacles gratuits à l'extérieur, en été. (020-7452 3000 ; www.nationaltheatre.org.uk ; Upper Ground ; U Waterloo)

The Old Vic

Un grand (1 000 places) théâtre associatif de plus de deux siècles d'âge, où on peut voir de tout : pièces de théâtre, concerts... Billets d'avant-première à tarif réduit disponibles pour les nouveaux spectacles. (0344-871 7628 ; www.oldvictheatre.com ; The Cut ; U Waterloo)

The Vaults

Sous d'anciennes arches de chemin de fer, cet espace comprenant plusieurs salles propose des spectacles alternatifs et des expériences immersives, comme des dîners-spectacles. On y accède par Leake Street Arches. (020-7401 9603 ; www.thevaults.london ; Leake St ; U Waterloo)

The Young Vic

À l'origine émanation de l'Old Vic, le Young Vic est réputé pour sa programmation avant-gardiste, des œuvres de jeunes auteurs et des pièces inspirées par les événements du monde contemporain. (020-7922 2922 ; www.youngvic.org ; 66 The Cut ; billetterie 10h-18h lun-sam ; U Southwark)

ARCHITECTE : DENYS LASDUN
CLAUDIO DIVIZIA/SHUTTERSTOCK ©

National Theatre

Pour toute la famille

Clink Prison Museum

À l'endroit même où se tenait la Clink Prison d'origine, ce musée revient sur l'histoire parfois sinistre des détenus. Des instruments de torture y sont aussi exposés. (☎ 020-7403 0900 ; www.clink.co.uk ; 1 Clink St ; ⏲ 10h-18h ; Ⓤ London Bridge)

Electric Gamebox

Expérience interactive et immersive, dans une pièce fermée. Murs sensibles au toucher, capteurs et caméras servent à suivre votre progression. Séances de 30 minutes ou d'une heure. (electricgamebox.com/locations/southbank-london ; Arch 3, 83 Scoresby St ; ⏲ 13h-21h lun-mer, 13h-22h jeu-ven, 10h-23h sam, 10h-20h dim ; Ⓤ Southwark)

Golden Hinde

Copie grandeur nature du vaisseau à bord duquel sir Francis Drake fit son tour du monde. À bord de ce bateau en état de naviguer, vous apprendrez l'histoire de sa première expédition. (☎ 020-7403 0123 ; www.goldenhinde.co.uk ; St Mary Overie Dock, Cathedral St ; 5 £ ; ⏲ 10h-17h ; Ⓤ London Bridge)

SEA LIFE Centre London Aquarium

Occupant le rez-de-chaussée du County Hall, cet aquarium a été conçu avec des recoins secrets qui font de la balade au milieu des requins et de l'exploration de son tunnel sous-marin une aventure en soi. (www.visitsealife.com/london ; County Hall, Westminster Bridge Rd ; adulte/enfant 29/23 £ ; ⏲ 10h-16h lun-mer et ven, 11h-16h jeu, 10h-17h sam dim ; Ⓤ Waterloo ou Westminster)

The London Dungeon

Un circuit, parfois animé par des acteurs, qui rappelle des moments importants de l'histoire. Grand succès auprès des ados, mais ne convient pas aux plus jeunes enfants. (☎ 0333-321 2001 ; www.visitsealife.com/london ;

FENLIOQ/SHUTTERSTOCK ©

London Eye la nuit

County Hall, Westminster Bridge Rd ; adulte/enfant 30/24 £ ; ⏲ 10h-16h lun-mer et ven, 11h-16h jeu, 10h-18h sam, 10h-17h dim ; Ⓤ Waterloo ou Westminster)

Circuits à vocation sociale

Saveurs et cultures des Balkans

Collaboration entre un tour-opérateur, Intrepid, et l'entreprise sociale Women in Travel, qui aide les femmes défavorisées, cette visite guidée à pied dévoile les nombreux liens entre South Bank et les Balkans. (www.womenintravelcic.com)

Unseen London Bridge

Unseen donne la parole – et un revenu – à d'anciens sans-abri. Cette visite à pied permet de découvrir un autre aspect de Londres, et un peu de son histoire. (unseentours.org.uk/tour/london-bridge ; ⏲ 14h-16 et 18h-20h lun, 18h-20h mar, 14h-16h jeu et dim)

Pour refaire le plein

Arabica £

Restaurant proche-oriental avec une carte de mezzes changeant avec les saisons. Les pains plats sont très bons. L'ambiance enjouée et le personnel sympathique rendent le dîner très plaisant. (☎ 020-3011 5151 ; www.arabicalondon.com/borough-market/ ; 3 Rochester Walk, Borough Market ; plats 6-14 £ ; ⏲ 12h-23h lun-sam, 12h-22 dim ; Ⓤ London Bridge)

Art Yard Bar & Kitchen £££

Le restaurant-bar du Bankside Hotel présente une vaste collection d'œuvres d'art et propose d'excellents cocktails inspirés par le quartier. (020-3943 2020 ; artyardbarandkitchen.com ; 2 Blackfriars Rd ; 6h30-10h30 lun-ven, 7h-11h sam dim, plus 12h-22h tlj ; Blackfriars ou Southwark)

Between the Bridges

Voir p. 99. (betweenthebridges.co.uk ; Queen's Walk ; 12h-23h mer-ven, 11h-23h sam-dim ; Waterloo ou Embankment)

Casa do Frango £

Vaste restaurant portugais, avec pour spécialités poulet grillé au pili-pili et petites assiettes à partager. Peut être animé et bruyant, même en semaine. (020-3972 2323 ; casadofrango.co.uk/londonbridge/ ; 32 Southwark St ; plats 6-10 £ ; 12h-23h lun-sam, 12h-20h30 dim ; London Bridge)

Flat Iron Square

Voir p. 99. (020-3179 9800 ; www.flatironsquare.co.uk ; 45 Southwark St ; 12h-23h mar-sam, 12h-20h dim ; London Bridge)

Four Corners Cafe

Voir p. 98. (www.four-corners-cafe.com ; 12 Lower Marsh ; lun-ven 8h-15h, sam 9h-16h, fermé dim)

GŎNG ££

Situé au 52e étage du Shard, c'est le plus haut bar d'hôtel d'Europe. Il faut y dépenser un minimum, mais le coût reste moindre que celui de la galerie panoramique, plus bas dans les étages. (020-7234 8208 ; www.gong-shangri-la.com ; 31 Saint Thomas St, level 52, The Shard ; 16h-0h30 lun-mer, 12h-1h dim ; London Bridge)

Origin Coffee

Voir p. 98. (www.origincoffee.co.uk ; 84 Scoresby St ; lun-ven 8h-17h, sam 9h-17h, dim 9h-17h)

Roasting Plant Coffee

Voir p. 98. (roastingplant.co.uk ; 4 Borough High St ; lun-ven 7h30-18h30, sam 9h-18h30, dim 10h-17h30)

Scootercaffe £

Café le jour, bar la nuit, ce lieu intime et rétro a aussi un jardin "secret" très plaisant l'été. (020-7620 1421 ; www.facebook.com/scootercaffe ; 132 Lower Marsh ; 8h30-23h lun-jeu, 8h30-minuit ven, 10h-minuit sam, 10h-23h dim ; Waterloo ou Lambeth North)

The Thirsty Bear £

Pub high-tech très animé, avec des tables où on peut soutirer soi-même sa pinte et commander à manger à l'aide d'un iPad. (020-7928 5354 ; thethirstybear.com ; 62 Stamford St, Blackfriars ; 12h-1h lun-sam, 12h-23h dim ; Blackfriars ou Southwark)

Trivet £££

Restaurant gastronomique affichant une cuisine britannique inventive, à l'addition plutôt salée. Ses cofondateurs sont deux anciens du Fat Duck, triple-étoilé au Michelin. (020-3141 8670 ; trivetrestaurant.co.uk ; 36 Snowfields ; 18h-23h mar, 12h-23h mer-sam ; London Bridge)

Un détour par le marché

Borough Market

Voir p. 100. (020-7407 1002 ; boroughmarket.org.uk ; 8 Southwark St ; 10h-17h lun-ven, 8h-17h sam, 10h-15h dim ; London Bridge)

Rue animée de South Bank le long de la Tamise

Lower Marsh Market

Voir p. 99. (☎020-7620 1201 ; www.lowermarshmarket.com ; Lower Marsh ; ⏰11h-15h30 lun-ven ; Ⓤ Waterloo)

Southbank Centre Food Market

Voir p. 99. (www.southbankcentre.co.uk/visit/cafes-restaurants-bars/scfood-market ; Southbank Centre, Belvedere Rd ; ⏰12h-21h ven, 11h-21h sam, 12h-18h dim et lundis fériés ; Ⓤ Waterloo ou Embankment)

Vinegar Yard

Voir p. 99. (www.vinegaryard.london ; 72-82 Saint Thomas St ; ⏰17h-22h lun-mar, 12h-22h mer-sam, 12h-20h dim ; Ⓤ London Bridge)

Dénicher des souvenirs

Gabriel's Wharf

Un ensemble de jolies boutiques de vêtements et d'accessoires, la plupart faits main. On y trouve aussi des œuvres et des tableaux d'artistes locaux. (entre Queen's Walk et Upper Ground ; Ⓤ Waterloo ou Southwark)

Oxo Tower Wharf

Plusieurs niveaux de la tour Oxo accueillent ateliers et boutiques de créateurs et d'artisans. On y vend essentiellement des bijoux, mais aussi des céramiques et du mobilier. (☎020-7401 3610 ; www.oxotower.co.uk ; Bargehouse St ; ⏰11h-18h mar-dim ; Ⓤ Waterloo ou Blackfriars)

Le Classic Car Boot Sale, Southbank

JOHN GOMEZ/SHUTTERSTOCK ©

Southbank Centre Book Market

Marché du livre d'occasion, au pied de Waterloo Bridge. On y trouve tout, des BD aux romans classiques, reliés ou brochés. On y vend aussi parfois des antiquités. (Queen's Walk ; ⏰11h-19h, horaires réduits en hiver ; Ⓤ Waterloo)

KENSINGTON ET HYDE PARK

PARCS | MUSÉES | SHOPPING

KENSINGTON ET HYDE PARK
à la carte

INCONTOURNABLES ET TRÉSORS CACHÉS

Les lieux touristiques de cette partie culturellement (et financièrement) opulente de Londres sont réputés dans le monde entier : le Victoria & Albert Museum Hyde Park, Harrods, Kensington Palace... on peinerait à trouver plus britannique que ce quartier, véritable vitrine du raffinement londonien.

En pratique

Idéal pour La culture, les parcs, le shopping haut de gamme et la gastronomie.

Transports Lignes de métro Piccadilly, Circle, District et Victoria (plus les trains du National Rail à la station Victoria).

Se déplacer Le quartier se parcourt aisément à pied, mais il est bien desservi par bus et métro.

À savoir pour votre budget Magasins et restaurants du quartier peuvent être chers, mais les musées restent gratuits.

Faites du shopping jusqu'à plus soif au grand magasin **Harvey Nichols** (p. 133).
2 minutes de Hyde Park

Découvrez design, cuisine et bars japonais ou nordiques au **Pantechnicon** (p. 131).
6 minutes à pied de la station Knightsbridge

Passez un moment tout en raffinement lors d'un **Afternoon Tea** (p. 132).
4 minutes de la station Victoria

Les boutiques indépendantes et les restaurants d'**Eccleston Yards** (p. 133) n'attendent que vous.
6 minutes de la station Victoria

Découvrez l'histoire militaire britannique au **National Army Museum** (p. 130), flambant neuf.
12 minutes de la station Sloane Square

Flânez à Chelsea dans **King's Road** (p. 126), une rue commerçante très réputée.
2 minutes de la station Sloane Square

Les grands classiques

Pour les infos pratiques de chaque site, reportez-vous au *Carnet d'adresses* p. 130.

Victoria & Albert Museum

Parmi les grands musées de Londres, ce musée consacré aux arts décoratifs et au design épate et étonne avec une collection d'une richesse et d'une diversité inégalées. Vous y admirerez des chefs-d'œuvre de tous les temps et de tous les pays, tels que des céramiques chinoises anciennes, des bronzes coréens, des cartons de Raphaël, des bijoux anciens...

IR STONE/SHUTTERSTOCK ©

Natural History Museum

Tout, dans ce temple de la science, témoigne du goût de l'époque victorienne pour les collections, la classification et l'interprétation du monde naturel. Le bâtiment de style néoroman vaut en soi le coup d'œil. Dinosaures, invertébrés, mammifères, insectes, minéraux, fossiles..., le musée renferme des merveilles.

ILEANA_BT/SHUTTERSTOCK ©

Hyde Park

Ce parc de 142 ha dans l'ouest de la ville est le poumon vert de la capitale. Ses jardins sont constitués de vastes étendues herbeuses, d'allées fleuries et d'arbres vénérables. On y vient pour faire du vélo et du roller, ou pique-niquer. À l'angle nord-est du parc se trouvent Marble Arch et le Speakers' Corner (coin des orateurs).

WEI HUANG/SHUTTERSTOCK ©

Royal Albert Hall

Cette salle victorienne emblématique de Londres est inspirée des amphithéâtres romains. Quasi circulaire et en brique rouge, elle est surmontée d'un dôme et ornée d'une frise de céramiques. L'été, la prestigieuse salle de concerts accueille les Proms, des concerts de musique classique organisés par la BBC.

BIKEWORLDTRAVEL/SHUTTERSTOCK ©

WILL JONES/LONELY PLANET ©

Apsley House

Cette demeure grandiose, qui héberge le Wellington Museum, est nichée dans le coin sud-est de Hyde Park. Y sont exposés des tableaux de Vélasquez, Rubens, Van Dyck, Bruegel, Murillo ou Goya, ainsi que le service égyptien en porcelaine de Sèvres qui est un cadeau de divorce de Napoléon à Joséphine (qu'elle refusa).

CHRIS JENNER/SHUTTERSTOCK ©

Kensington Palace

Construit en 1605, le palais de Kensington est aujourd'hui la résidence du duc et de la duchesse de Cambridge (le prince William et Kate), et d'autres membres de la famille royale. Une bonne partie du palais est toutefois ouverte au public, notamment les appartements du roi et de la reine, les plus luxueux.

20 Royal College OF MUSIC

MUSIQUE | HISTOIRE | ARTS DU SPECTACLE

À Kensington, le Royal College of Music, face au Royal Albert Hall, est un excellent conservatoire de musique qui forme depuis 1883 des virtuoses du monde entier. Le collège est aussi ouvert au public et l'on y trouve abondance d'expériences, depuis un musée de la musique interactif flambant neuf, jusqu'à une solide programmation de spectacles et de concerts.

ROBERTO LA ROSA/SHUTTERSTOCK ©

En pratique

S'y rendre La station de métro la plus proche, South Kensington (lignes Circle, District et Piccadilly) est à près d'un kilomètre. Le bus n°360 s'arrête moins loin.

Quand y aller Pendant un semestre universitaire (automne et printemps) ; prenez en ligne les billets pour les spectacles. Le musée est fermé le lundi. Voir aussi p. 130.

Conseil d'achat On trouvera mugs, badges, livres, babioles et autres cadeaux siglés et abordables à la boutique du RCM.

HEATHCLIFF O'MALLEY - WPA POOL/GETTY IMAGES ©

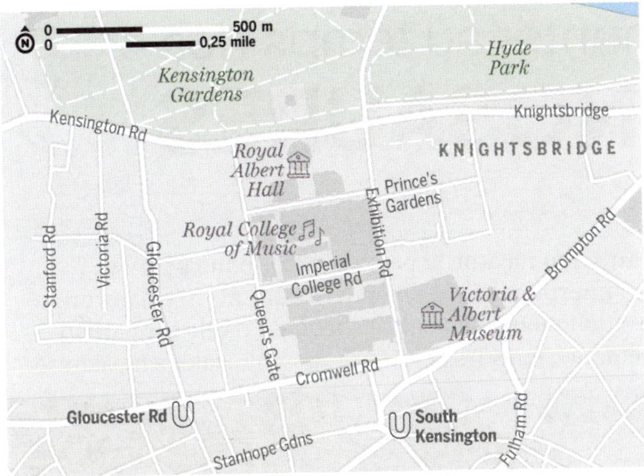

À gauche Le Royal College of Music
En bas, à gauche Élèves du collège en représentation

Les sons de l'Histoire Flambant neuf, moderne, le musée du **Royal College of Music** (p. 130) est le joyau de la coûteuse rénovation de cette institution. Depuis 2021, on peut visiter un espace interactif présentant des milliers d'objets, allant du plus ancien instrument à clavier et à cordes connu, le clavicythérium, à des portraits de grands musiciens du XVIIIe siècle. Les audioguides vous feront parcourir, dans un bel atrium, cinq siècles d'histoire de la musique. Allez-y le vendredi pour assister à un des **concerts de musique de chambre** hebdomadaires, dans le musée même, ou essayez de jouer d'un instrument au **Weston Discovery Centre**, idéal si vous venez avec des enfants.

Assistez à un spectacle La future star de la musique classique est peut-être du nombre des élèves qui jouent ou composent pour un des récitals ou concerts donnés sur le campus – et on peut les voir à l'œuvre gratuitement ou pour 5 £ seulement. Pendant les périodes de cours, les salles rénovées accueillent de nombreux spectacles ouverts au public, en particulier le **Britten Theatre**, un splendide opéra où des élèves en costumes chantent accompagnés d'un orchestre de 80 personnes. Assistez à une *masterclass* donnée par un violoniste de renom dans une grande salle, puis swinguez au son d'un ensemble de jazz formé par des élèves dans une autre pièce ou bien profitez d'une séance de musique de chambre dans la nouvelle salle de spectacle de 150 places.

Les incontournables du musée

La **plus ancienne guitare** du monde, fabriquée à Lisbonne par Belchior Dias en 1581.

Les **portraits** du célèbre chanteur baroque italien Farinelli et du compositeur autrichien Joseph Haydn.

Un splendide **clavecin peint** fabriqué à Venise par Trasuntino en 1531.

Une collection de **violes anciennes** produites à Londres à partir de la fin du XVIe siècle.

Des manuscrits signés tirés de la bibliothèque du RCM, avec notamment des œuvres d'Edward Elgar, de Frédéric Chopin et de Wolfgang Amadeus Mozart.

Recommandé par Gabriele Rossi Rognoni, *Conservateur du Royal College of Music Museum, @RossiRognoni*

21 Remonter au temps des DINOSAURES

NATURE | ART | CULTURE

Le Natural History Museum incarne la passion victorienne pour la collecte, la classification et l'interprétation du monde vivant. Abritée dans un bâtiment grandiose, la collection mondialement célèbre qu'il recèle connaît un énorme succès auprès des enfants, mais les adultes se laissent également séduire.

ELROCE/SHUTTERSTOCK ©

En pratique

S'y rendre La station de métro la plus proche est South Kensington (lignes Circle, District et Piccadilly), ou prenez un des nombreux bus.

Quand y aller Arrivez dès l'ouverture le week-end ou après 14h en semaine (quand les groupes scolaires ont quitté les lieux). Voir aussi p. 130.

Nos conseils Visitez la Dinosaurs Gallery en premier, avant qu'elle soit prise d'assaut. Participez à la visite guidée organisée après la fermeture pour voir le musée sous un autre jour.

KOTSOVOLOS PANAGIOTIS/SHUTTERSTOCK ©

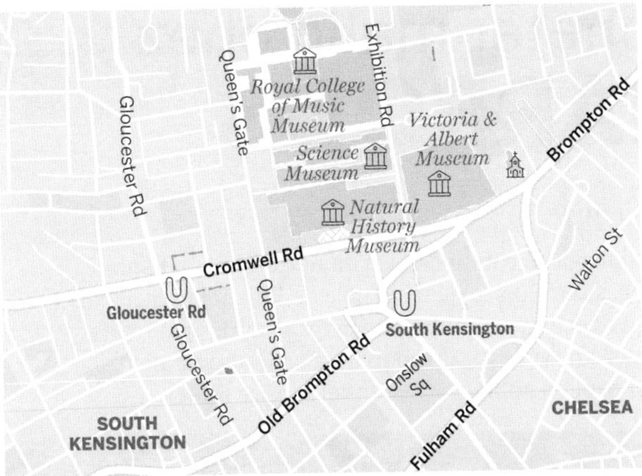

Dinosaurs Gallery Sans conteste l'attraction numéro du Muséum d'histoire naturelle, la Dinosaurs Gallery conduit sur une impressionnante passerelle en hauteur, d'où l'on peut voir un droméosaure avant de tomber sur un rugissant tyrannosaure animatronique. Le parcours serpente ensuite parmi des squelettes, fossiles, moulages et autres présentations en rapport avec les dinosaures.

Et pour voir un autre grand dinosaure, dirigez-vous vers l'Earth Hall : un escalier mécanique mène à une immense sculpture métallique de la Terre. À sa base se trouve le squelette de stégosaure (Sophie pour les intimes) le plus complet au monde.

Parmi les nombreuses sections consacrées à l'évolution des espèces, citons la **Mammals Gallery**, qui conserve une vaste collection de mammifères, éteints ou non, dont un spécimen de diprotodon (wombat géant), le plus grand marsupial connu à ce jour, qui a disparu il y a quelque 25000 ans.

La **Human Evolution Gallery** nous met face à l'étonnante reconstitution du plus vieil *Homo sapiens* mis au jour en Grande-Bretagne, l'homme de Cheddar, qui vécut il y a environ 10 000 ans.

Trônant dans le grand hall d'accueil du Muséum, le squelette d'une baleine bleue, baptisé "Hope" ("Espoir") a été installé en position de plongée pour créer un effet spectaculaire.

À gauche Squelette de baleine bleue dans le Hintze Hall
En bas, à gauche *Tyrannosaurus Rex* animatronique

Architecture

Prenez le temps d'observer le superbe bâtiment de style néo-roman du Natural History Museum, dessiné par Alfred Waterhouse : les piliers ouvragés, bas-reliefs animaliers, sculptures de plantes et bêtes, vitraux et arches sont un chef-d'œuvre. L'imposant hall d'entrée du muséum évoque la nef d'une cathédrale.

22 Acheter malin chez HARRODS

SHOPPING | GASTRONOMIE | MODE

Harrods est un grand magasin connu dans le monde entier, un temple du shopping haut de gamme, situé dans le quartier chic de Knightsbridge. Mais quiconque y vient ne saurait dépenser un million de livres pour des pantoufles incrustées de rubis ou acheter un yacht sur un coup de tête. Heureusement, avec un peu de stratégie, on peut en apprécier l'essentiel sans se ruiner.

STEVE VIDLER/ALAMY STOCK PHOTO ©

En pratique

S'y rendre À deux pas de la station de métro Knightsbridge ; sinon, prenez les bus qui desservent le quartier du même nom.

Quand y aller Harrods est ouvert 7j/7. Préférez le matin pour éviter les heures d'affluence de l'après-midi et de début de soirée ; malgré la foule, les fêtes de fin d'année ont leur charme.

Juste un coup d'œil Le dimanche de 11h30 à midi, quel que soit son budget, on ne fait que regarder : Harrods consacre cette période exclusivement au lèche-vitrines. Voir aussi p. 130.

PEN_85/SHUTTERSTOCK ©

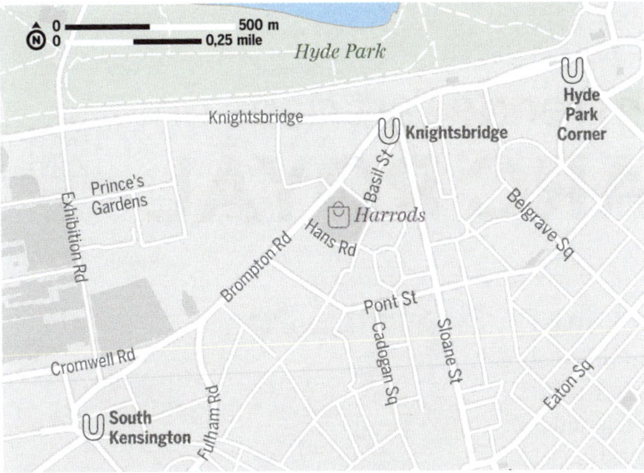

À gauche Comptoir de chocolats
En bas, à gauche Le salon de thé de Harrods

De quoi manger pour toutes les bourses Si Harrods est réputé pour ses objets de collection et sa mode de luxe (souvent hors de prix), ses rayons d'alimentation restent les plus prisés et les plus abordables pour les visiteurs. La rénovation de son célèbre espace de restauration, richement décoré, a duré quatre ans et s'est achevée en 2021. Dernière nouveauté, un **Chocolate Hall** avec une chocolaterie sur place, où l'on peut acheter la classique Gold Bar de Harrods moyennant 10 £. (Une bien meilleure affaire que, par exemple, les barres de chocolat équatorien en édition limitée à 350 £ également vendues sur place.) Achetez des pains et des viennoiseries abordables au **Roastery & Bake Hall**, ou commandez à emporter au **Deli** du Fresh Market Hall et allez pique-niquer non loin, dans Hyde Park.

Souvenirs et soldes Avec plus de 300 départements vendant surtout des objets de luxe, dénicher la bonne affaire chez Harrods peut sembler difficile, voire impossible. En général, il vaut mieux éviter la mode, les articles de maison et les bijoux et se concentrer sur les souvenirs. Ceux siglés Harrods, notamment, sont plutôt meilleur marché que ceux des autres marques présentées. Mais ne négligez pas la saison des soldes pour les vêtements et accessoires qui vous sembleraient inabordables autrement : on peut économiser jusqu'à 50% pendant les vacances d'été et d'hiver en restant à l'affût des promotions (et en arrivant sur place le plus tôt possible).

À faire absolument chez Harrods

Admirer la **façade du bâtiment en journée**, et rêver devant la Mecque londonienne du shopping.

Flâner dans le **Food Halls**, orné de ses carrelages Royal Doulton d'origine.

Trouver la fragrance idéale au **Salon de Parfum**, la principale parfumerie de Londres, sur laquelle règne le célèbre "Professeur de Parfum" Roja Dove, avec des effluves qu'on ne trouve nulle part ailleurs.

Déguster un *afternoon tea* au champagne au **Harrods Tea Room**, cadre élégant idéal pour qui aime observer les allées et venues.

Enfin, admirer la façade du bâtiment la nuit, avec **12 000 ampoules** qui la font scintiller comme dans un conte de fées.

Recommandé par Frank Burgess, *guide touristique Blue Badge chez Premium Tours, @FrankTourGuide*

23 Admirer de l'art dans un PARC ROYAL

NATURE | ART | CULTURE

Kensington Gardens, bordant Hyde Park à l'ouest, dépend du célèbre Kensington Palace, résidence royale depuis le XVIIe siècle. Outre le palais et son vaste parc, ce jardin est aussi un centre d'art, puisqu'on y trouve deux galeries contemporaines d'excellente réputation, et des statues tantôt abstraites, tantôt réalistes, à admirer.

En pratique

S'y rendre Prenez le métro : Lancaster Gate et Queensway (Central line), Bayswater (District), High Street Kensington (Circle, District), ou un des nombreux bus.

Quand y aller Les événements artistiques sont plus nombreux en été (juin-août). Voir aussi p. 130.

Les pouces verts Près de la Serpentine North Gallery, l'*Allotment* ("jardin ouvrier") est un petit jardin communautaire où on peut se détendre et obtenir des conseils pour son propre jardin urbain.

Serpentine Galleries Ces deux grandes galeries d'art contemporain (p. 130) – la **Serpentine Gallery** et la superbe **Serpentine North Gallery** dessinée par l'architecte irako-britannique Zaha Hadid (1950-2016) – séparées par le lac éponyme, sont les seules galeries à se targuer d'être situées dans un parc royal. Depuis 1970, de grands noms de l'art tels que Damien Hirst, Jeff Koons ou Ai Weiwei ont exposé leurs œuvres au cours de plusieurs expositions et événements annuels. Entre les balades interactives

En haut à droite *Magazine*, le restaurant des Serpentine Galleries
À droite Statue de Peter Pan

ARCHITECTE : ZAHA HADID. RON ELLIS/SHUTTERSTOCK ©

ANTON_IVANOV/SHUTTERSTOCK ©

Ne manquez pas The Arch

À l'ouest de la Serpentine North Gallery, en allant vers Long Water, on peut voir l'œuvre de Henry Moore, *The Arch* (1980), sculpture en travertin haute de 6 m, dont Moore a fait don à la Serpentine Gallery après l'exposition organisée pour le 80e anniversaire de l'artiste.

avec commentaires audio, l'animation des soirées "Park Nights" et une librairie d'art réputée, la visite de ces deux galeries est un must pour les amateurs d'art. L'été, la pelouse de la Serpentine Gallery (la plus ancienne des deux) accueille le **Pavilion**, qui présente le travail de talentueux architectes du monde entier.

Peter Pan Depuis 120 ans, le Peter Pan de James Matthew Barrie (1860-1937) prend vie grâce à des livres, des pièces de théâtre et des films. Ce malicieux personnage est le plus célèbre résident des Kensington Gardens (sous forme de statue). Ne ratez pas non plus la sculpture de bronze centenaire qui se dresse du côté ouest de Long Water, qui attire les enfants grâce à une application audio créée en partenariat avec **Talking Statues London** (talkingstatueslondon.co.uk).

24 Boutiques indépendantes à KING'S ROAD

SHOPPING | SORTIES | LUXE

Une première balade dans cette rue commerçante de Chelsea, longue d'environ 3 km et bordée de boutiques de grandes marques et de chaînes de restaurants, pourrait décourager quiconque cherche des lieux un tant soit peu originaux. Or, à y regarder de plus près, on dénichera quelques enseignes indépendantes qui justifient l'exploration de cette artère princière.

MAGDANATKA/SHUTTERSTOCK ©

Saison des fleurs

King's Road est un des meilleurs endroits pour assister à **Chelsea in Bloom** *(chelseainbloom.co.uk)*, manifestation annuelle à la faveur duquel des boutiques du quartier fleurissent leurs vitrines. En mai, pendant une semaine, cette compétition artistique gratuite voit boutiques et cafés de King's Road rivaliser d'arrangements botaniques très élaborés et colorés.

En pratique

S'y rendre La station de métro Sloane Square (lignes District, Circle) est à l'extrémité de King's Road. Les bus qui l'empruntent vous déposeront dans la partie de votre choix. Voir aussi p. 131.

Rock et fringues Découvrez une des premières boutiques de mode punk britannique, World's End, ouverte par l'icône de la mode, Vivienne Westwood.

Sorties Si la plupart des boutiques de mode et des galeries sont fermées le soir, c'est le meilleur moment pour se plonger dans l'animation des bars à cocktails et des restaurants de King's Road.

01 À deux pas de King's Road, **John Sandoe Books** (p. 132) est une charmante librairie à l'ancienne. Elle accueille régulièrement des lancements de livres et des conférences d'auteurs.

02 Il n'y a pas de fermiers au **Chelsea Farmers Market** (p. 131) de Sydney Street. Mais cet ensemble de restaurants en plein air et de boutiques logés dans des conteneurs change de ce qu'on trouve alentour.

03 Le **Cadogan Arms** (p. 132), pub né il y a 140 ans, a fait rénover ses lambris. Sa cuisine est ambitieuse et ses *Sunday roasts* sont toujours excellents. Soirées jazz en live le dimanche.

04 Le plus important vendeur de bijoux et d'objets amérindiens de Londres, **Wilde Ones** (p. 132), se fournit auprès des artistes. On y trouve aussi bien des animaux sculptés que des objets énergétiques. Également, séances de tarots.

05 Assistez à une pièce de théâtre communautaire au **Chelsea Theatre** (p. 132) rénové, à World's End Place. Profitez-en pour jeter un coup d'œil au programme des activités, telles que cuisine en famille ou cours de fitness.

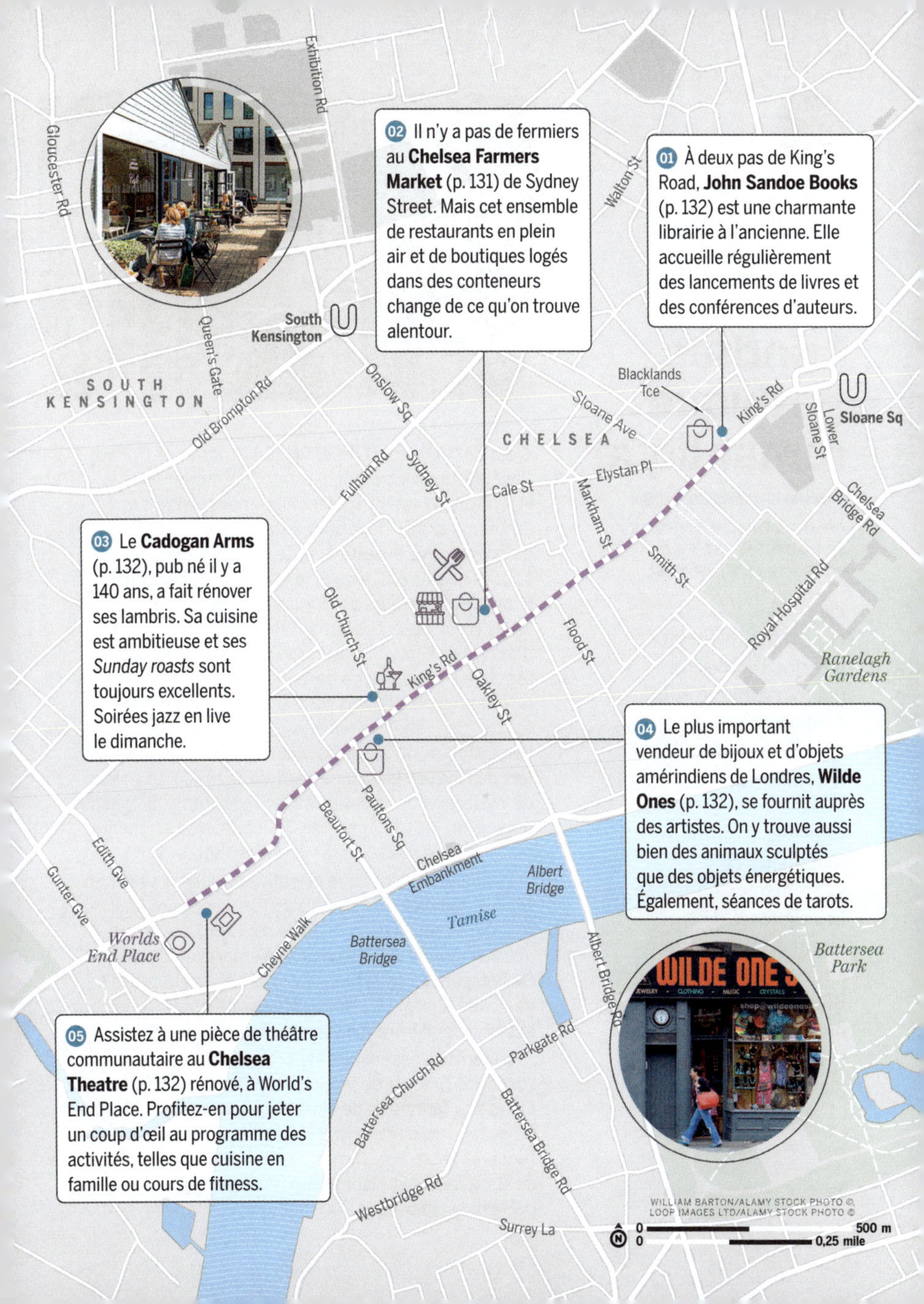

WILLIAM BARTON/ALAMY STOCK PHOTO ©, LOOP IMAGES LTD/ALAMY STOCK PHOTO ©

Par Julia Robson
Julia est rédactrice de mode. Elle nous décrit ici comment Londres est une ville idéale pour remonter le temps… qui convient autant aux vampires qu'aux fans de mode vintage.

KIEV.VICTOR/SHUTTERSTOCK ©

Londres gothique romantique

POURQUOI LE GOTHIQUE LONDONIEN EST À LA FOIS PASSÉ ET ACTUEL

Face à des changements inédits, tels que l'explosion démographique et les épidémies mortelles comme le choléra, c'est le romantisme qui a pris le pas sur les idéologies radicales (communisme, socialisme et anarchisme). Les rigueurs de l'industrialisation ont appris à la Grande-Bretagne victorienne du XIXe siècle à révérer la beauté et tout ce qui met le cœur en émoi.

À gauche Façade du palais de Westminster **Au centre** Keanu Reeves et Gary Oldman dans le *Dracula* de Francis Ford Coppola (1992) **À droite** Highgate Cemetery

C'est *Le Château d'Otrante* (1764), roman de Horace Walpole, qui a introduit le terme "gothique" dans la littérature. Mystère, mélancolie, enfermement et émotions exacerbées sont autant de thèmes récurrents qu'on retrouve ensuite dans les romans à grand succès que furent *Jane Eyre*, roman de Charlotte Brontë et *Les Hauts de Hurlevent*, œuvre de sa sœur Emily (tous deux publiés en 1847). Puis vint le chef-d'œuvre de Mary Shelley, *Frankenstein* (1818), qui rencontra un fort écho dans le public qui découvre les terrifiantes possibilités de la science. Auparavant, le terme "gothique" ne renvoyait qu'à l'architecture. Le néogothique, ou gothique victorien, fit fureur au plus fort de l'industrialisation (vers 1860-1890). Le palais de Westminster en est un superbe exemple. Son aspect renvoie au Moyen Âge, mais il fut construit en même temps que le métro de la ville (vers 1860).

Pendant cette période inventive de l'histoire britannique, la peur que ne disparaisse la verte et plaisante Angleterre d'antan amena à la création de récits curieusement anachroniques et d'une moralité empreinte de religion. De fait, puritanisme, mépris des droits des femmes et pénibilité du travail, alliés à l'obsession britannique pour le statut social, firent naître une remarquable subversion.

Le terme s'est ensuite exporté au cinéma, depuis l'oscarisé *Dracula* de Francis Ford Coppola (1992) jusqu'aux fantaisies de Tim Burton ou à la saga *Twilight*, ou au jeu vidéo (*Final Fantasy*). Mais le roman n'est pas (encore) mort. E. L. James, l'auteur de *Cinquante Nuances de Grey*, se serait inspiré de personnages gothiques pour parfaire le diabolique Christian Grey. La tension sexuelle

PHOTO 12/ALAMY STOCK PHOTO ©

JUST ANOTHER PHOTOGRAPHER/SHUTTERSTOCK ©

sous-jacente des comportements humains du Dr Jekyll et de Mr Hyde (de l'histoire effrayante écrite par Robert Louis Stevenson) reflète les théories alors à la mode de Freud et Jung. Ceux de l'époque victorienne furent baptisés "les derniers romantiques". À l'heure de la quatrième révolution industrielle, qui brouille les frontières entre réel et virtuel, on peut les imaginer nous sourire depuis le fond de leur tombe.

Entre brouillard, Jack l'Éventreur, calèches brinquebalant sur les pavés, danger qui rôde... la capitale britannique est un parfait décor gothique, comme en atteste la comédie d'horreur de John Landis, *Le Loup-garou de Londres* (1981). Il reste ici maints bâtiments de l'époque victorienne. On imagine facilement Sherlock Holmes fouiner au 221b Baker St, ou le professeur Van Helsing entrer dans le cimetière hanté de Highgate pour enfoncer un pieu dans le cœur d'une Lucy Westenra devenue vampire (comme dans le livre de Bram Stoker, *Dracula,* de 1897).

Entre brouillard, Jack l'Éventreur, calèches brinquebalant sur les pavés, danger qui rôde... la capitale britannique est un parfait décor gothique.

Tony Glenville, historien de la mode, pense que la famille royale britannique a aussi joué un grand rôle. C'est la reine Victoria qui a lancé le culte du noir. Et la robe bustier entièrement noire dessinée par Christina Stambolian, qu'a portée la princesse Diana en 1994, est peut-être le vêtement le plus iconique du gothique, à moins que ce ne soit sa robe de mariage royal (exposée au palais de Kensington) en taffetas de soie ivoire, avec ses manches bouffantes, sa traîne de près de 8 m et son long voile de tulle.

Jack l'Éventreur et la mode gothique macabre

Dans son livre référence, *The Victorians* (2003), A. N. Wilson parle de la "fascination pornographique pour les meurtres de Jack l'Éventreur". La collection présentée par Alexander McQueen pour son diplôme de Central Saint Martins en 1992, était baptisée "Jack l'Éventreur traquant ses victimes". Le futur créateur de mode internationale y utilisait des mèches de cheveux cousues dans les vêtements, référence aux prostituées du XIXe siècle qui vendaient leur chevelure. "Je trouve de la beauté dans le grotesque", déclara-t-il un jour. L'esthétique gothique sombre de McQueen s'est aussi inspirée des asiles d'aliénés, des monstres de cirque, des music-halls, des crinolines et des corsets de l'époque victorienne.

Carnet d'adresses

Les grands classiques (p. 116)

Apsley House

(☎ 020-7499 5676 ; www.english-heritage.org.uk/visit/places/apsley-house ; 149 Piccadilly, Hyde Park Corner ; adulte/enfant 10,50/6,30 £, avec Wellington Arch 13,60/8,20 £ ; ⏲ 11h-17h mer-dim avr-oct, 10h-16h sam-dim nov-mars ; Ⓤ Hyde Park Corner)

Hyde Park

(www.royalparks.org.uk/parks/hydepark ; ⏲ 5h-minuit ; Ⓤ Marble Arch, Hyde Park Corner, Knightsbridge ou Queensway)

Kensington Palace

(www.hrp.org.uk/kensington-palace ; Kensington Gardens, adulte/enfant 21,50/10,70 £, tarifs réduits lun-ven après 14h ; ⏲ 10h-18h, 10h-16h nov-fév ; Ⓤ High St Kensington)

Natural History Museum

(www.nhm.ac.uk ; Cromwell Rd ; ⏲ 10h-17h50 ; Ⓤ South Kensington) GRATUIT

Royal Albert Hall

(☎ 0845 401 5034, billetterie 020-7589 8212 ; www.royalalberthall.com ; Kensington Gore ; visite guidée 1 heure ; adulte/enfant 14,25/7,25 £ ; ⏲ ttes les heures 9h30-16h30 avr-oct, 10h-16h nov-mars ; Ⓤ South Kensington)

Victoria & Albert Museum

(☎ 020-7942 2000 ; www.vam.ac.uk ; Cromwell Rd ; ⏲ 10h-17h45 sam-jeu, 10h-22h ven ; Ⓤ South Kensington)

Visites et découvertes

Harrods

Voir p. 122. (☎ 020-7730 1234 ; www.harrods.com ; 87-135 Brompton Rd ; ⏲ 10h-21h lun-sam, 11h30-18h dim ; Ⓤ Knightsbridge)

National Army Museum

Découvrez les tribulations et hauts faits de l'armée britannique dans cette série de galeries proches du Royal Hospital Chelsea. Avec des sections faites pour les enfants. (☎ 020-7730 0717 ; www.nam.ac.uk ; Royal Hospital Rd ; ⏲ 10h-17h30, 10h-20h 1er mer du mois ; Ⓤ Sloane Square) GRATUIT

Royal College of Music

Voir p. 118. (☎ 020-7591 4346, 020-7591 4300 ; www.rcm.ac.uk ; Prince Consort Rd ; Ⓤ South Kensington)

Serpentine Galleries

Voir p. 124. (☎ 020-7402 6075 ; www.serpentinegalleries.org ; Kensington Gardens ; ⏲ 10h-18h mar dim ; Ⓤ Lancaster Gate ou Knightsbridge) GRATUIT

Science Museum

Émerveillez-vous en famille dans ce musée d'Exhibition Road. En plus de l'épatante collection d'objets scientifiques, on y trouve des simulateurs de vol, des expériences à suivre en direct et un cinéma IMAX. (☎ 020-7942 4000 ; www.sciencemuseum.org.uk ; Exhibition Rd ; ⏲ 10h-18h mer-dim ; Ⓤ South Kensington) GRATUIT

Cosmonaute et engin spatial, Science Museum

Bien manger

Claude Bosi at Bibendum £££

Un énorme Bibendum (le "bonhomme Michelin") de vitrail domine ce spacieux restaurant de Chelsea. Dans l'ancien siège de la marque de pneus, C Bosi crée une délicieuse grande cuisine française. (020-7581 5817 ; claudebosi.com ; Michelin House, 81 Fulham Rd ; 12h-13h30 mer-sam, plus 18h30-21h mer-jeu et 18h30 21h30 ven-sam ; South Kensington)

Dinner by Heston Blumenthal £££

Joyau culinaire du Mandarin Oriental Hyde Park, près de la station Knightsbridge, c'est un des plus grands temples de la gastronomie au monde. Réservez longtemps à l'avance pour découvrir la cuisine pétrie d'histoire, étoilée au Michelin, de H Blumenthal. (020-7201 3833 ; www.dinnerbyheston.com ; Mandarin Oriental Hyde Park, 66 Knightsbridge ; 12h-14h15 et 18h-21h30 dim-mer, 12h-14h30 et 18h-22h jeu-sam ; ; Knightsbridge)

Market Hall Victoria £

On trouve dans cet espace d'alimentation tendance de nombreux stands goûteux et bon marché. Emportez votre commande sur la grande terrasse pour avoir une belle vue sur la station Victoria, en face. (markethalls.co.uk/venue/victoria ; 191 Victoria St ; 10h-22h dim-mar, 10h-23h mer-ven, 10h30-23h sam ; Victoria)

Pantechnicon ££

Il y a cinq niveaux, au chic minimaliste, à explorer dans ce "village" des cuisines et des cultures japonaises et nordiques de Belgravia, avec un bar en toit-terrasse, un caviste japonais et un restaurant fusion. (020-7034 5425 ; www.pantechnicon.com ; 19 Motcomb St ; 9h-minuit lun-ven, 10h-minuit sam, 10h-23h dim ; Knightsbridge)

Phat Phuc Noodle Bar £

Le nom de ce restaurant pan-asiatique a beau faire sourire les anglophones (il signifie

Eccleston Yards

CKTRAVELS.COM/SHUTTERSTOCK ©

"Bouddha heureux" en vietnamien), ce bijou bon marché niché en retrait de King's Road concocte de délicieux *phos*, entre autres, pour moins de 10 £. (020-7351 3843 ; www.phatphucnoodlebar.co.uk ; 151 Sydney St, Chelsea ; 11h-19h tlj ; South Kensington ou Sloane Square)

Rabbit ££

Savourez une cuisine bucolique "de la ferme à l'assiette", en plein cœur de King's Road, à Chelsea. C'est la vitrine gastronomique du West Sussex, où on produit les viandes (en élevage écoresponsable) et quelques vins de la carte. (020-3750 0172 ; www.rabbit-restaurant.com ; 172 King's Rd ; 17h-22h30 lun, 12h-15h et 17h-22h30 mar-sam, rôti dominical 12h-20h dim ; Sloane Sq)

Regency Café £

Cette gargote sans chichis entre Pimlico et Westminster est une institution depuis les années 1940. Un des meilleurs endroits pour un petit-déjeuner anglais. (020-7821 6596 ; www.regencycafelondon.com ; 17-19 Regency St, Westminster ; 7h-14h30 et 16h-19h15 lun-ven, 7h-12h sam ; Pimlico)

Une virée sur King's Road

Chelsea Farmer's Market

Voir p. 127. (125 Sydney St ; 9h30-18h30 lun-ven, 9h30-20h sam-dim ; Sloane Square ou South Kensington)

Chelsea Theatre

Voir p. 127. (☎ 020-7352 1967 ; www.chelseatheatre.org.uk ; 7 World's End Pl ; Ⓤ Sloane Square ou Earl's Court)

John Sandoe Books

Voir p. 127. (☎ 020-7589 9473 ; johnsandoe.com ; 10-12 Blacklands Tce ; ⏲ 9h30-17h30 lun-sam, 11h-17h dim ; Ⓤ Sloane Square)

The Cadogan Arms

Voir p. 127. (☎ 020-3148 2630 ; thecadoganarms.london ; 298 King's Rd ; ⏲ 12h-23h lun-jeu, 12h-minuit sam, 12h-21h dim ; Ⓤ South Kensington)

Wilde Ones

Voir p. 127. (☎ 020-7352 9531 ; www.wildeones.com ; 283 King's Rd ; ⏲ 10h-18h lun-sam, 12h-18h dim ; Ⓤ Sloane Square)

À l'heure du thé

Afternoon Tea at The Goring £££

Un classique parmi les classiques, dans un hôtel très apprécié de la famille royale. Pour faire encore plus raffiné, prenez le Bollinger Afternoon Tea, avec fraises à la crème et champagne rosé. (☎ 020-7769 4485 ; www.thegoring.com/food-drink/afternoon-tea ; 15 Beeston Pl ; ⏲ 15h30, 16h, 16h30 et 17h lun-ven, 13h-16h sam, 13h-17h dim ; Ⓤ Victoria)

Prêt-à-Portea at The Berkeley £££

Un *afternoon tea* fait pour les amateurs de haute couture, proposé dans un hôtel cinq étoiles de Knightsbridge. Mini-gâteaux en forme de talons aiguilles, de sacs à main de marque et de robes, en "collections" de saison. (☎ 020-7107 8866 ; www.the-berkeley.co.uk/restaurants-bars/afternoon-tea ; Wilton Pl, Knightsbridge ; ⏲ 13h-17h30 tlj ; Ⓤ Knightsbridge)

The Kensington's London Landmarks Afternoon Tea £££

Dégustez (littéralement) la capitale britannique avec ce thé unique accompagné de gâteaux représentant Big Ben (tarte au *lemon curd*) ou les cabines téléphoniques rouges (mousse à la rhubarbe). (☎ 020-7589 6300 ; townhousekensington.com/london-landmarks-afternoon-tea ; 109-113 Queen's Gate ; ⏲ 13h-17h tlj ; Ⓤ South Kensington)

Pause spa

Ilapothecary Spa

Immersions sonores et soins corporels personnalisés sont au menu de ce spa du principal magasin de cette chaîne, un agréable espace, tout habillé de bois, de Kensington High Street. (☎ 020-7342 68395 ; www.ilapothecary.com ; 99 Kensington Church St ; ⏲ 11h-18h mar-ven, 10h-17h sam ; Ⓤ Notting Hill Gate)

The Lanesborough Club & Spa

Le centre de bien-être le plus exclusif et le plus luxueux de Londres est à Hyde Park Corner. On le dit peu, mais on peut réserver des pass à la journée et des forfaits spa sans en être membre. (☎ 020-7333 7064 ; www.lanesboroughclubandspa.com ; 2 Lanesborough Pl ; ⏲ 6h-22h lun-ven, 7h-21h sam-dim ; Ⓤ Hyde Park Corner)

Ushvani

Ce lieu de repos d'inspiration malaisienne se cache derrière une épaisse porte de bois, près de Sloane Square, à Chelsea. Il est ouvert

NEIL SETCHFIELD/LONELY PLANET ©

Restaurant Bellini, Kensington Court

à tous mais le sauna et les bassins sont réservés aux femmes. (020-7730 2888 ; www.ushvani.com ; 1 Cadogan Gardens, Knightsbridge ; 10h-19h lun-mar et jeu-ven, 10h-18h sam ; Sloane Square)

Côté style

Eccleston Yards

Depuis son ouverture en 2018, cet espace en plein air a apporté une animation bienvenue dans Belgravia, quartier à l'élégance autrement discrète. Boutiques de mode, petits restaurants et ateliers de yoga s'y partagent une cour ornée de peintures murales. (020-7312 6360 ; www.facebook.com/ecclestonyards/ ; 21 Eccleston Pl ; 6h-minuit lun-sam, 7h-23h dim ; Victoria ou Sloane Square)

Harvey Nichols

Souvent négligé au profit de Harrods, une rue plus loin dans Knightsbridge, ce grand magasin moins touristique propose lui aussi mode de luxe, produits de beauté et cadeaux, avec des restaurants au cinquième niveau.

SUSANNAH V. VERGAU/PHOTOSADRE ©

Five o'clock tea, avec sandwichs, pâtisseries et scones

(020-7335 5000 ; www.harveynichols.com ; 109-125 Knightsbridge ; 10h-20h lun-sam, 11h30-18h dim ; Knightsbridge)

Worn

L'élégance est (un peu) moins chère dans ce magasin de vêtements d'occasion haut de gamme de Lowndes St, avec des marques allant de Hermès à Victoria Beckham. (officiallyworn.co.uk ; 13 Lowndes St ; 12h-17h mar-dim ; Knightsbridge)

IMPORTERS
Dexters
DONOVAN BROS
PAPER BAGS
NHA-MOR
Thai street food & noodle bar
STRONG CARRIER BAGS
ENGLISH
WINES

CLERKENWELL, SHOREDITCH ET SPITALFIELDS

HISTOIRE | CUISINE | MUSIQUE

CLERKENWELL, SHOREDITCH ET SPITALFIELDS à la carte

INCONTOURNABLES ET TRÉSORS CACHÉS

À la fois chargé d'histoire et fort de lieux de concerts modernes, de bars originaux, de boutiques indépendantes et de bons restaurants, ce quartier a tout pour plaire. Et même si d'aucuns disent qu'il aurait perdu de son intérêt, habitants et visiteurs lui restent fidèles.

En pratique

Sur place La musique, la cuisine et les bars. Entre restaurants, cafés, comptoirs de rue, marchés et stands, le quartier est une vitrine culinaire sur le monde.

Transports Prenez les lignes de métro Northern, District et Hammersmith & City.

Comment circuler Visitez-le de préférence à pied ou à vélo : les sens uniques sont plus faciles à négocier.

À savoir C'est un quartier idéal pour sortir le soir. Les Londoniens font rarement la fête dans le centre et préfèrent des salles plus petites et plus originales, telles celles qu'on trouve ici.

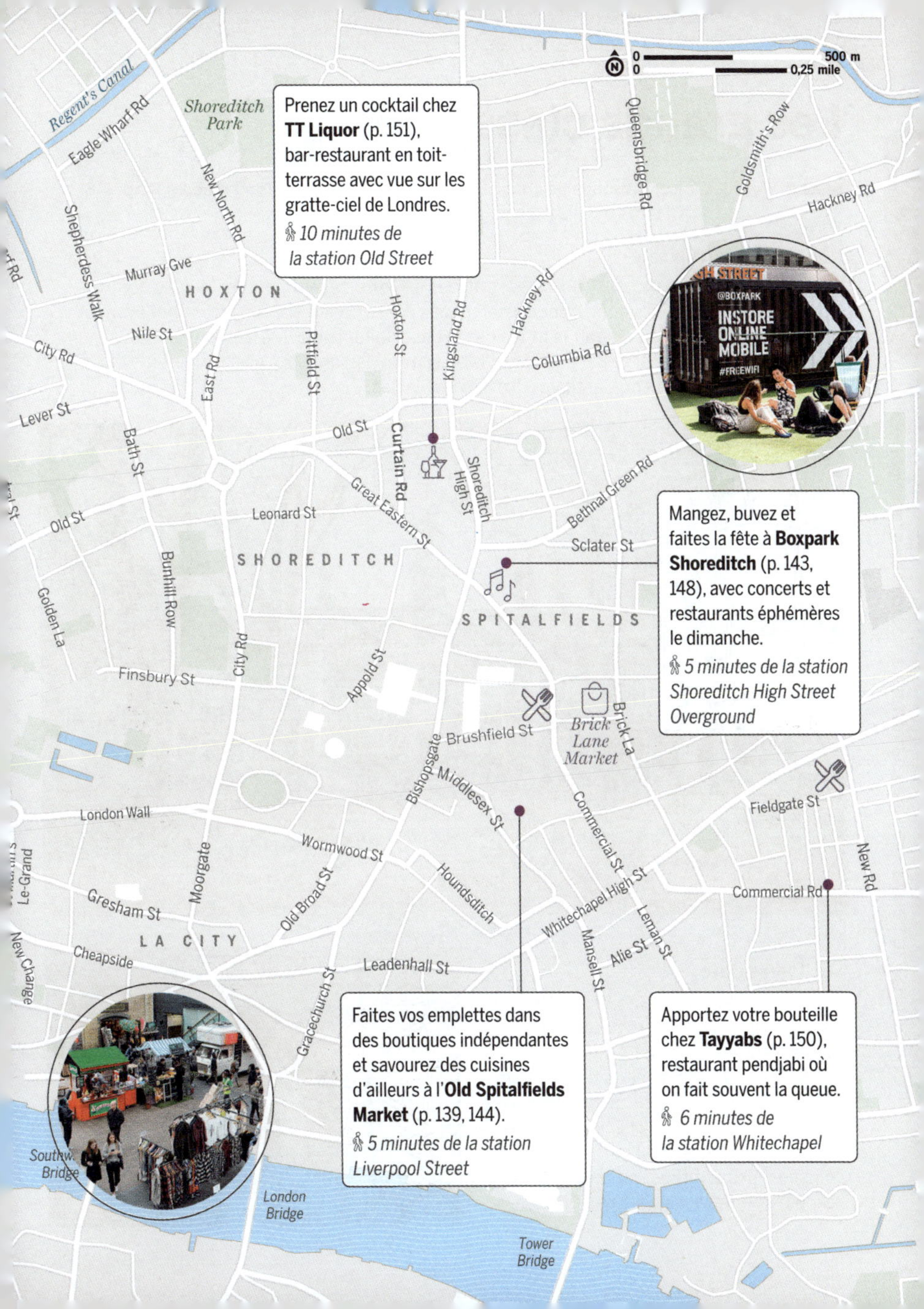

Prenez un cocktail chez **TT Liquor** (p. 151), bar-restaurant en toit-terrasse avec vue sur les gratte-ciel de Londres.
10 minutes de la station Old Street

Mangez, buvez et faites la fête à **Boxpark Shoreditch** (p. 143, 148), avec concerts et restaurants éphémères le dimanche.
5 minutes de la station Shoreditch High Street Overground

Faites vos emplettes dans des boutiques indépendantes et savourez des cuisines d'ailleurs à l'**Old Spitalfields Market** (p. 139, 144).
5 minutes de la station Liverpool Street

Apportez votre bouteille chez **Tayyabs** (p. 150), restaurant pendjabi où on fait souvent la queue.
6 minutes de la station Whitechapel

Les grands classiques

Pour les infos pratiques de chaque site, reportez-vous au *Carnet d'adresses* p. 148.

Museum of the Home

Ces splendides *almshouses* (hospices) drapées de lierre, récemment restaurées, furent construites en 1714 pour héberger les personnes âgées pauvres. Deux pièces notamment ont été meublées pour refléter le mode de vie des habitants qui y résidaient dans les années 1770 et 1880, avec par exemple des bougies et des lampes à gaz d'origine. Le jardin à l'arrière reflète la vie domestique à travers les siècles.

DRIMAFILM/SHUTTERSTOCK ©

St John's Gate

Cette porte Tudor date de 1504. Au XIIe siècle, les Chevaliers hospitaliers avaient installé un prieuré sur ce site et la porte fut construite pour en rehausser l'entrée. De nombreuses personnalités (dont William Hogarth et Charles Dickens) fréquentèrent le lieu. À l'intérieur, un petit musée – des armures sont notamment exposées – retrace l'histoire de l'ordre.

DOUG MCKINLAY/LONELY PLANET ©

Dennis Severs' House

Les 10 pièces de cette maison georgienne abondent en détails de la vie quotidienne d'une famille de tisserands du XVIIIe siècle. L'artiste Dennis Severs, qui a acheté la maison en 1979, y vécut à la façon de ses occupants d'origine. Les visites nocturnes à la bougie créent une ambiance particulière.

NEIL SETCHFIELD/LONELY PLANET ©

Charterhouse

À Clerkenwell, ce monastère (XIVe siècle) est le lieu de sépulture pour les victimes de la grande épidémie de peste noire. Plus tard, on en fit une école pour garçons et un hospice. Le petit musée, la chapelle et la cour principale sont libres d'accès. Les visites permettent de découvrir les pièces et cours historiques ainsi que le cloître.

DOUG MCKINLAY/LONELY PLANET ©

ELENA ROSTUNOVA/SHUTTERSTOCK ©

Old Spitalfields Market

Présent depuis 1638, ce marché demeure l'un des plus appréciés de Londres. Le dimanche est le jour le plus animé, le jeudi celui des antiquaires et le vendredi (un sur deux) celui des vinyles. De grands noms de la cuisine de rue s'y sont installés et les dix stands d'alimentation de Kitchens changent agréablement des restaurants quelconques alentour.

25 DÉCOUVRIR L'HISTOIRE de Clerkenwell

CUISINE | HISTOIRE | MYSTÈRE

Entre rues arborées, bâtiments anciens, un théâtre (le Sadler's Wells) et un marché d'alimentation, Clerkenwell réserve des surprises à chaque coin de rue. On y trouvera une prison pour femmes transformée en école, un hôtel de ville Art déco et les vestiges d'un hôpital du XIIe siècle construit pour les pèlerins qui se rendaient à Jérusalem.

JOE DUNCKLEY/SHUTTERSTOCK ©

Exmouth Market

À Clerkenwell, **Exmouth Market** est un marché d'alimentation dont les stands de cuisines indiennes, méditerranéennes et autres, s'installent dans les rues, en semaine. Mais mieux vaut venir avant 13h, tout part très vite. Le marché, qui se tient dans la rue éponyme, s'anime quand les restaurants commencent leur service du soir.

En pratique

S'y rendre La station de métro Angel, sur la Northern Line est la plus proche de Clerkenwell. Un peu plus éloignée, Farringdon est sur les lignes de métro Circle, Hammersmith & City et Metropolitan.

Quand y aller La semaine du Design de Clerkenwell présente, chaque année en mai, des architectes et des marques de design indépendantes de Grande-Bretagne et du monde entier.

Notre conseil Ne manquez pas d'aller dîner au superbe Sessions Arts Club, à Clerkenwell.

01 L'Old Finsbury Town Hall (p. 148) est un mélange des styles baroque et Art nouveau, avec une jolie marquise de verre et de métal, à l'entrée. Le bâtiment est fermé au public.

02 St John's Gate (p. 138, 148) était l'entrée d'un grand prieuré. Son musée est ouvert de 10h à 17h, du jeudi au samedi.

03 Smithfield Market (p. 148) se distingue d'autres lieux. Ici, se déroulaient des exécutions publiques – et l'on y venait vendre son épouse lorsque le divorce était trop coûteux. Aujourd'hui, c'est un marché de viande en gros.

04 Ancien fumoir, le **St John Bar & Restaurant** (p. 150) propose une cuisine britannique saisonnière, avec une carte renouvelée chaque jour.

05 Dans la célèbre comptine anglaise *Pop! Goes the Weasel* (Ainsi va la belette), certains vers renverraient à l'**Eagle Pub** (p. 151).

26 Aller à un concert à SHOREDITCH

MUSIQUE | COCKTAILS | VIE NOCTURNE

Classique, jazz, soul ou électro-pop, vous trouverez à Shoreditch des concerts à votre goût, avec des groupes en live, des DJ, des spectacles de cabaret, des comiques et même des scènes ouvertes. Peu d'endroits nécessitent de prendre son billet à l'avance : vous pourrez assez aisément arriver à l'improviste.

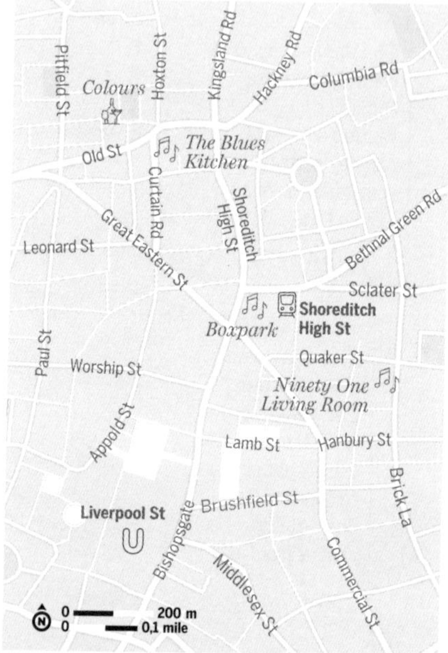

En pratique

S'y rendre Station de métro Old Street, sur la Northern Line. Les bus de nuit n°23, N11 et N133 partent de Liverpool Street, à proximité.

Quand y aller Shoreditch commence à s'animer le soir à partir de 18h, même en semaine. Le quartier est idéal le week-end pour un verre en début de soirée, et la plupart des lieux servant à manger ouvrent à partir de midi.

Notre conseil À Shoreditch, passez d'un bar et d'un club à l'autre. Il ne vous faudra souvent faire que quelques pas.

Pas besoin de prévoir ses sorties Shoreditch abonde en lieux de concerts, clubs avec DJ et cabarets : vous pourrez souvent les découvrir sans réserver de billet. Si les spectacles les plus courus requièrent une réservation, on peut prendre son billet au dernier moment presque partout ailleurs. Et comme les établissements sont proches les uns des autres, on peut sans peine prendre un verre sur un toit-terrasse avant d'aller assister à un concert, puis terminer par un spectacle de cabaret, le tout en une seule soirée.

En haut, à droite Jack Broadbent en concert au Blues Kitchen **À droite** Concert à Boxpark Shoreditch

OLLIE MILLINGTON/REDFERNS/GETTY IMAGES ©

SHAKEYJON/ALAMY STOCK PHOTO ©

Fin de soirée jazz

À la Truman Brewery, le **Ninety One Living Room** (p. 148) est un club réputé qui propose des concerts de jazz en fin de soirée. En semaine, les cocktails sont à 5 £ de 17h à 19h. Consultez le programme pour les événements particuliers, tel le London Jazz Festival.

Réjouissances à toute heure Si vous aimez faire la fête en journée, **Boxpark Shoreditch** (p. 148) affiche des événements allant des soirées quiz aux DJ, l'après-midi et le soir. RCRD Shop y organise des fêtes (Sundaze) le dimanche de 15h à 20h, avec des musiciens accompagnant de nouveaux talents R&B ou néo-soul. L'ambiance est bonne, et il y a des stands d'alimentation, de vêtements et de cadeaux. Au **Blues Kitchen** (p. 148), se produisent, le soir venu, de bons artistes de blues et de soul. La plupart des concerts sont gratuits : entrez donc !

Pour prolonger Le bar-club **Drag it out Colours** (p. 148) se targue d'une excellente programmation de concerts et d'événements (travestis, cabaret, etc.), avec des artistes qui montent ou déjà connus (prenez vos billets à l'avance). Les mercredis et jeudis, les cocktails sont à 5 £ toute la soirée.

27 FESTIVAL DE SAVEURS à Spitalfields

HISTOIRE | CUISINE | DIVERSITÉ

Difficile de croire qu'on trouvait autrefois, à Spitalfields, une rue dite la “pire de Londres” (Dorset St), où Juifs, Irlandais et immigrants huguenots vivaient dans la misère, et où Jack l'Éventreur commit son dernier meurtre répertorié. Aujourd'hui, des populations venues d'ailleurs continuent de faire vivre le quartier et enrichissent sa cuisine de leurs traditions propres.

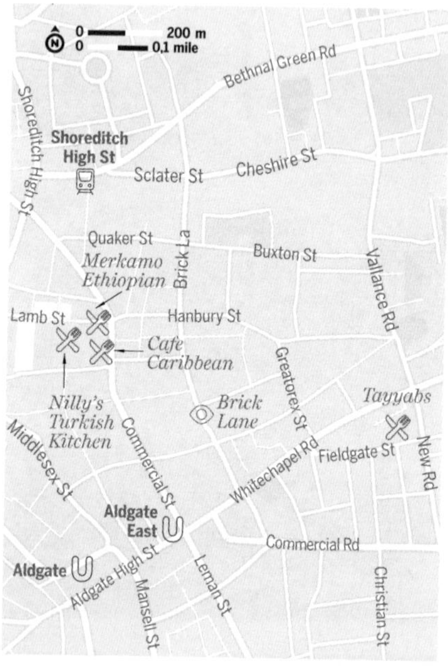

En pratique

S'y rendre Stations de métro Aldgate East et Whitechapel, lignes District, Hammersmith & City.

Comment circuler Le quartier est plaisant à vélo mais se visite plutôt à pied. Les bus sont fréquents et desservent bien le centre de Londres et au delà. Les nombreux taxis sont aussi un bon moyen de circuler.

Notre conseil On trouve à l'Old Spitalfield Market une cuisine artisanale et des souvenirs de qualité, le tout vendu par de petites échoppes indépendantes.

Spitalfields est l'endroit idéal pour goûter un peu à tout, avec des restaurants, des cuisines de rue et des stands offrant des saveurs du monde entier. Envie de Jamaïque ? Allez au **Cafe Caribbean** (p. 149), qui propose une cuisine maison de la région de St Catherine, ainsi que des classiques comme la morue salée à l'aki ou le *rice and peas* (riz aux pois). **Tayyabs** (p. 150) sert, au même endroit depuis 1972, des curries du Pendjab, des *naans* (pains plats) et des grillades à prix

En haut à droite Côtes d'agneau au restaurant *Tayyabs*
À droite Merkamo, stand de cuisine éthiopienne

MARC ZAKIAN 2/ALAMY STOCK PHOTO ©

JULIO ETCHART/ALAMY STOCK PHOTO ©

Brick Lane

Brick Lane est réputée pour ses petits restaurants de curry, ses boutiques de vêtements vintage, ses galeries d'art et ses lieux de concerts. Il est très plaisant, le dimanche notamment, de se mêler aux Londoniens qui, par beau temps, aiment à y chiner ou à prendre une bière dehors. Le quartier a également la faveur des artistes et créatifs.

raisonnable. Le lieu est très prisé le soir et le week-end, soyez prêt à attendre pour une table ou pour commander à emporter. Apportez votre boisson alcoolisée.

Les végétaliens apprécieront **Merkamo Ethiopian** (p. 149 ; Old Spitalfields Market), établissement primé, avec des plats traditionnels revisités. La carte comprend plusieurs sections : riche en protéines et pauvre en glucides, moitié-moitié, assiettes de légumes. **Nilly's Turkish Kitchen** (p. 149 ; Old Spitalfields Market) sert les wraps turcs traditionnels comme à Istanbul. Certains sont garnis de viande ou de poisson, mais c'est le *gözleme* sans viande, au fromage et à la pomme de terre, qui est le plus prisé.

Street art à SHOREDITCH

01

02

03

01 Octopus Eating an Ice Lolly
À l'extérieur de Petticoat Lane Market, dans Toynbee St, une peinture de l'artiste polonais Woskerski, qui penche vers le surréalisme.

02 Silent Sea
Inspirée par les dures conditions des orques en captivité, cette œuvre de Jim Vision dans Jerome St fait partie de sa série *Colourful Women*.

03 Black Lives Matter
Autre peinture de Jim Vision, cette affirmation politique, sur les traces du mouvement éponyme, se trouve dans Whitby St.

04 Political Sanitiser
Une œuvre à connotation politique, d'auteur inconnu.

04

05

06

07

05 Wu Tang Clan
C'est Dave Bonzai qui a créé ce logo en chrome liquide pour le Wu Tang Clan, groupe de hip-hop. La peinture se trouve à Corbet Pl.

06 Audrey Hepburn Holding Tulips
Peint sur la Brick Lane Brasserie, c'est un bon exemple du style de Zabou, artiste française vivant à Londres, inspirée ici par une photo de Yousuf Karsh.

07 The Pink Bear
On peut voir l'animal fétiche de Luap, artiste travaillant peinture, sérigraphie et photo, sous un pont de Bateman's Row.

Carnet d'adresses

Les grands classiques (p. 138)

Charterhouse

(020-7253 9503 ; www.thecharterhouse.org ; 3 Charterhouse Sq ; 11h-17h20 mar-dim ; U Barbican) GRATUIT

Dennis Severs' House

(020-7247 4013 ; www.dennisevershouse.co.uk ; 18 Folgate St ; jour/soir 10/15 £ ; 12h-14h et 17h-21h lun, 17h-21h mer et ven, 12h-16h dim ; U Liverpool St)

Museum of the Home

(020-7739 9893 ; www.museumofthehome.org.uk ; 136 Kingsland Rd ; 10h-17h mar-dim ; U Hoxton) GRATUIT

Old Spitalfields Market

(www.oldspitalfieldsmarket.com ; Commercial St ; 10h-20h lun-ven, 10h-18h sam, 10h-17h dim ; U Liverpool St, Shoreditch High St ou Aldgate East)

St John's Gate

(0 ; www. ; 3 Thornton St ; adulte/enfant 12,50/7,50 £ ; 11h- 15h ; U Stratford)

Sorties et découvertes

Boxpark Shoreditch

Voir p. 143. (www.boxpark.co.uk/shoreditch ; 2-10 Bethnal Green Rd ; 8h-23h lun-sam, 10h-22h dim ; U Shoreditch High St)

Drag it out Colours

Voir p. 143. (020-7613 0709 ; colourshoxton.com ; 2-4 Hoxton Sq ; 17h-minuit mar-mer, 17h-1h jeu, 16h-2h ven, 16h30-2h sam ; U Old St, Hoxton ou Shoreditch High St)

Ninety One Living Room

Voir p. 143. (020-7770 6107 ; 91livingroom.com ; 91 Brick Ln ; 9h-23h30 lun-jeu, 9h-2h ven, 12h-2h sam, 12h-22h30 dim ; U Shoreditch High St)

Old Finsbury Town Hall

Voir p. 141. (020-7713 7710 ; www.theoldfinsburytownhall.co.uk ; Rosebery Ave ; fermé au public ; U Farringdon)

Postal Museum & Mail Rail

Le Post Office Railway, fermé en 2003, acheminait le courrier. Rénové, il transporte aujourd'hui des visiteurs le long de voies méconnues, sous le centre de tri. Le musée retrace l'histoire du système postal britannique. (0300 0300 700 ; www.postalmuseum.org ; 15-20 Phoenix Pl ; adulte/enfant 17/10 £ ; 10h-17h ; U Farringdon)

Sadler's Wells

Voir p. 140. (020-7863 8000 ; www.sadlerswells.com ; Rosebery Ave ; U Angel)

Smithfield Market

Voir p. 141. (020-7248 3151 ; www.smithfieldmarket.com ; Grand Ave ; minuit-7h lun-ven ; U Barbican)

The Blues Kitchen

Voir p. 143. (020-7729 7216 ; thebluesktichen.com/shoreditch ; 134-146 Curtain Rd ; 12h-minuit lun-mer, 12h-1h jeu, 12h-2h30 ven, 10h-3h sam, 10h-23h30 dim ; U Old St ou Shoreditch High St)

STUART FREEDMAN/GETTY IMAGES ©

F Cooke

Bonnes tables

Cafe Caribbean

Voir p. 144. (020-7377 6443 ; cafe-caribbean.com/caribbean-spitalfields ; Old Spitalfields Market ; 11h 17h mar dim ; Shoreditch High St, Liverpool St ou Aldgate East)

Christina's Shoreditch £

Un établissement ouvert en continu, idéal pour un café ou un cocktail. Sirotez un expresso, un *chai latte* ou un *moriuchi koucha* (thé noir japonais) avec un dessert acheté à la Chestnut Bakery. (020-3988 4455 ; www.sbe.com/restaurants/christinas/shoreditch ; 45 Curtain Rd ; 8h-minuit lun-mer, 8h-1h jeu-ven, 9h-1h sam, 9h-minuit dim ; Old St ou Shoreditch High St)

E Pellicci £

Peu d'endroits reflètent autant la vraie tradition des cafés britanniques que Pellicci, à Bethnal Green. On y mange aussi bien un petit-déjeuner anglais typique, que des lasagnes italiennes. (020-7739 4873 ; epellicci.co.uk ; 332 Bethnal Green Rd ; 8h-16h lun-sam ; Bethnal Green)

F Cooke £

Goûtez un traditionnel *pie, mash and gravy* (tourte et purée en sauce) de l'East End dans ce café de Hoxton. C'est l'un des rares endroits à servir encore de vieux classiques comme les anguilles en gelée. (020-7729 7718 ; 150 Hoxton St ; 11h-17h mer-ven, 10h-18h sam ; Hoxton)

Leroy ££

Ce restaurant de Shoreditch, tenu par deux sommeliers et orienté sur une cuisine d'une brillante simplicité, a obtenu une étoile au Michelin en 2019, un an après son ouverture. Les déjeuners de deux plats sont à partir de 24 £ par personne seulement. (020-7739 4443 ; www.leroyshoreditch.com ; 18 Phipp St ; 12h-14h30 mar-sam et 18h-21h45 lun-sam ; Old St ou Shoreditch High St)

ALEX SEGRE/ALAMY STOCK PHOTO ©

E Pellicci

Map Maison £

Excellent bar à cocktails de Kingsland Rd, à Haggerston, avec de très bons mixologues et une carte de cocktails inspirée du Japon. On peut aussi y déguster des tapas (à toute heure), un brunch ou un délicieux *afternoon tea*. (020-7241 1441 ; www.mapmaison.com ; 321 Kingsland Rd ; 17h-1h mer, 15h-1h jeu, 14h-1h ven, 12h-1h sam-dim ; Haggerston)

Merkamo Ethiopian

Voir p. 145. (020-7432 600 625 ; oldspitalfieldsmarket.com/food-and-drink/merkamo-ethiopia ; Old Spitalfields Market ; 11h30 17h tlj ; Shoreditch High St, Liverpool St ou Aldgate East)

Nilly's Turkish Kitchen

Voir p. 145. (020-7590 516 975 ; oldspitalfieldsmarket.com/food-and-drink/turkish-wrap-house ; Horner Sq Eats, Old Spitalfields Market ; 11h 17h tlj ; Shoreditch High St, Liverpool St ou Aldgate East)

Rapsa ££

Ce restaurant fusion philippin de Hoxton propose un fantastique "bottomless brunch", le week-end. Pendant 100 minutes (1 heure 40), prosecco, daïquiri aux lychees et diverses boissons sont à volonté, accompagnés d'un plat. (020-7729 1444 ; rapsa.co.uk/hoxton ; 100-102 Hoxton St ; 11h-tard mar-dim ; Hoxton)

Sessions Arts Club £££

Une expérience à ne pas manquer, à Clerkenwell. Dans cet espace de rêve, entre murs nus et rideaux de velours, sont servies des curiosités telles que clams au riesling et à la livèche. (☎ 020-3793 4025 ; www.sessionsartsclub.com ; 24 Clerkenwell Green ; ⊙ 12h-14h30 mer-sam et 17h30-22h mar-sam ; Ⓤ Chancery Ln ou Barbican)

Smoking Goat £

Inspirée des gargotes de nuit de Bangkok, la carte de Smoking Goat, à Shoreditch, allie produits britanniques et thaïlandais, tous traçables. Essayez peut-être le maquereau au *sambal* rouge (pimenté) grillé dans une feuille de bananier. (www.smokinggoatbar.com ; 64 Shoreditch High St, E1 ; ⊙ 12h-15h et 17h-23h lun-jeu, 12h-23h ven-sam, 12h-22h dim ; Ⓤ Shoreditch High St)

Som Saa Thai Restaurant £

Ses plats régionaux du nord de la Thaïlande tel le *kua kling plaa* (maquereau poêlé à la citronnelle) ont fait de Som Saa une institution de Shoreditch. (☎ 020-7324 7790 ; www.somsaa.com ; 43a Commercial St, E1 ; ⊙ 18h-22h lun-mar, 12h-14h30 et 18h-22h30 mer-sam, 12h-15h et 17h-21h dim ; Ⓤ Aldgate East)

Tayyabs

Voir p. 144. (☎ 020-7247 9543 ; www.tayyabs.co.uk ; 83-89 Fieldgate St, Whitechapel ; ⊙ 12h-23h30 tlj ; Ⓤ Whitechapel)

Restaurants haut de gamme

Bourne & Hollingsworth Buildings £££

Les plats sont pensés à partir de produits de saison britanniques tels que flétan fumé ou chevreuil grillé, dans ce lieu mi-restaurant mi-serre de Clerkenwell. (☎ 020-3174 1156 ; www.bandhbuildings.com ; 42 Northampton Rd ; ⊙ 16h-minuit mer-jeu, 16h-1h ven, 10h-1h sam, 10h-18h dim ; Ⓤ Angel ou Chancery Ln)

Brat £££

On a le sentiment de prendre place dans la cuisine pour un festin, étoilé au Michelin, de spécialités basques traditionnelles, au cœur de Shoreditch. Plat signature : un turbot grillé à la plancha. (bratrestaurant.co.uk/redchurch-st ; 4 Redchurch St ; ⊙ 12h-14h30 et 17h30-21h45 lun-ven, 12h-15h30 et 17h30-21h45 sam-dim ; Ⓤ Shoreditch High St)

Galvin La Chapelle £££

Les frères Galvin proposent une expérience gastronomique unique, dans un splendide bâtiment néoclassique de Spitalfields, avec leur cuisine française revisitée. (☎ 020-7200 0400 ; www.galvinrestaurants.com ; 35 Spital Sq ; ⊙ 12h-14h30 et 18h-22h30 lun-sam, jusqu'à 21h30 dim ; Ⓤ Liverpool St)

Moro £££

Restaurant prisé de Clerkenwell, où sont servis des plats nord-africains et espagnols de saison. Avec de la chance, vous goûterez à la poitrine de pigeon braisée à la purée d'ail et aux poivrons séchés. (☎ 020-7833 8336 ; moro.co.uk ; 34-36 Exmouth Market ; ⊙ 12h-15h et 17h-minuit lun-sam ; Ⓤ Angel, Chancery Ln ou Barbican)

St John Bar & Restaurant £££

Tout proche de Smithfield Market, ce restaurant affiche des spécialités britanniques

ANDY KIRBY/500PX ©

Pitfield Street, Shoreditch

à souhait, telles que mouton, bouillon d'orge et coq de bruyère. Le bâtiment est un ancien fumoir presque inchangé, hormis une couche de peinture blanche. (020-7553 9844 ; stjohnrestaurant.com/a/restaurants/smithfield ; 26 St John St ; 12h-15h lun-sam, 12h-16h dim et 18h-22h30 lun-sam ; U Barbican)

Bars avec menu

Coin Laundry

Ce grand bar-restaurant propose une cuisine de saison et des bières artisanales et à la pression. Un très bon endroit pour savourer un *Sunday roast* (rôti servi avec des légumes) traditionnel. (020-7833 9000 ; coinlaundry.co.uk ; 70 Exmouth Market ; 12h-23h lun-jeu et sam, 12h-minuit dim ; U Angel ou Chancery Ln)

London Shuffle Club

On peut passer une soirée mémorable à jouer ici au *lane shuffle* ou au *table shuffle*, jeux d'adresse où l'on lance des palets pour marquer des points. Dégustez une pizza et une bière avec vos amis entre deux parties. (020-3657 9062 ; www.londonshuffle.com ; 4 Ebor St ; 16h-23h mar, 12h-23h ven-sam, 12h-23h dim ; U Shoreditch High St)

The Angelic

Pub très spacieux avec une très bonne carte de cuisine britannique et un *Sunday roast*, plus de la bonne bière. Il y a un salon à l'étage, et des tables sont dressées dehors par temps clément. (020-7278 8433 ; www.facebook.com/TheAngelicIslington ; 57 Liverpool Rd ; 12h-23h lun-mer, 12h-minuit jeu, 12h-1h ven, 11h-1h sam, 11h-23h dim ; U Angel)

The Eagle Pub

Voir p. 141. (020-7837 1353 ; theeaglefarringdon.co.uk ; 159 Farringdon Rd ; 12h-23h lun sam, 12h-17h dim ; U Farringdon)

SALLY SCHAFER/LONELY PLANET ©

Entrée du Smithfields Market

The Exmouth Arms

Ne manquez pas ce pub victorien carrelé de vert qui a donné son nom au marché local. À la carte, *chip butties* (sandwich aux frites) voisinent avec *arancini* (boulettes de riz) au *kimchi*. Accompagnez le tout d'une pale ale à la pression. (020-3551 4772 ; www.exmoutharms.com ; 23 Exmouth Market ; 12h-23h lun-mer, 12h-minuit jeu, 12h-1h ven-sam, 12h-22h30 dim ; U Chancery Ln ou Angel)

TT Liquor

La modeste boutique d'alcools par laquelle on entre à TT Liquor n'augure en rien de la vue spectaculaire qu'on a sur Londres depuis son toit-terrasse. Dégustez une pizza *'nduja* avec une bière artisanale ou un martini à la pastèque. (020-7183 9503 ; ttliquor.co.uk ; 17b Kingsland Rd ; 17h-0h30 mar-jeu, 17h-1h30 ven-sam ; U Hoxton ou Old St)

Emplettes

Rokit

Rokit est une célèbre boutique de vêtements vintage, en activité depuis les années 1980. Fouillez un peu pour dénicher une rareté de designer, des vêtements militaires ou en jean. (020-7247 3777 ; www.rokit.co.uk ; 107 Brick Ln ; 11h-19h tlj ; U Shoreditch High St)

EAST LONDON

CULTURE | MARCHÉS | PRENDRE UN VERRE

EAST LONDON
à la carte

INCONTOURNABLES ET TRÉSORS CACHÉS

Sur les quais ou à Whitechapel, en lisière de la City, ce quartier a toujours été le “Londres des immigrants”. Il est de nos jours le Londres branché, où l’héritage de décennies de mélange culturel se manifeste aussi bien dans les marchés de produits exotiques de Brick Lane, que dans les bars avant-gardistes des abords de Hackney Wick.

Le quartier en bref

Sur place La culture indo-asiatique, les marchés animés et les microbrasseries branchées.

Durée Comptez environ cinq jours.

Circuler Prenez le métro, les bus et les vélos de TfL.

À savoir Si votre budget est limité, cherchez les marchés locaux, comme celui de Whitechapel Rd, où tout est moins cher.

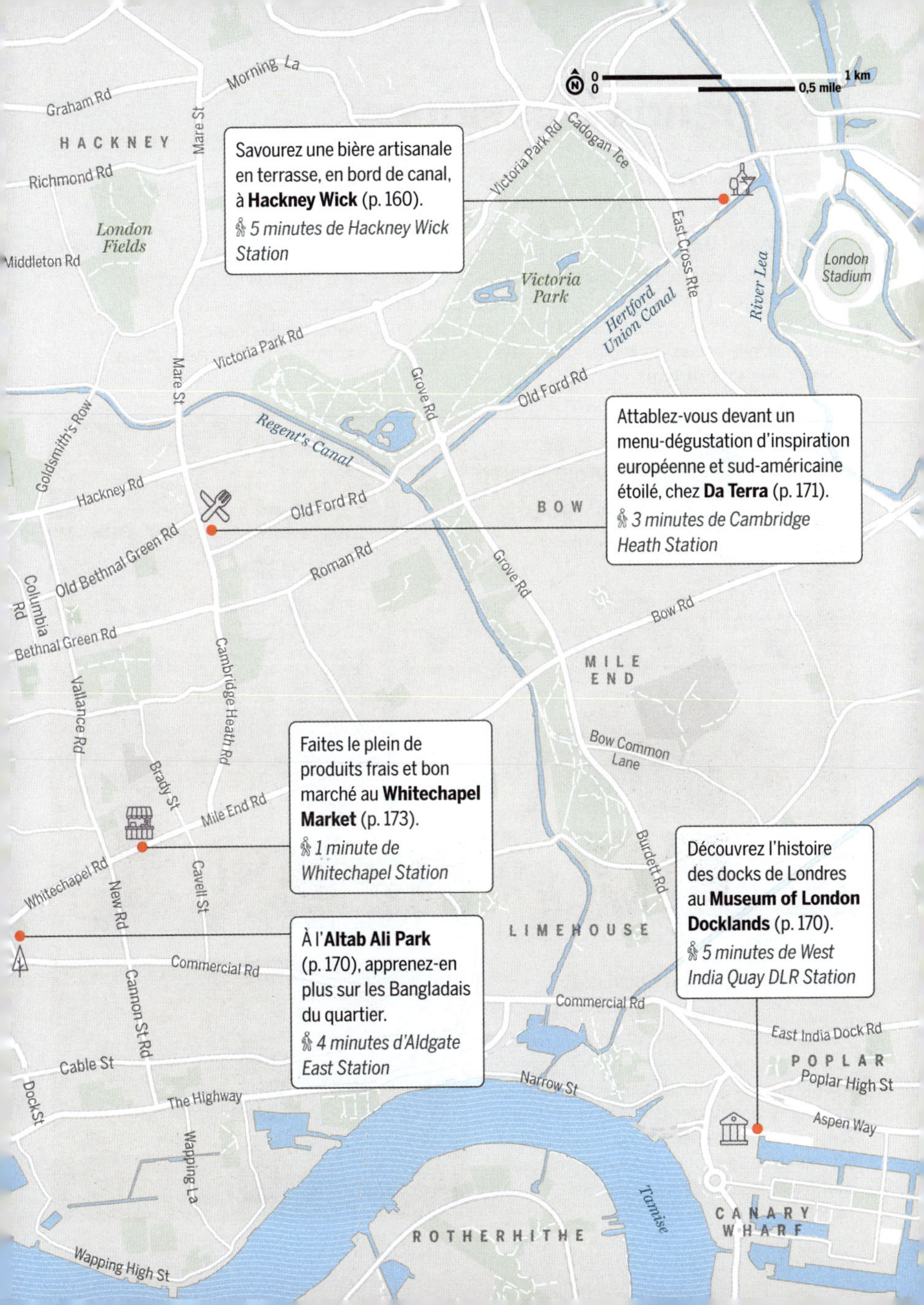
0 1 km
0 0,5 mile
Savourez une bière artisanale en terrasse, en bord de canal, à **Hackney Wick** (p. 160).
5 minutes de Hackney Wick Station
Attablez-vous devant un menu-dégustation d'inspiration européenne et sud-américaine étoilé, chez **Da Terra** (p. 171).
3 minutes de Cambridge Heath Station
Faites le plein de produits frais et bon marché au **Whitechapel Market** (p. 173).
1 minute de Whitechapel Station
À l'**Altab Ali Park** (p. 170), apprenez-en plus sur les Bangladais du quartier.
4 minutes d'Aldgate East Station
Découvrez l'histoire des docks de Londres au **Museum of London Docklands** (p. 170).
5 minutes de West India Quay DLR Station
HACKNEY
Graham Rd
Morning La
Mare St
Richmond Rd
London Fields
Middleton Rd
Victoria Park Rd
Cadogan Tce
East Cross Rte
River Lea
London Stadium
Victoria Park
Hertford Union Canal
Grove Rd
Old Ford Rd
Regent's Canal
Goldsmith's Row
Hackney Rd
Old Bethnal Green Rd
BOW
Roman Rd
Columbia Rd
Bethnal Green Rd
Bow Rd
Cambridge Heath Rd
Vallance Rd
MILE END
Bow Common Lane
Brady St
Mile End Rd
Whitechapel Rd
New Rd
Cavell St
Burdett Rd
LIMEHOUSE
Commercial Rd
Cannon St Rd
East India Dock Rd
POPLAR
Poplar High St
Cable St
Narrow St
The Highway
Aspen Way
Dock St
Wapping La
Tamise
CANARY WHARF
ROTHERHITHE
Wapping High St

Les grands classiques

Pour les infos pratiques de chaque site, reportez-vous au *Carnet d'adresses* p. 170.

Whitechapel Gallery

Cette galerie innovante dépourvue de collection permanente organise des expositions d'avant-garde. Elle s'est fait connaître en recevant des grands noms et des artistes émergents. Les expositions aux thèmes ambitieux changent tous les deux mois. En outre, elle accueille régulièrement des concerts, des lectures de poésie, des débats, des projections de films, etc.

I WEI HUANG/SHUTTERSTOCK ©

Museum of London Docklands

Situé dans un ancien entrepôt du quartier d'affaire de Canary Wharf, au bord de la Tamise, le musée apporte un éclairage sur le passé maritime de Londres et le fonctionnement des Docklands à travers les siècles. Commencez votre visite au 3e étage et descendez au fur et à mesure à travers les différentes époques.

DOUG MCKINLAY/LONELY PLANET ©

Trinity Buoy Wharf

Le seul phare de Londres héberge le plus petit musée de la ville, dans un centre d'arts au bord de l'eau. Vous y verrez de grandes sculptures, des installation sonores avec des bols chantants tibétains, etc. Un bateau rouge amarré au quai fait aussi office de studio d'enregistrement.

AMANDALEWIS/ISTOCKPHOTO ©

Victoria Park

Surnommée le "Regent's Park de l'East End", ce parc de 86 ha comprend des lacs d'agrément, des monuments, des courts de tennis, des parterres fleuris et d'immenses pelouses. Les week-ends d'été, il est rempli de familles venues pique-niquer, de gens du quartier en balade, de cyclistes, joggeurs et skateboardeurs.

JAMINWELL/ISTOCKPHOTO ©

DAVID BURROWS/SHUTTERSTOCK ©

Columbia Road Flower Market

Débordant de vie et de couleurs, ce marché aux fleurs hebdomadaire vend notamment des fleurs coupées. Allez-y pour entendre le vrai bagout cockney des marchands. Tachez d'arriver tôt pour éviter la foule, ou à la fermeture pour acheter à bas prix un beau bouquet de fleurs invendues.

28 EAST END, les marchés du week-end

SHOPPING | CULTURE | MARCHÉS

L'East End a toujours été réputé pour ses marchés, dont les trois cités sur ces 2 pages, entre Brick Lane et Hackney, sont actuellement les plus appréciés des Londoniens. On peut aisément se rendre à pied de l'un à l'autre, et il est agréable d'y passer le week-end, autant pour y trouver des articles de toutes sortes, que pour y goûter à des cuisines du monde parmi les meilleures de Londres.

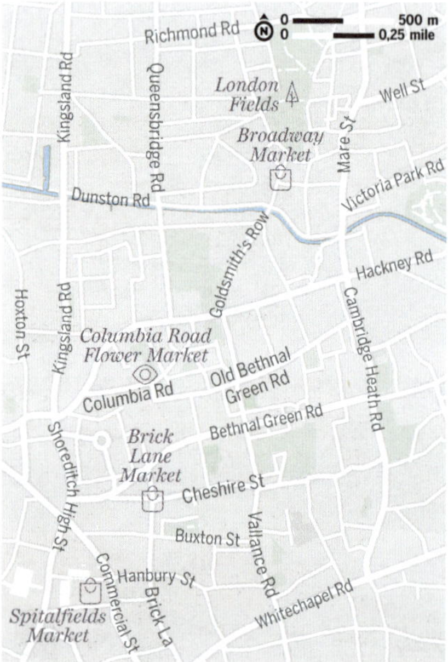

En pratique

S'y rendre Shoreditch High Street (Overground), bus nos 8, 26, 78 ou 149 pour les marchés du dimanche. Bus n°394 pour Broadway Market.

Quand y aller Broadway Market : 9h-17h samedi ; Brick Lane's Sunday Market : 10h-15h dimanche ; Columbia Road Flower Market : 8h-14h dimanche.

S'il pleut Direction Spitalfields (ouvert tous les jours), le marché couvert voisin, rempli de stands originaux et d'étals de cuisines de rue.

Samedi Broadway Market est un charmant petit marché "victorien" très animé. Commencez par les étals d'occasion, côté sud, puis accordez-vous un café vietnamien, à déguster en écoutant les musicien de rue. Achetez ensuite du pain aux olives artisanal, un délicieux *thali* indien ou un wrap de falafels pour déjeuner, et ressortez pour traverser **London Fields** (p. 170), où vous rejoindrez d'autres pique-niqueurs s'étant procuré leur repas au marché.

En haut à droite Étal de pains à Broadway Market
À droite Stand d'antiquaire au Brick Lane Sunday Market

ALEX SEGRE/SHUTTERSTOCK ©

TONY BAGGETT/SHUTTERSTOCK ©

Bagels de Brick Lane

On ne saurait visiter Brick Lane sans faire un crochet par la fameuse **Beigel Bake** (p. 172), qui sert le meilleur bagel au corned-beef de tout East London, ainsi que des gâteaux ultra-frais. Vous trouverez la boutique en suivant la longue file.

Dimanche Autrefois marché aux puces traditionnel, le **Brick Lane Sunday Market** (p. 173) est aujourd'hui un des endroits de Londres les plus courus, le dimanche. Il s'agit du plus grand marché d'alimentation halal de l'East End, mais on y vient aussi dénicher œuvres d'art, antiquités, articles en cuir, vêtements vintage et tout ce qu'on peut trouver sur un marché moderne, avant de suivre le flot vers le nord, jusqu'au **Columbia Road Flower Market** (p. 170). Là, promenez-vous d'abord dans les petites cours et les passages, avant de jouer des coudes pour trouver une grande plante en pot soldée. Les vendeurs de Columbia Road ont gardé la gouaille des vieux marchés de l'East End, vous les entendrez de loin vanter leurs articles. Après votre achat, rendez-vous dans les boutiques du coin pour acheter un objet original de designer.

29 Les bières de HACKNEY WICK

PRENDRE UN VERRE | CANAL | BRASSERIE

Ce coin d'East London voit affluer des hipsters en quête de bière artisanale à savourer au bord de l'eau. De fait, il y a plus de microbrasseries dans les anciens entrepôts au bord du canal que vous n'en sauriez compter. Le temps où le quartier tenait d'un coin secret des seuls Londoniens branchés est bien révolu. L'endroit reste charmant, mais le week-end est désormais synonyme de foule.

KATHARINE ROSE/ALAMY STOCK PHOTO ©

En pratique

S'y rendre Arriver par la station d'Overground de Hackney Wick permet de tout faire ensuite à pied.

Quand y aller L'ambiance est vraiment joyeuse en été, quand les fêtards restent jusque tard dans la nuit aux terrasses du bord du canal ou qu'ils s'installent pour déguster leur bière sur l'herbe des berges.

Boissons sans alcool Cherchez le triporteur de Kompassion Kombucha si vous avez envie d'une boisson fermentée locale (du thé de Chine, par exemple) qui ne soit pas alcoolisée.

CKTRAVELS.COM/SHUTTERSTOCK ©

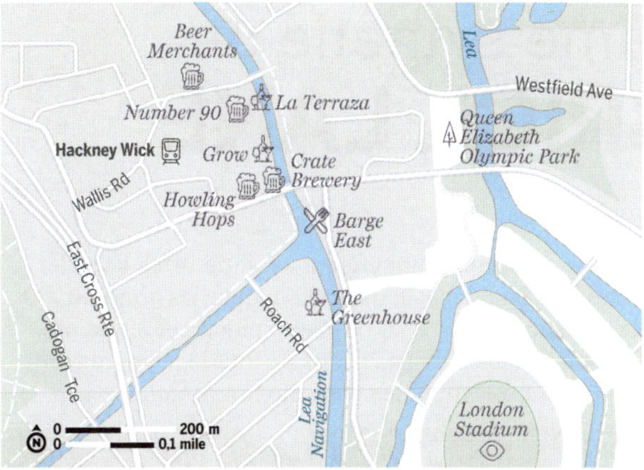

Un verre au bord du canal Très populaire, au bord de l'eau, **Grow** (p. 172) est un café communautaire le jour et un haut lieu de la fête le soir. Les lumières clignotent, une ligne de basse installe le tempo et la clientèle branchée de Wick vient danser toute la nuit. L'endroit peut être bondé. Tout aussi prisés, à quelques pas, **Number 90** (p. 173) est un pub/restaurant/galerie d'art distillant un bonne programmation de musique live et **La Terraza**, un pittoresque jardin au bord du canal où on peut prendre un verre dehors, toute l'année.

Beer Merchants Tap (p. 172) est un bar très relax servant d'excellentes bières artisanales belges, et une cuisine mobile qui s'installe dehors et sert d'excellents burgers.

Crate Brewery (p. 173), qui donne sur le canal, brasse sa propre bière et prépare des pizzas inventives pour éponger tout ce que vous ne manquerez pas de boire ici. **Howling Hops Brewery & Tank Bar** (p. 172) est une institution du quartier, connue pour ses bières "généreusement houblonnées" brassées sur place. Les plus demandées sont la Tropical Deluxe Pale Ale et l'IPA maison. Au même endroit, le Tank Bar, qui s'autoproclame le premier bar du genre au Royaume-Uni, vous sert des bières brassées qui coulent directement dans votre verre depuis dix énormes cuves – oui, vous avez bien lu.

À gauche Grow
En bas, à gauche Howling Hops Brewery & Tank Bar

Achats écoresponsables

Chaque week-end de 10h à 15h, les abords du **Barge East Restaurant** se transforment en petit marché écoresponsable où on trouve, outre de la bière brassée localement, des fromages, ainsi que du pain artisanal cuit par la Building Four Micro Bakery.

30 L'âme sylhetie de BRICK LANE

CULTURE | ALIMENTATION | HISTOIRE

Ce circuit plonge au cœur de la communauté qui a fait de Brick Lane le temple des curries : les Sylhetis du Bangladesh, qui ont su, dans les années 1960 et 1970, faire entrer leur cuisine indienne hybride dans les mœurs et les cœurs, au point qu'on la trouve désormais dans les restaurants de tout le pays – on la considère même comme un élément essentiel de la cuisine britannique.

NIGELSPIERS/SHUTTERSTOCK ©

En pratique

S'y rendre Les stations de métro et d'Overground les plus proches sont Aldgate East et Shoreditch High Street. Les bus n^{os}25 et 8 desservent aussi le quartier.

Quand y aller Le dimanche, pour profiter en prime d'une balade dans l'animation du marché de Brick Lane.

Bazars bangladais Les Taj Stores sont aussi bien fournis qu'un marché matinal de Sylhet ; vous y trouverez de ces étranges légumes que vous aurez goûtés au Graam Bangla.

Les langues de Brick Lane

Les Sylhetis possèdent leur propre langue, distincte du bengali. De nos jours, le sylheti-nagri est essentiellement une langue orale : on ne l'écrit ni ne le lit plus, même si d'aucuns essaient de le faire revivre.

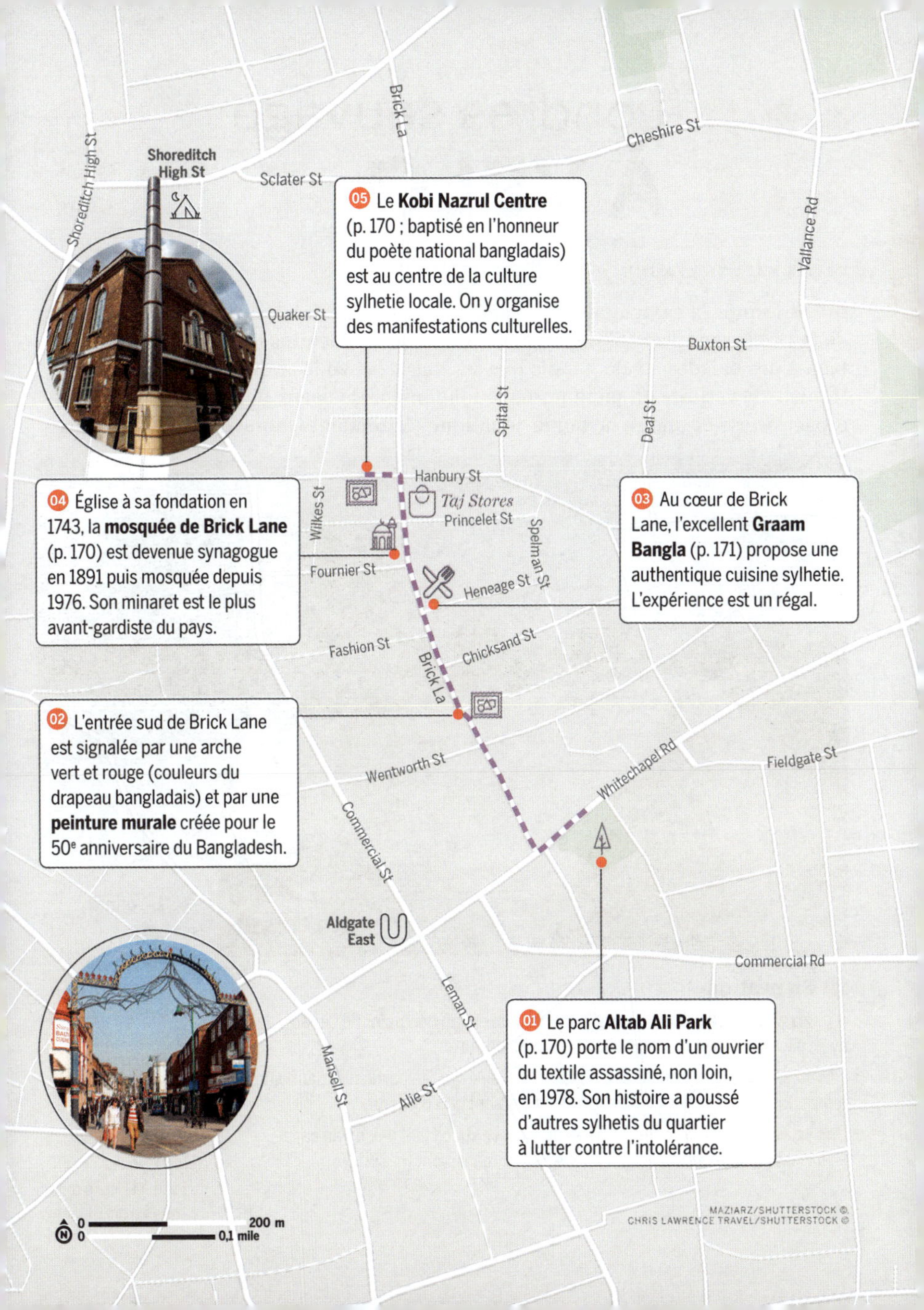

05 Le **Kobi Nazrul Centre** (p. 170 ; baptisé en l'honneur du poète national bangladais) est au centre de la culture sylhetie locale. On y organise des manifestations culturelles.

04 Église à sa fondation en 1743, la **mosquée de Brick Lane** (p. 170) est devenue synagogue en 1891 puis mosquée depuis 1976. Son minaret est le plus avant-gardiste du pays.

03 Au cœur de Brick Lane, l'excellent **Graam Bangla** (p. 171) propose une authentique cuisine sylhetie. L'expérience est un régal.

02 L'entrée sud de Brick Lane est signalée par une arche vert et rouge (couleurs du drapeau bangladais) et par une **peinture murale** créée pour le 50e anniversaire du Bangladesh.

01 Le parc **Altab Ali Park** (p. 170) porte le nom d'un ouvrier du textile assassiné, non loin, en 1978. Son histoire a poussé d'autres sylhetis du quartier à lutter contre l'intolérance.

31 Londres sauvage À VÉLO

VÉLO | NATURE | FAUNE

Depuis la campagne verdoyante du Hertfordshire, les méandres de la vallée de la Lea (prononcer “li”) rejoignent Londres. Ses chemins de halage se prêtent bien à des balades à vélo, tandis que ses marais et zones humides offrent une tranche de verdure en plein nord-est londonien. De beaux panoramas, de grands espaces verts et une riche faune aquatique n’attendent ici que d’être découverts.

CKTRAVELS.COM/SHUTTERSTOCK ©

En pratique

S’y rendre Hackney Wick’s Overground Station est un bon point de départ, avec, alentour, nombre d’endroits où prendre un verre.

Quand y aller Évitez, autant que possible, le week-end, en particulier par beau temps, lorsque chemins de halage et sentiers sont pris d’assaut.

Une pinte au bord de l’eau D’agréables pubs se succèdent le long du canal ; le Princess of Wales et l’Anchor & Hope, notamment, sont très prisés.

Le canal en canoë

Si vous préférez visiter le canal en glissant gentiment sur l’eau, allez au Milk Float, là où le canal passe sous White Post Lane, à Hackney Wick. **Moo Canoes** (p. 170) y loue à l’heure des canoës trois places.

05 Pour manger ou prendre un café, les environs de Here East sont un bon choix, mais si vous cherchez le calme, longez le canal jusqu'au **Markfield Park Café** (p. 172) de Markfield Park.

04 On peut faire la visite guidée des immenses réservoirs de **Walthamstow Wetlands** (p. 171), site classé où on peut observer la faune et les oiseaux migrateurs.

03 À **Walthamstow Marshes**, des vaches paissent, les mûres attendent d'être cueillies et on peut caresser les chevaux du centre équestre.

02 Rendez-vous à **Hackney Marshes** (p. 170), pour assister à un match de football sur ces terrains ouverts à tous, avant de longer à vélo un joli tronçon de la Lea, une rivière où barboter par temps chaud.

01 L'axe principal est le **Lea Canal Towpath** (chemin de halage). Rejoignez-le à proximité de Hackney Wick Station, et dirigez-vous vers le nord.

32 UNE JOURNÉE À Dalston et Clapton

CUISINE | ESPACES PUBLICS | PLEIN AIR

Dalston et Clapton font partie de Hackney, un *borough* animé du nord-est de Londres. Entre cuisine de rue et marchés colorés, plongez-vous dans ce quartier au carrefour de diverses cultures, et terminez la soirée dans un de ses excellents bars de jazz.

G TORRES/SHUTTERSTOCK ©

En pratique

Circuler les stations d'Overground de Dalston Junction et Dalston Kingsland vous laisseront au cœur de Dalston. Plusieurs bus desservent également les deux quartiers.

Quand y aller Marché de Ridley Road : jusqu'à 16h, du lundi au samedi ; marché de Chatsworth Road : 10h-16h le dimanche.

Notre conseil Venez tôt pour éviter les longues files d'attente, fréquentes dans les restaurants éphémères du coin.

PADMAYOGINI/SHUTTERSTOCK ©

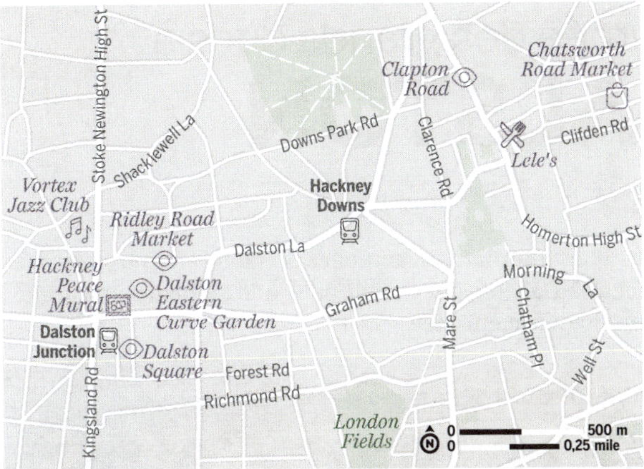

À gauche Marché de Ridley Road
En bas, à gauche Dalston Eastern Curve

Une visite à Dalston ne saurait être complète sans un tour au **Ridley Road Market** (p. 173). Tant que vous n'entendez pas le reggae et le dancehall qu'on y fait jouer à fond, continuez à marcher, et passez devant des magasins sierra-léonais ou ghanéens, des stands croulants sous les produits frais, éclatants de couleur, et des vendeurs occupés à répéter inlassablement : "A pound a bowl !" ("Une livre le bol !") Si vous avez faim, procurez-vous un en-cas indien ou oriental. Le marché s'anime dès l'aube, quand les vendeurs s'installent ; le soir, on remballe et l'espace est laissé aux patineurs et autres skateurs des alentours.

Chatsworth Road Market, (p. 173) à Lower Clapton, a ressuscité en 2010 après une vingtaine d'années d'interruption. On y trouve aujourd'hui un peu de tout : épicerie, fruits et légumes, boulangerie, fromages, artisanat et vêtements. Du marché, il n'y a que quelques pas pour aller jusqu'à Millsfields Park, Hackney Marshes et la Lea (rivière). Non loin, **Clapton Road** fut un temps baptisée "le mile de la mort" en référence à la vague de criminalité qui y marqua la fin des années 1990 et le début des années 2000. Sa réputation s'est améliorée depuis et Clapton Road est désormais une rue animée, où on peut se faire coiffer par un pro, goûter un gâteau végétalien chez **Lele's** (p. 172) ou bien acheter une bouteille de vin chez **Mr Singh's** (p. 173 ; Just Drinks), figure bien connue de la rue, qui passe du rap britannique pour distraire les passants.

À faire dehors

Dalston Eastern Curve Garden (p. 170) Créé en 2010 pour donner plus d'espaces verts au quartier, ce jardin se visite librement. On y trouve un café servant aussi des gâteaux faits maison.

Street art En quittant l'Eastern Curve Garden, jetez un coup d'œil au **Hackney Peace Mural**, avec ses personnages de différentes origines ethniques, culturelles et sociales qui se retrouvent pour former un défilé haut en couleur. La fresque d'origine, peinte en 1985 par Ray Walker, a été restaurée.

Gillette Square Maints habitants de Dalston viennent ici se balader, et le célèbre **Vortex Jazz Club** (p. 172) est juste à côté. Bonnes vibrations garanties. Ce bar de jazz accueille chaque semaine une foule de mélomanes ; vous verrez même, certains soirs d'été, des couples danser sur la place.

33 Tournée des grands ducs à DALSTON

SOUL | DIVERSITÉ | AMBIANCE

Les amateurs de musiques alternatives, actuelles ou de hip-hop trouveront sans aucun doute leur bonheur à Dalston, que ce soit pour une ambiance musicale tout en douceur ou une nuit de danse effrénée.

WAYNE TIPPETTS/ ALAMY STOCK PHOTO ©

En pratique

S'y rendre Dalston Kingsland (Overground) est la gare la plus centrale.

Quand y aller Il y a plus d'animation l'été, mais il y aura de l'ambiance quelle que soit la saison.

À savoir Dans les bars ou les clubs de Dalston et Clapton, on ne vous refusera pas l'entrée parce que vous n'avez pas la tenue qui convient. Baskets, tongs, pyjamas, on voit de tout la nuit à Dalston !

Pour le soir

Voodoo Ray's (p. 172) Plus qu'une délicieuse pizzeria, c'est aussi un lieu où se retrouvent des créateurs de tout poil pour papoter.

Brilliant Corners (p. 172) Bar japonais accueillant, avec des vins et des alcools importés du Japon. Certains soirs, des DJ jouent une musique relaxante. C'est le week-end que le bar s'anime vraiment.

Untitled Bar (p. 172) Carte d'inspiration asiatique délicieuse, liste de cocktails inventive : vous aurez envie de tout goûter.

01 Débutez votre soirée par un film au **Rio Cinema** (p. 172), dans une salle Art déco de 1901. C'est un des derniers cinémas indépendants d'East London.

02 Si la vitrine de **Istanbul Restaurant** (p. 171) ne paie guère de mine, le personnel n'en est pas moins aimable et efficace, et la cuisine, fraîche et goûteuse.

03 **EartH Hackney** (p. 172) est la meilleure salle de spectacle et de concert, où passent des artistes internationaux. Il y a aussi un bar plus petit programmant des genres musicaux différents.

04 **Escudo de Cuba** (p. 172) propose cocktails, tapas et danses avec un parfum de La Havane, au son du reggaeton et de la salsa.

05 **Ruby's** (p. 172) est un bar-lounge à la fois calme et enjoué, dans un cadre rustique, avec d'excellents cocktails et des concerts de jazz. Que demander de plus ?

NADIR KEKLIK/SHUTTERSTOCK ©, ESCUDO DE CUBA ©

Carnet d'adresses

Les grands classiques (p. 156)

Columbia Road Flower Market

(www.columbiaroad.info ; Columbia Rd ; 8h-15h dim ; Hoxton)

Museum of London Docklands

(020-7001 9844 ; www.museumoflondon.org.uk/docklands ; West India Quay ; 10h-18h ; DLR West India Quay) GRATUIT

Trinity Buoy Wharf

(020-7515 7153 ; www. trinitybuoywharf. com ; 64 Orchard Pl ; 9h-17h ; Canning Town) GRATUIT

Victoria Park

(www.towerhamlets.gov.uk/victoriapark ; Grove Rd ; 7h-coucher du soleil ; Hackney Wick)

Whitechapel Gallery

(020-7522 7888 ; www.whitechapelgallery.org ; 77-82 Whitechapel High St ; 11h-18h mar, mer et ven-dim, jusqu'à 21h jeu ; Aldgate East) GRATUIT

Musées et galeries d'art

Chisenhale Gallery

Par et pour les artistes : c'est la galerie où on peut voir des œuvres d'artistes marginaux ou méconnus. (020-8981 4518 ; chisenhale.org.uk ; 64 Chisenhale Rd ; 12h-18h mer-dim ; Mile End)

Ragged School Museum

Dans une ancienne école philanthropique, un musée donnant sur Regent's Canal, qui décrit la façon dont on éduquait les plus pauvres. (020-8980 6405 ; www.raggedschoolmuseum.org.uk ; 46-50 Copperfield Rd ; 10h-17h mer-jeu, 14h-17h 1er dim du mois ; Mile End) GRATUIT

Évasion et culture

Altab Ali Park

Voir p. 163. (Adler St ; Aldgate East)

Dalston Eastern Curve Garden

Voir p. 167. (dalstongarden.org ; Dalston Ln ; 13h-22h mer-ven, 12h-20h sam-dim, 13h-20h lun, 14h-20h mar ; Dalston Junction)

Hackney Marshes

Voir p. 167. (hackney.gov.uk ; Homerton Rd ; Homerton, Hackney Wick)

Kobi Nazrul Centre

Voir p. 163. (020-7364 7900 ; 30 Hanbury St ; Aldgate East ou Shoreditch High St)

London Fields

Voir p. 158. (Richmond Rd ; London Fields)

Moo Canoes

Voir p. 164. (020-7879 909423 ; www.moocanoes.com ; Hackney Wick, The Milk Float ; Hackney Wick)

Mosquée de Brick Lane

Voir p. 163. (020-7247 6052 ; bricklanejammemasjid.org.uk ; 59 Brick Ln ; 14h-19h ; Aldgate East ou Shoreditch High St)

Sutton House

Un manoir de brique rouge abritant le Linenfold Parlour, dont les lambris en chêne sont d'époque Tudor. (020-8986 2264 ; www.

Petticoat Lane

nationaltrust ; 2-4 Homerton High St ; 12h-17h mer-dim fév-juil et sept-déc, tlj août ; U Hackney Central)

Walthamstow Wetlands

Voir p. 165. (020-3989 7448 ; www.wildlondon.org.uk/walthamstow-wetlands-nature-reserve ; 2 Forest Rd ; 9h30-17h ; U Blackhorse Rd)

Restaurants étoilés

Behind £££

Behind a obtenu son étoile au Michelin vingt jours seulement après son ouverture ! La carte fait la part belle au poisson issu de la pêche durable. (www.behindrestaurant.co.uk ; 20 Sidworth St, Hackney ; 19h mar-sam, plus 12h30 jeu-sam ; U London Fields)

Da Terra £££

Ce restaurant, doublement étoilé au Michelin, affiche un menu dégustation d'inspiration européenne et sud-américaine. (020-7062 2052 ; daterra.co.uk ; 8 Patriot Sq ; 18h30-20h30 mer-sam, plus 12h30-13h30 ven-sam ; U Bethnal Green ou Cambridge Heath)

Lyle's £££

Proche de Brick Lane, ce restaurant étoilé cultive la décontraction. La cuisine classique du chef James Lowe y évolue au gré des micro-saisons. (020-3011 5911 ; www.lyleslondon.com ; 56 Shoreditch High St ; 12h-15h et 18h-23h mar sam ; U Shoreditch High St)

Cuisine asiatique

Etles Uyghur £

À Walthamstow, dégustez une succulente cuisine ouïghoure (sino-turque). (020-3620 6978 ; 235 Hoe St ; 12h-21h30 mar-dim ; U Walthamstow Central)

Graam Bangla £

Voir p. 154. (020-7377 6116 ; 68 Brick Lane ; 11h-23h ; U Aldgate East)

Istanbul Restaurant £

Voir p. 169. (020-7254 7291 ; istanbulrestaurant.

YAU MING LOW/SHUTTERSTOCK ©

Backyard Market

co.uk ; 9 Stoke Newington Rd ; 11h-2h lun-ven, 9h-2h sam, 8h-2h dim ; U Dalston Kingsland)

Kar Woo £

Dans ce restaurant de plats à emporter, la file d'attente est longue. On y sert une version bangladaise épicée de spécialités chinoises. (020-7791 2826 ; karwoo.co.uk ; 56 Ben Johnson Rd ; 12h-23h30 tlj ; U Stepney Green)

Nakhon Thai £

Nakhon propose une vraie bonne cuisine thaïlandaise (curry *massaman* et riz gluant à la mangue). (020-7474 5510 ; nakhonthai.co.uk ; 1 Dock Rd ; 12h-14h30 et 18h-23h lun-ven, 13h-23h sam dim ; U Canning Town)

Red Chilli £

Restaurant indo-britannique servant des plats très bien exécutés et bon marché. (020-7481 3300 ; www.facebook.com/RedChilliCurryClub ; 137 Leman St ; 18h-22h tlj ; U Aldgate East)

Shalamar Kebab House £

Si vous aimez les restaurants pakistanais authentiques, sans chichis et fréquentés par une clientèle locale... (020-7247 7023 ; 95 New Rd ; 11h-23h tlj ; U Whitechapel)

Shinwari £

Une montagne fumante de *kabuli pulaw* (riz afghan) vous attend ici, ainsi qu'un *keema palak*, plat de viande hachée épicée. (020-8854 2022 ; www.facebook.com/shinwarirestaurant ; 229-231 Cranbook Rd ; 12h-minuit lun-ven, 12h-2h sam, 12h-22h dim ; Ilford)

L'Est vespéral

Brilliant Corners

Voir p. 168. (brilliantcornerslondon.co.uk ; 470-472 Kingsland Rd ; 17h-minuit lun-jeu, 17h-1h30 ven-sam, 16h-minuit dim ; Dalston Junction)

EartH Hackney

Voir p. 169. (020-7422 7505 ; earthackney.co.uk ; 11-17 Stoke Newington Rd ; Dalston Kingsland)

Escudo de Cuba

Voir p. 169. (020-7249 9794 ; www.escudodecuba.com ; 20 Stoke Newington Rd ; 12h-tard tlj ; Dalston Kingsland)

Rio Cinema

Voir p. 169. (020-7241 9410 ; www.riocinema.org.uk ; 107 Kingsland High St ; Dalston Kingsland)

Ruby's

Voir p. 169. (020-7923 7744 ; www.rubysdalston.com ; 76 Stoke Newington Rd ; 18h30-minuit mar-jeu, 18h30-2h ven-sam ; Dalston Kingsland)

Untitled Bar

Voir p. 168. (020-7481 022924 ; www.untitled-bar.com ; 538 Kingsland Rd ; 18h-minuit mer-jeu, 17h-1h ven-sam ; Dalston Junction)

Voodoo Ray's

Voir p. 168. (voodoorays.com ; 95 Kingsland High St ; 17h-23h lun-mer, 17h-minuit jeu, 12h-1h ven-sam, 12h-22h dim ; Dalston Kingsland)

Vortex Jazz Club

Voir p. 167. (www.vortexjazz.co.uk ; 11 Gillet Sq ; 19h-23h mer-sam ; Dalston Kingsland)

À boire et à manger

Barge East Restaurant

Voir p. 161. (020-3026 2807 ; www.bargeeast.com ; River Lee, White Post Ln ; 17h-tard jeu-ven, 12h-tard sam-dim ; Hackney Wick)

Beer Merchants Tap

Voir p. 161. (020-3222 5592 ; beermerchantstap.com ; 99 Wallis Rd, Hackney Wick ; 15h-23h lun-mer, 12h-23h jeu-sam, 12h-22h dim ; Hackney Wick)

Beigel Bake

Voir p. 159. (www.beigelbake.co.uk ; 159 Brick Ln ; 24h/24 ; Shoreditch High St)

Grow

Voir p. 161. (020-3026 2807 ; www.growhackney.co.uk ; 98C Main Yard, Wallis Road, Hackney Wick ; 11h-minuit mer-jeu, 11h-2h ven-sam, 11h-23h30 dim ; Hackney Wick)

Howling Hops Brewery & Tank Bar

Voir p. 161. (020-3583 8262 ; www.howlinghops.co.uk ; 9a Queen's Yard ; 12h-23h30 dim-jeu, 12h-1h30 ven-sam ; Hackney Wick)

Lele's

Voir p. 167. (020-7404 128170 ; www.leleslondon.com ; 50 Lower Clapton Rd ; 9h-17h dim ; Homerton, Hackney Central)

Markfield Park Cafe

Voir p. 165. (020-8809 0901 ; Markfield Rd ; 9h-18h ; Seven Sisters)

Cuisine de rue au Brick Lane Sunday Market

Mr Singh's (Just Drinks)

Voir p. 167. (020-8986 4895 ; 58 Lower Clapton Rd ; 11-minuit dim ; Homerton, Hackney Central)

Number 90

Voir p. 161. (020-8986 0090 ; www.number90bar.co.uk ; 90 Wallis Rd ; 12h-23h dim-jeu, 12h-1h ven-sam ; Hackney Wick)

Crate Brewery

Voir p. 161. (The Wick's microbrewers ; 020-7547 695841 ; cratebrewery.com ; Queen's Yard, 7 White Post Ln ; 12h-23h dim-jeu, 12h-1h ven-sam ; Hackney Wick)

Marchés

Bethnal Green Market

Ce marché quotidien bangladais allie produits exotiques frais et vêtements peu chers. (Bethnal Green Rd ; 8h-18h ; Bethnal Green)

Brick Lane Sunday Market

Voir p. 159. (Brick Lane ; 10h-17h dim ; Aldgate East)

Chatsworth Road Market

Voir p. 167. (hackney.gov.uk/chatsworth-road-market ; Chatsworth Rd ; 10h-16h dim ; Homerton ou Hackney Central)

Columbia Road Flower Market

Voir p. 157, 170.

Petticoat Lane

Ce marché, un des plus anciens de Londres, propose des tissus à prix doux. On y trouve aussi de la cuisine de rue et des stands chics. (Middlesex St/Wentworth St ; 10h-14h30 lun-ven, 9h-14h dim ; Aldgate, Aldgate East ou Liverpool St)

Ridley Road Market

Voir p. 167. (www.hackney.gov.uk/ridley-road-market ; Ridley Rd ; 9h30-16h lun-sam ; Dalston Kingsland)

Roman Road Market

Ce marché a connu ses heures de gloire grâce à des vêtements de marque à prix doux. Aujourd'hui, les étals gastronomiques prévalent. (romanroadlondon.com/market ; 20 Sidworth St, Hackney ; 10h-15h30 mar et jeu, 9h-16h sam ; Bow Rd)

Whitechapel Market

Fruits exotiques, légumes, cuisine de rue du Bangladesh... idéal pour un repas épicé – ou des vêtements – bon marché. (46 Whitechapel Rd ; 8h-18h lun-sam ; Aldgate East ou Whitechapel)

Ambiance vintage

Backyard Market

On trouve sur ce marché bijoux, objets vintage et cadeaux originaux. Commerçants indépendants. (www.backyardmarket.co.uk ; 146 Brick Lane, The Old Truman Brewery ; 11h-18h sam, 10h-17h dim ; Shoreditch High St)

Beyond Retro

Une des plus anciennes et des plus originales boutiques de mode vintage de l'East End loge dans un immense entrepôt en retrait de Brick Lane. Le choix y est vaste. (020-7729 9001 ; www.beyondretro.com ; 92-100 Stoke-Newington Rd, N16 ; 10h30-19h lun-mar et sam, 10h30-20h mer-ven, 11h30-18h dim ; Dalston Kingsland)

Brick Lane Vintage Market

Un grand choix de stands et de boutiques où la foule se presse chaque dimanche – avec des prix à l'avenant. L'ambiance est animée. (www.vintage-market.co.uk ; 85 Brick Lane, F Block ; 12h-19h lun-ven, 11h-18h sam, 10h-18h dim ; Shoreditch High St, Liverpool St, Aldgate East)

East End Thrift Store

Dans une ruelle victorienne, ce Thrift Store est prisé par la jeunesse pour ses fréquentes offres "fill a bag" – tout ce que vous pouvez mettre dans un sac – à 5 ou 10 £. (theeastendthriftstore.com ; 4 Assembly Passage, Unit 1A, Waterman Building ; 11h-18h lun-mer et dim, 11h-19h jeu-sam ; Stepney Green)

34 Vaut le détour : GREENWICH

FLAMSTEED HOUSE | PAINTED HALL | CUTTY SARK

Classé au Patrimoine mondial, Greenwich comprend plusieurs bâtiments historiques, symboles du passé maritime et des réalisations scientifiques de la Grande-Bretagne. Ils sont rassemblés dans Greenwich Park, l'un des plus jolis espaces verts de Londres, avec sa vue saisissante sur Canary Wharf. Couvrant 74 ha, le parc est en partie l'œuvre d'André Le Nôtre, qui dessina les jardins de Versailles.

GARY PERKIN/SHUTTERSTOCK ©

En pratique

S'y rendre La majorité des sites de Greenwich (voir le plan p. 176) sont accessibles depuis l'arrêt DLR Cutty Sark. La Jubilee Line s'arrête à North Greenwich. Un tunnel piétonnier passe sous la Tamise reliant Greenwich à l'Isle of Dogs. Des bateaux relient les quais du centre de Londres à Greenwich.

Infos pratiques www.royalparks.org.uk/parks/greenwichpark ; 6h-coucher du soleil ; U Greenwich, Maze Hill ou Cutty Sark

Incontournables La Time Ball, l'Octagon Room, la cour du Méridien, le Cutty Sark et la vue sur Canary Wharf du haut de la colline.

Flamsteed House Flamsteed House (photo page précédente) fait partie de l'Observatoire royal, qui trône sur les hauteurs du parc de Greenwich. Chaque jour à 13h précises, depuis 1833, la grosse boule rouge de la **Time Ball** (boule horaire) chute le long de son mât au sommet de Flamsteed House, permettant ainsi à tous, navigateurs sur la Tamise compris, de régler leur montre. À l'intérieur du bâtiment, on peut admirer la magnifique **Octagon Room** (salle octogonale) et l'appartement où vivaient les astronomes royaux. Dans les **Time Galleries**, on apprend comment le problème du calcul de la longitude fut résolu, au moyen d'outils astronomiques. Située dans un petit bâtiment en brique, ne manquez pas la **camera obscura**, une surprenante salle où est projeté l'image de la Queen's House – avec le ballet des piétons, et des bateaux sur la Tamise.

Old Royal Naval College Bordant la Tamise, ce vaste édifice, dont le parc est ouvert au public, comprend différents pavillons ainsi que la Chapel of St Peter & St Paul, riche de détails en trompe l'œil. Achevé en 1726, le **Painted Hall** est un fabuleux espace couvert du sol au plafond par la plus grande peinture d'Europe, et souvent surnommé la "Chapelle Sixtine du Royaume-Uni".

En haut Cutty Sark
À gauche Flamsteed House

Cutty Sark

Ce majestueux trois-mâts, construit en Écosse en 1869, est le dernier des grands clippers à avoir navigué entre l'Angleterre et la Chine au XIXe siècle. Devenu célèbre grâce à sa rapidité, le **Cutty Sark** (www.rmg.co.uk/cuttysark) fut mis en cale sèche et transformé en un musée nautique. Sa coque est protégée par un impressionnant "sarcophage" de Plexiglass qui permet aux visiteurs de passer en dessous.

35 Un pied de chaque côté des HÉMISPHÈRES

OBSERVATOIRE ROYAL | MÉRIDIEN | TEMPS UNIVERSEL

Dans la cour du Méridien (Meridian Courtyard) de l'Observatoire royal de Greenwich, où le globe est séparé en deux parties, est et ouest, les visiteurs s'amusent à chevaucher les deux hémisphères, en mettant un pied de chaque côté du rail qui le symbolise.

En pratique

S'y rendre Prenez le DLR jusqu'à Cutty Sark ou Greenwich, ou bien le train jusqu'à Greenwich. Des bateaux desservent le secteur au départ de plusieurs embarcadères du centre. L'un des deux tunnels piétonniers de Londres passant sous la Tamise relie Greenwich à l'Isle of Dogs.

Quand y aller En toute saison, mais en été, vous pourrez pique-niquer dans Greenwich Park. Au pied de la colline, les étals du Greenwich Market vendent des en-cas.

À savoir L'achat en ligne du billet combiné pour l'Observatoire royal et le *Cutty Sark* (p. 175) fait économiser près de 25% du prix.

Le célèbre méridien traverse la cour de l'**Observatoire royal de Greenwich** (www.rmg.co.uk/royalobservatory), bâti sur ordre de Charles II en 1675. De longitude zéro, il divise le globe en deux hémisphères, est et ouest. L'édifice est posé au sommet du superbe Greenwich Park, avec une vue panoramique sur la Tamise et les gratte-ciel du quartier d'affaire de Canary Wharf.

Origine du temps Suite à l'adoption de son méridien comme longitude zéro à l'International Meridian Conference de Washington (1884), Greenwich devint le standard des longitudes et des mesures du temps. Basé sur la rotation de la Terre, le GMT a été remplacé en

En haut, à droite L'horloge de l'Observatoire royal de Greenwich
À droite Les pieds de visiteurs sur le méridien de Greenwich

4KCLIPS/SHUTTERSTOCK ©

NATALIIA ZHEKOVA/SHUTTERSTOCK ©

Gratuit

Si vous ne voulez pas payer l'entrée pour la cour de l'observatoire, cherchez le prolongement du méridien de référence, une bande de métal, juste à l'extérieur de la grille. Vous pourrez être à cheval sur deux hémisphères en même temps, sans bourse délier.

1972 par le Temps universel coordonné (UTC), tenu pour plus précis.

D'un hémisphère à l'autre À l'extérieur, un rail matérialise le méridien de Greenwich dans la cour du Méridien. En l'enjambant, on passe d'un hémisphère à l'autre.

Sections gratuites et payantes Fait inhabituel parmi les sites de Greenwich, l'Observatoire royal comprend à la fois des sections gratuites (comme les Weller Astronomy Galleries) et des sections payantes (tels les la cour du Médien et Flamsteed House).

Proche de l'Observatoire royal, l'ultramoderne **Peter Harrison Planetarium** (www.rmg.co.uk/whats-on/planetariumshows) est l'unique planétarium de Londres. Il peut projeter la voûte céleste en entier au plafond. Plusieurs séances sont programmées chaque jour, dont une pour les enfants. Réservation conseillée.

HAMPSTEAD ET NORTH LONDON

HISTOIRE | NATURE | PRENDRE UN VERRE

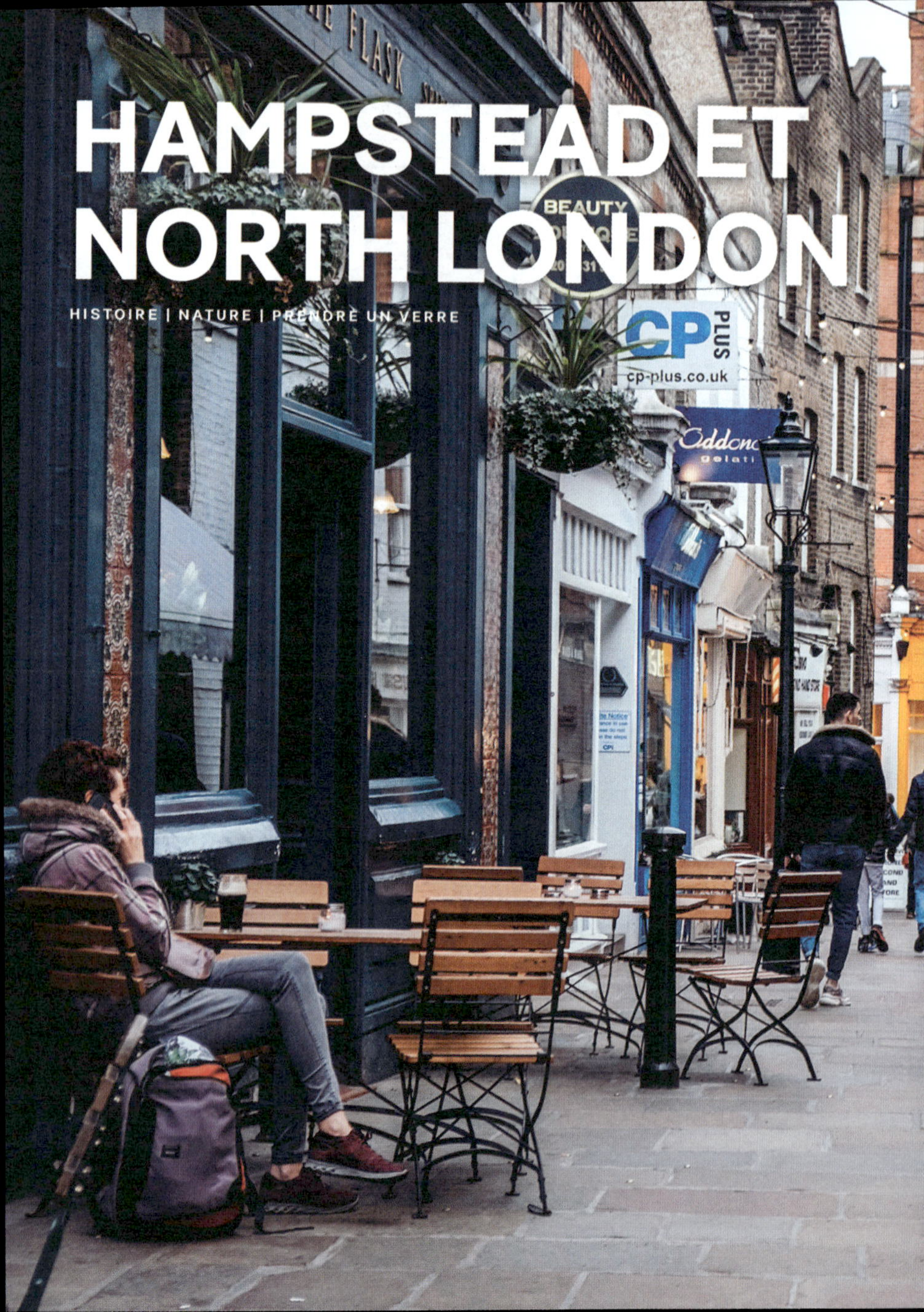

www.galtonflowers.com
The shop & Academy

HAMPSTEAD ET NORTH LONDON
à la carte

INCONTOURNABLES ET TRÉSORS CACHÉS

Seul le centre de Londres compte plus de *blue plaques* (plaques commémoratives) et de résidents célèbres que Hampstead et Highgate, quartiers aisés dont les vastes maisons de ville et le célèbre Heath abritent fantômes, boutiques branchées, antiquaires et marchés. Non loin, on trouve à Islington, quartier multiculturel branché, et à Stoke Newington, des mosquées ottomanes, une excellente gastronomie anatolienne et l'occasion d'escapades rurales.

En pratique

Sur place Découvrir le côté rural de Londres et son héritage multiculturel.

Durée Laissez-vous quatre à cinq jours.

Circuler Le nord de Londres est bien desservi par l'Overground.

À savoir Hampstead et Highgate sont chers ; pour manger sans trop dépenser, essayez autour de Camden et de Kentish Town.

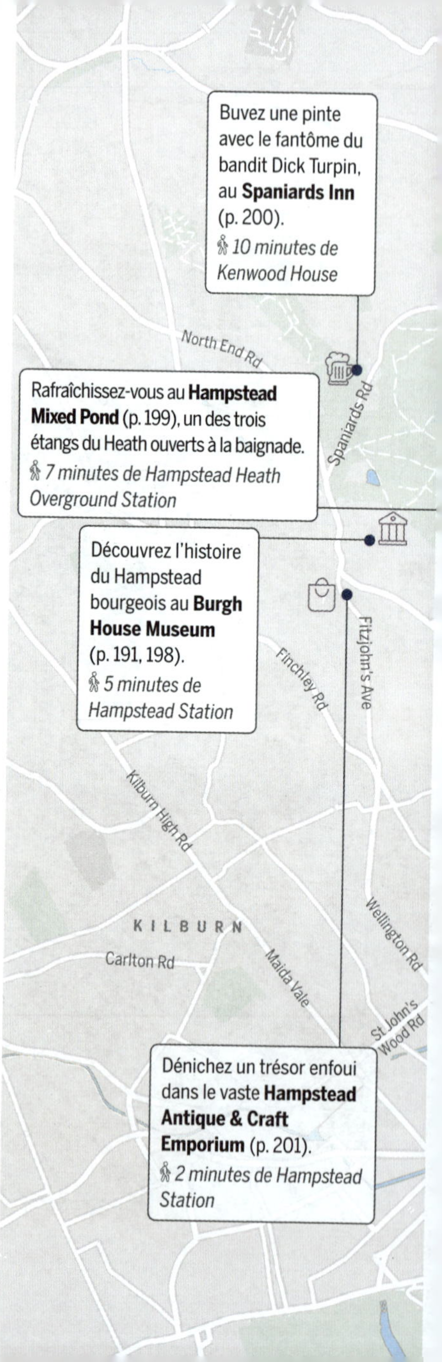

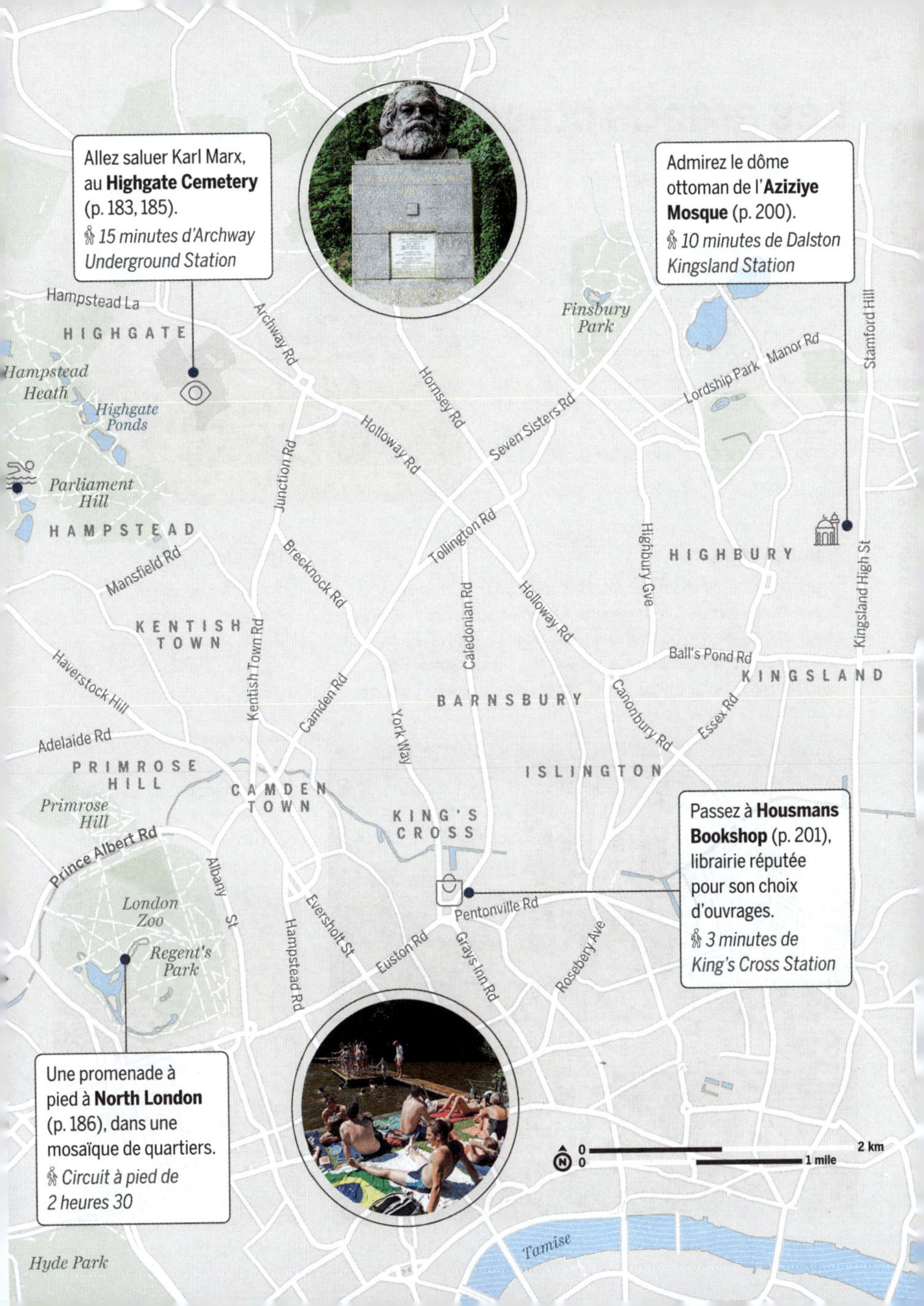

Allez saluer Karl Marx, au **Highgate Cemetery** (p. 183, 185).

15 minutes d'Archway Underground Station

Admirez le dôme ottoman de l'**Aziziye Mosque** (p. 200).

10 minutes de Dalston Kingsland Station

Passez à **Housmans Bookshop** (p. 201), librairie réputée pour son choix d'ouvrages.

3 minutes de King's Cross Station

Une promenade à pied à **North London** (p. 186), dans une mosaïque de quartiers.

Circuit à pied de 2 heures 30

Les grands classiques

Pour les infos pratiques de chaque site, reportez-vous au *Carnet d'adresses* p. 198.

Hampstead Heath

Hampstead Heath, avec ses forêts et ses prairies vallonnées, semble à mille lieues de la City, qui n'est pourtant qu'à 6 km. Ses 320 ha hébergent diverses espèces d'oiseaux et de papillons et une flore variée. Des étangs sont ouverts à la natation et vous aurez une belle vue sur Londres depuis Parliament Hill.

VICTORHUANG/GETTY IMAGES ©

Camden Market

Images, sons, parfums et énergie débordante font du légendaire Camden Market une étape obligée pour aborder le *spirit of London*. Le marché s'étend aujourd'hui de la station de métro de Camden Town à celle de Chalk Farm. Une plongée dans ce quartier à la mode de North London, à l'écart des grands sites du centre.

NEIL SETCHFIELD/LONELY PLANET ©

British Library

Avec ses murs de brique rouge et sa statue géante de Newton, la British Library (1998) recèle des trésors, parmi lesquels le *Codex Sinaiticus* (première version complète du Nouveau Testament), des carnets de Léonard de Vinci et deux des exemplaires de la *Magna Carta* (1215).

RON ELLIS/SHUTTERSTOCK ©

Gare et hôtel St Pancras

La splendeur néogothique qu'est la gare St Pancras (1868) abrite aujourd'hui le terminal de l'Eurostar, un hôtel 5 étoiles et des appartements de luxe. Des visites guidées vous emmènent dans un voyage passionnant à travers l'histoire du bâtiment.

JUSTIN FOULKES/LONELY PLANET ©

Regent's Canal

Pour échapper à la foule, suivez ce canal qui jouait autrefois un rôle vital dans le transport de marchandises vers la capitale. Le chemin de halage permet de traverser North London à pied ou à vélo. Le ruban d'eau s'étire sur 13,5 km, de Little Venice, où elle rejoint le Grand Union Canal jusqu'au bassin de Limehouse et la Tamise.

RON ELLIS/SHUTTERSTOCK ©

SANGHYUNPAEK/ISTOCKPHOTO ©

Kenwood House

Cette somptueuse demeure néoclassique de stuc blanc qui se dresse à l'extrémité nord du parc de Hampstead Heath compte de beaux espaces paysagers menant à un lac pittoresque. Le jardin, orné de sculptures de Henry Moore et Barbara Hepworth, jouit d'une belle vue. Une appli permet de visiter la demeure sans guide.

OLIVIER GUIBERTEAU/SHUTTERSTOCK ©

Highgate Cemetery

Merveille gothique composée d'urnes, d'obélisques, de colonnes brisées, d'anges endormis et de tombeaux égyptiens, Highgate s'étend sur 20 ha, dans un cadre sauvage. L'impressionnant West Cemetery, envahi par la végétation, ne peut être découvert que lors d'une visite guidée.

36 Hanter les tavernes de HAMPSTEAD

HORREUR | HISTOIRE | PUBS

Un mémorable circuit des pubs, qui passe par les plus beaux endroits réputés hantés de Hampstead, entre Golders Green et Highgate en passant par trois des plus “sinistres” pubs de Londres. On y croise des revenants célèbres – et certains des meilleurs *Sunday roasts* de l'ouest de Londres – avant de partir à la chasse au vampire dans le plus fameux cimetière de la capitale.

VICKY JIRAYU/SHUTTERSTOCK ©

En pratique

S'y rendre Il n'y a que quelques pas entre Golders Green Station (Northern Line) et l'Old Bull & Bush ; sinon prenez les bus n^{os}210 ou 268.

Quand y aller Lorsque les jours raccourcissent et que le fameux brouillard londonien commence à envahir le Heath. Voir aussi p. 182.

Père du socialisme Karl Marx repose dans le Highgate Cemetery (section Est), où trône son buste.

DAN BRIDGE/GETTY IMAGES ©

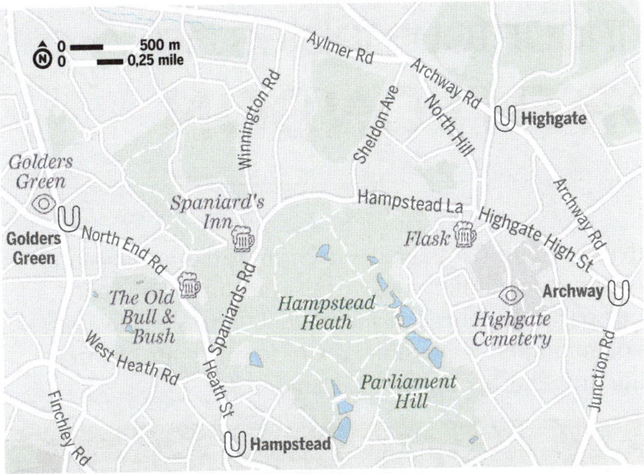

Commencez à l'**Old Bull & Bush** (p. 200). En 1987, y furent découverts, derrière un mur, un squelette et du matériel de chirurgie. D'aucuns disent avoir souvent vu un personnage victorien voilé, assis au bar. Puis direction est, vers l'un des plus vieux pubs de Londres, le **Spaniards Inn** (p. 200), où vous croiserez le premier des fantômes amoureux espagnols de Hampstead, celui du propriétaire de l'auberge au XVIIe siècle, Juan Porero, tué en duel par son frère à cause d'une femme. Mais sans doute êtes-vous venu en priorité pour voir le plus célèbre fantôme de l'auberge, le bandit de grand chemin Dick Turpin. À la lisière est du Heath, un autre spectre ibérique réside au **Flask** (p. 200), celui d'une ancienne barmaid qui, éperdue d'amour, s'est pendue dans la cave. Mais elle n'est pas seule. En vous asseyant dans un coin confortable de ce pub du XVIIe siècle, prenez garde à son effrayant collègue, souvent aperçu disparaissant dans les colonnes, vêtu d'un uniforme de cavalier !

Enfin, on arrive au cimetière le plus connu de Londres, **Highgate Cemetery** (p. 183, 198). Certains y voient une silhouette voilée de sombre, d'autres une nonne qui flotte dans l'air, d'autres encore une femme grisonnante et enragée... Les plus téméraires iront chasser le légendaire vampire de Highgate, aperçu pour la première fois dans les années 1960, et dont on dit qu'il s'en prenait aux habitants du coin. Peu de temps après, on rapporta à la police des histoires de carcasses d'animaux vidés de leur sang. Dans les années 1970, une véritable chasse au vampire fut menée dans le cimetière.

À gauche L'Old Bull & Bush
En bas, à gauche Tombes anciennes, Highgate Cemetery

À la poursuite de Dracula

La chasse au vampire de Highgate fut menée par un "magicien", David Farrant, et un "évêque de la vieille Église catholique", Sean Manchester. Le vendredi 13 février 1970, tous deux annoncèrent à la TV qu'ils partaient détruire la créature. Quelques heures après leur passage à l'écran, une foule armée de pieux improvisés arriva au cimetière. Des gens y pénétrèrent et profanèrent de nombreuses tombes. Ces turpitudes ne prirent fin qu'en 1973, lorsque Manchester affirma avoir enfoncé un pieu dans le cœur du vampire, dans la "maison de Dracula".

37 Les incontournables de NORTH LONDON

CANAL | ZOO | MUSIQUE

Parcs, marchés ou rives bordant des canaux offrent plus d'une occasion pour se promener, ce qui n'est pas le moindre des attraits de North London. Cet itinéraire inclut des lieux parmi les plus charmants de Londres et plusieurs sites qu'il serait dommage de manquer. Si possible, restez le soir pour profiter des formidables concerts qui animent le quartier de Camden.

LANAG/SHUTTERSTOCK ©

En pratique

Départ Départ Marylebone Rd ; Ⓤ Baker St.

Arrivée Lock Tavern ; Ⓤ Chalk Farm.

Distance 4 km **Durée** 2 heures 30.

La photo Au sommet de Primrose Hill, prenez une fabuleuse photo des toits de Londres.

Une petite pause ?

Le **West Yard Market** (p. 201), dans la partie du marché appelée **Camden Lock**, près de l'écluse (*lock*), déborde de stands de cuisine à emporter proposant des plats du monde entier : crêpes, spécialités chinoises, grillades argentines, sushis... il y a vraiment de tout.

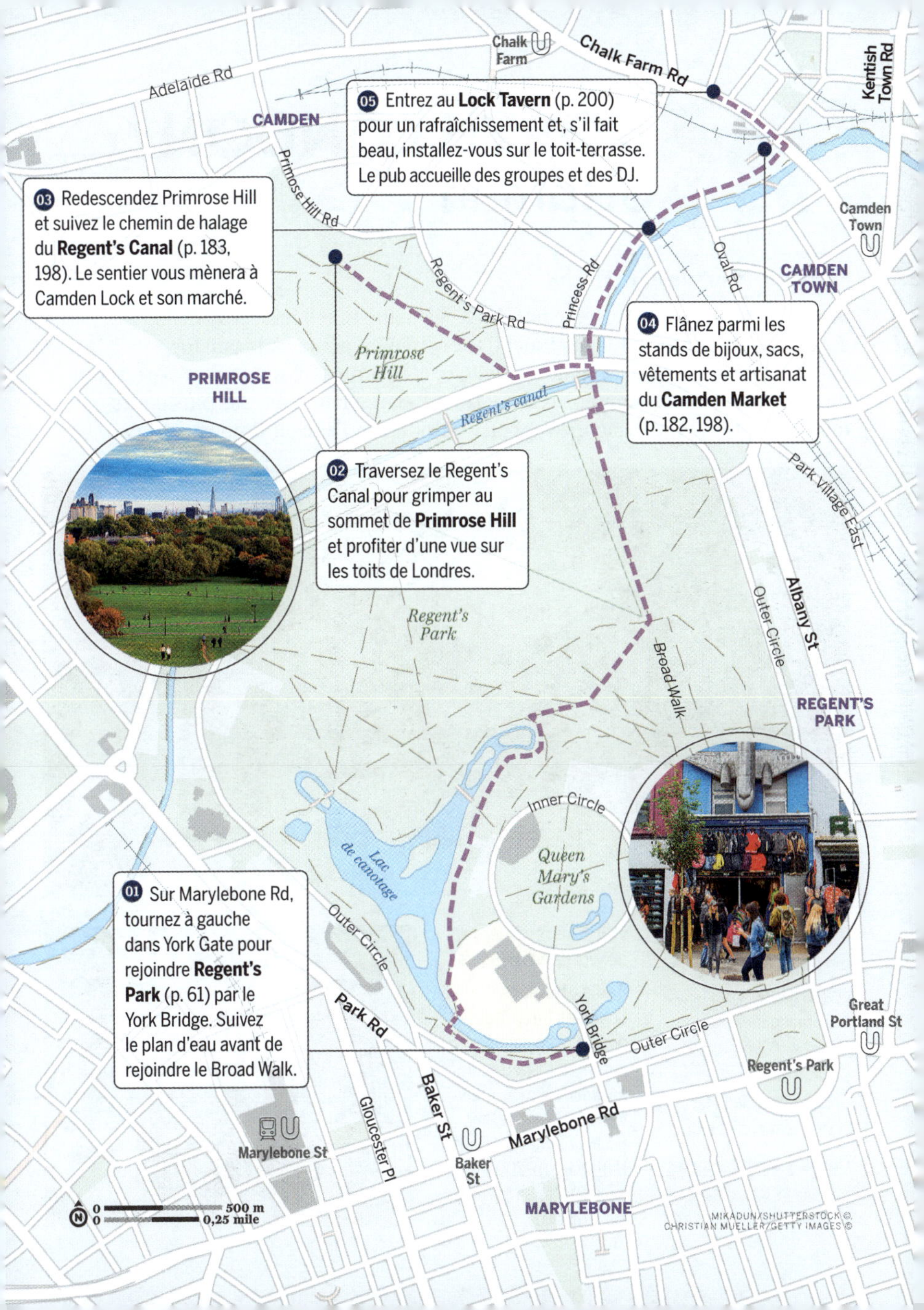
01 Sur Marylebone Rd, tournez à gauche dans York Gate pour rejoindre **Regent's Park** (p. 61) par le York Bridge. Suivez le plan d'eau avant de rejoindre le Broad Walk.
02 Traversez le Regent's Canal pour grimper au sommet de **Primrose Hill** et profiter d'une vue sur les toits de Londres.
03 Redescendez Primrose Hill et suivez le chemin de halage du **Regent's Canal** (p. 183, 198). Le sentier vous mènera à Camden Lock et son marché.
04 Flânez parmi les stands de bijoux, sacs, vêtements et artisanat du **Camden Market** (p. 182, 198).
05 Entrez au **Lock Tavern** (p. 200) pour un rafraîchissement et, s'il fait beau, installez-vous sur le toit-terrasse. Le pub accueille des groupes et des DJ.
Chalk Farm
Chalk Farm Rd
Adelaide Rd
CAMDEN
Kentish Town Rd
Primrose Hill Rd
Camden Town
CAMDEN TOWN
Regent's Park Rd
Princess Rd
Oval Rd
Primrose Hill
PRIMROSE HILL
Regent's canal
Park Village East
Albany St
Outer Circle
Regent's Park
Broad Walk
REGENT'S PARK
Inner Circle
Queen Mary's Gardens
Lac de canotage
Outer Circle
Park Rd
York Bridge
Outer Circle
Great Portland St
Regent's Park
Baker St
Gloucester Pl
Marylebone Rd
Marylebone St
Baker St
MARYLEBONE
0 500 m
0 0,25 mile

38 NORTH LONDON ottoman

HISTOIRE | CULTURE | RELIGION

North London, traversé par l'A10, accueille une bonne part de la communauté turque de la capitale. C'est le lieu où goûter à la cuisine anatolienne, qu'il s'agisse d'une *lahmacun* (pizza turque) ou d'un *güveç* (ragoût de mouton) délicatement épicé. On y trouve également trois des plus belles mosquées de la ville, chacune rappelant à sa façon l'ancien Empire ottoman.

DAN KITWOOD/GETTY IMAGES ©

En pratique

S'y rendre Les bus n°149 et 243 passent par les trois mosquées ; les stations d'Overground Dalston Junction et Dalston Kingsland se situent entre celles-ci.

Quand y aller Consultez les heures des cinq prières quotidiennes et visitez les mosquées en dehors de ces horaires.

Bains ottomans
Les bains turcs, très populaires à Londres autrefois, disparurent en peu de temps, mais font leur grand retour. Essayez le Turkish Bath Hammam (p. 200), près de la Ramadan Mosque, sur Crossway.

CKTRAVELS.COM/SHUTTERSTOCK ©

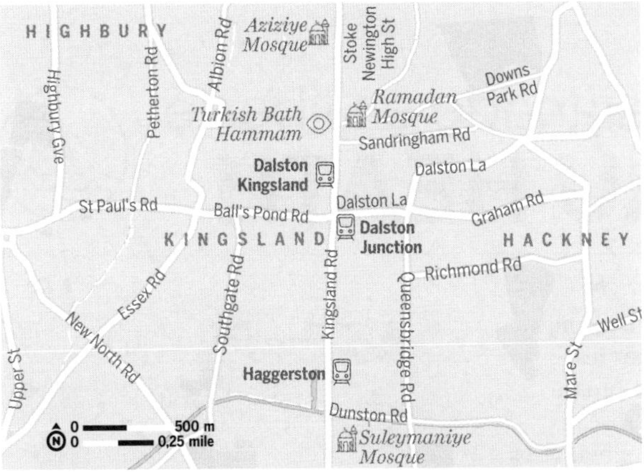

La **Suleymaniye Mosque** (p. 200 ; mosquée de Soliman) rappelle beaucoup l'époque ottomane. Nommée d'après la principale mosquée de l'Empire, la mosquée Süleymaniye d'Istanbul – bâtie par l'architecte Sinan pour Soliman le Magnifique – compte un dôme ottoman classique, et un minaret haut de 66 m (le plus haut du Royaume-Uni, dit-on), comme surgi des toits d'Istanbul. Fondée en 1994, elle peut accueillir 3 000 fidèles, et est aussi spectaculaire à l'intérieur qu'à l'extérieur.

La **Ramadan Mosque** (p. 200), fondée en 1977 pour servir la communauté chypriote-turque locale, occupe l'ancienne synagogue de Stoke Newington. Ce splendide bâtiment est de style "andalou". À l'intérieur, la pièce la plus importante est l'insigne impérial de l'époque ottomane qui orne l'impressionnante chaire de pierre, le *minbar*. La mosquée comprend aussi un agréable café, et accueille des événements culturels favorisant l'harmonie intercommunautaire.

Enfin, et de loin la plus jolie des trois, l'**Aziziye Mosque** (p. 200) fut, jusqu'en 1983, un cinéma projetant des films érotiques ou d'arts martiaux. Si la structure du bâtiment n'a pas changé, on l'a transformé en y ajoutant deux dômes dorés typiquement ottomans et en le recouvrant des fameuses céramiques bleues d'Iznik – réellement importées de Turquie, dit-on. Le thème bleu se poursuit à l'intérieur avec un épais tapis, étendu sous un superbe dôme central décoré d'exquises calligraphies arabes, de motifs rouge et bleu et d'un grand lustre.

À gauche Suleymaniye Mosque
En bas, à gauche Aziziye Mosque

ⓘ Règles à suivre

Pour visiter une mosquée, n'oubliez pas les règles suivantes : évitez de vous y balader à l'heure des cinq prières quotidiennes, et portez une tenue couvrant les épaules et les jambes jusqu'en dessous des genoux. Les femmes doivent porter un foulard et il faut ôter ses chaussures à l'entrée. Dans certaines mosquées, la grande salle de prière est réservée aux hommes et les femmes doivent se contenter du balcon.

39 Baignade en liberté AU HEATH

BAIGNADE | NATURE | PLEIN AIR

Plongez tandis qu'un cygne s'envole près de vous, saluez les canards tout en nageant la brasse et sentez le frôlement des roseaux en faisant le tour des plus singulières pièces d'eau de Londres. Bienvenue aux étangs de Hampstead Heath, seul endroit de la capitale où on peut se baigner en eau libre.

En pratique

S'y rendre Le bus n°214 passe à proximité des bassins non mixtes ; la station Hampstead Heath Overground est proche du bassin mixte.

Quand y aller Les bassins hommes et femmes sont ouverts toute l'année ; le bassin mixte seulement d'avril à octobre. Tous sont payants – mais ils sont peu onéreux.

Piscine découverte Pour se baigner en plein air, mais dans une vraie piscine, mentionnons Parliament Hill Lido, à l'angle sud-est du Heath.

Les habitants viennent nager dans les bassins de Hampstead Heath depuis le XIXe siècle, lorsque trois des réservoirs (ponds) alimentant Londres en eau potable furent transformés en lieux de baignade en plein air.

Le plus grand des trois, **Highgate Men's Pond** (p. 199), proche de l'entrée du Heath par Millfield Lane, est pourvu d'un impressionnant plongeoir. Cet immense bassin est entouré de berges herbeuses, de vieux arbres

En haut, à droite L'étang mixte, Hampstead
À droite Canard sur l'étang de Hampstead Heath

JEREMY HOARE/ALAMY STOCK PHOTO ©

ELIZAK/SHUTTERSTOCK ©

Brunch au Burgh

Non loin du bassin mixte de Hampstead, le **Burgh House Museum** (p. 198), aménagé dans une demeure du début du XVIIIe siècle, est un lieu d'art, de manifestations culturelles et d'histoire qui présente une très belle collection permanente sur Hampstead à travers les âges. On y trouve aussi un bon café servant de généreux brunchs.

et d'épais bancs de roseaux. On y éprouve la délicieuse sensation d'une baignade en eau libre, alors qu'on est en plein cœur du Londres moderne. C'est encore plus vrai l'hiver, lorsque seuls viennent les plus endurcis et que le lieu est d'une sérénité sans égale. C'est également le cas du **Kenwood Ladies' Pond** (p. 199), un peu plus au nord. Plus petit et entouré d'épais buissons, avec des branches qui frôlent l'eau, ce bassin réservé aux femmes a quelque chose d'intemporel. D'aucuns affirment même que se baigner dans l'un ou l'autre tient d'une expérience spirituelle. Enfin, le **Hampstead Mixed Pond** (p. 199) est, quant à lui, de l'autre côté du Heath, à proximité de Pryors Field. Par beau temps, c'est le plus fréquenté des trois bassins, mais il est fermé au public l'hiver.

HAMPSTEAD
chic

02

01

03

01 Crêpes
Il faut faire la queue, mais les crêpes et galettes françaises (sucrées ou salées) de *La Crêperie de Hampstead* (p. 200) valent bien l'attente.

02 Antiquités et objets de collection
Hampstead compte maints marchés et boutiques d'antiquités, à l'exemple du vaste Hampstead Antique & Craft Emporium (p. 201).

03 Statue de Sigmund Freud
Le père de la psychanalyse fut l'un des habitants les plus célèbres de Hampstead et sa statue, très ressemblante, se dresse devant le célèbre Tavistock College.

04 The Gallery
Ce bar élégant (p. 201) programme jazz et DJ, et une bonne partie des bières, alcools ou vins de sa carte sont de production locale.

04

05

06

05 Hām
Raffiné mais décontracté, Hām (p. 200) – de l'ancien anglais signifiant "home" – sert une cuisine tout à la fois simple et raffinée, à l'exemple du porc *saddleback* aux oignons rôtis et au concombre.

06 Kenwood House
Imaginez-vous en seigneur du manoir et admirez les superbes salles de cette maison de campagne (p. 198) du XVIIe siècle située à l'extrémité nord du parc de Hampstead Heath.

40 Les anciennes stations du MÉTRO

MÉTRO | STATIONS FANTÔMES | HISTOIRE

Le *Tube* ne se résume pas à un simple moyen de transport : il est un des symboles de la vie londonienne. Découvrez ce métro sous un jour différent, au fil des stations désaffectées qui ponctuent la ville.

NICK HARRISON/ALAMY STOCK PHOTO ©

La fermeture de South Kentish Town

C'est, curieusement, une grève dans une centrale électrique qui amena cette station à fermer. Il fut en effet décidé de ne pas la rouvrir même après que le courant y fut rétabli. On peut contempler, de l'extérieur, ce bâtiment reconnaissable à ses carrelages ou s'engouffrer dans les commerces qui l'occupent désormais.

En pratique

Circuler La station de métro Kentish Town est sur la Northern Line. Prenez le métro à votre gré avec une "Oyster Card".

Quand y aller Toute l'année.

La photo Prenez une photo de la réplique du logo au cercle rouge, sur le quai de Covent Garden (vers l'est).

Détour Pour déjeuner, faites un détour au London Transport Museum (Covent Garden Piazza), avec un café-boutique sur le thème des transports en commun.

Cet itinéraire a été conçu par Geoff Marshall. Londonien, ancien détenteur du "Tube Travelling World Record" (temps minimal pour passer par toutes les stations du métro) et guide pour Hidden London. @geofftech

01 Sortez de Kentish Town Station sur la gauche. Descendez Kentish Town Road vers le sud jusqu'au carrefour avec Castle Rd. **South Kentish Town Station** est le bâtiment carrelé de rouge (occupé aujourd'hui par des boutiques). Elle a fermé en 1924.

02 Continuez à marcher vers le sud jusqu'à Camden Town. Prenez la Northern Line jusqu'à King's Cross. Allez vers Grays Inn Rd et prenez à gauche dans St Chad's Pl. Jetez un coup d'œil par-dessus le mur, pour voir le quai abandonné de la **King's Cross** d'origine.

03 Revenez à King's Cross pour gagner Holborn via la Piccadilly Line. Descendez Kingsway vers le sud et vous trouverez **Aldwych Station**, dans Surrey St, une rue adjacente. On en voit deux côtés : l'entrée principale donnant sur Surrey St, et une autre façade sur le Strand.

04 Revenez à Holborn et prenez la Piccadilly Line jusqu'à Green Park. Marchez vers l'ouest dans Piccadilly jusqu'à Down Street. Le vieux bâtiment carrelé de rouge qui s'y trouve, **Down Street Station**, a fermé en 1934.

05 Marchez vers l'ouest jusqu'à **Hyde Park Corner**. Une ancienne station de métro se dresse du côté ouest du carrefour, sur Knightsbridge ; son entrée se trouve au-dessous de la route. C'est aujourd'hui un restaurant, mais sa fonction passée reste bien visible.

STEVE SPELLER/ALAMY STOCK PHOTO ©

par Geoff Marshall
Londonien et guide pour Hidden London – Geoff a visité en 2017 chacune des 2 563 gares du National Rail de Grande-Bretagne.
@geofftech

DRIMAFILM/SHUTTERSTOCK ©

Les stations désertées du métro

QUAND LE MÉTRO NE S'Y ARRÊTE PLUS

Le plan du métro de Londres vous semble peut-être familier, mais connaissez-vous l'ensemble des stations, abandonnées et vides, qui ponctuent la capitale ? Il y en a une cinquantaine.

Une cinquantaine ? Pourquoi un compte imprécis ? Bonne question... à laquelle on répondra par une autre : comment définir une station à l'abandon ? Certaines sont ouvertes encore aujourd'hui mais le bâtiment d'origine en est désaffecté. D'autres ont été déplacées, et ne sont donc abandonnées qu'en théorie. La définition est, comme on le voit, sujette à interprétation.

La plus célèbre est sans doute **Aldwych**, étrange ramification à une seule station d'une ligne partant de Holborn, qui n'accueillait plus que 450 passagers par jour avant sa fermeture. Si vous veniez de rater cette navette à Holborn, il était souvent plus rapide d'y aller à pied que d'attendre le train suivant. Ainsi, fin 1994, suite à l'annonce du coût prohibitif que réclamerait la nécessaire rénovation de ses ascenseurs, Aldwych Underground Station fut fermée.

La première des stations abandonnées du métro fut celle de **King William Street**. Aménagée sur ce qui est aujourd'hui la Northern Line, juste à côté du monument au Grand Incendie de Londres, elle ouvrit en 1890 pour fermer à peine dix ans plus tard en 1900, lorsque la ligne fut prolongée. Ses tunnels humides existent encore aujourd'hui, enfouis sous des bâtiments modernes.

Maintes stations ont disparu tout simplement parce qu'à l'origine, le métro n'était pas un système complètement unifié. Construites et exploitées par des sociétés concurrentes, elles ne furent regroupées que dans les années 1930 avec la création du London Passenger Transport Board.

À gauche Mornington Crescent Underground Station **Au centre** Aldwych Underground Station **À droite** Visite guidée des tunnels de Euston, proposée par Hidden London

RIGHTCLICKSTUDIOS/SHUTTERSTOCK ©

NICK HARRISON/ALAMY STOCK PHOTO ©

Les deux guerres mondiales ont aussi contribué à l'abandon de certaines stations, fermées durant les conflits et qui n'ont jamais rouvert ensuite. D'autres l'ont été au motif de leur proximité avec des stations voisines, dont elles étaient devenues d'inutiles doublons. Certaines encore ont été déplacées et reconstruites : ainsi, sur la Piccadilly Line, **Osterley Station** se trouvait à l'origine 500 m plus loin avant d'être rebâtie à un emplacement plus adéquat. Les passagers allant ou revenant de Heathrow passent devant ses quais désertés encore bien visibles, même s'ils y prêtent peu d'attention.

Même si vous ne pouvez pas descendre sous terre, il existe encore beaucoup d'anciens bâtiments repérables en surface.

Recommandés aux amoureux du métro, les circuits proposés par **Hidden London** (hidden-london.com) permettent de voir certaines de ces stations à l'abandon, et des guides vous en feront même visiter l'intérieur et les alentours. Même si vous ne pouvez pas descendre sous terre, il existe encore beaucoup d'anciens bâtiments repérables en surface. Mes préférés sont ceux reconnaissables à leur carrelage rouge, œuvre du designer Leslie Green.

Leslie Green et le Tube

Leslie Green est un architecte de renom qui a dessiné plusieurs stations du métro londonien au début du XXe siècle. Son style se caractérise par l'usage de céramiques rouge sang, en façade des bâtiments à structure métallique de deux niveaux, avec des fenêtres en arc de cercle à l'étage, et des carrelages à motifs sophistiqués à l'intérieur.

Plusieurs stations dessinées par Green existent et servent encore aujourd'hui. On les reconnaît d'emblée, y compris de loin. Son assistant, Stanley Heaps, a poursuivi son œuvre après qu'il eut succombé à la tuberculose en 1908, à l'âge de seulement 33 ans. Ces splendides stations témoignent, aujourd'hui encore, de leur travail.

Carnet d'adresses

Les grands classiques (p. 182)

British Library

(www.bl.uk ; 96 Euston Rd ; entrée libre ; 9h30-20h lun-jeu, 9h30-18h ven, 9h30-17h sam, 11h-17h dim ; King's Cross St Pancras) GRATUIT

Camden Market

(www.camdenmarket.com ; Camden High St ; 10h-tard ; Camden Town ou Chalk Farm)

Gare et hôtel St Pancras

(020-7843 7688 ; www.stpancras.com ; Euston Rd ; King's Cross St Pancras)

Hampstead Heath

(www.cityoflondon.gov.uk/things-to-do/green-spaces/hampstead-heath ; Hampstead Heath)

Highgate Cemetery

(www.highgatecemetery.org ; Swain's Lane ; adulte/enfant 4 £/gratuit ; 10h-17h mars-oct, 10h-16h nov-fév ; Archway)

Regent's Canal

(www.royalparks.org.uk/parks/the-regents-park ; 5h-crépuscule ; Regent's Park ou Baker St)

Maisons-musées

Burgh House Museum

Voir p. 191. (020-7431 0144 ; burghhouse.museumssites.com ; Burgh House, New End Square ; 10h-16h mer, jeu, ven et dim ; Hampstead)

Fenton House

Cette maison (1686) abrite une collection d'art postimpressionniste anglais. (020-7435 3471 ; www.nationaltrust.org.uk/fenton-house-and-garden ; 10 Keats Grove, NW3 ; tarif plein/enfant/famille 10/5/25 £ ; 11h-16h dim ; Hampstead)

Freud Museum

La demeure du père de la psychothérapie recèle maints objets lui ayant appartenu, dont le fameux divan. (020-7435 2002 ; www.freud.org.uk ; 20 Maresfield Gardens ; tarif plein/enfant 14 £/gratuit ; 10h30-17h mer-dim ; Finchley Rd)

Keats House

Le célèbre poète vécut ici. Y sont exposés nombre d'originaux de ses poèmes. (020-7332 3868 ; www.cityoflondon.gov.uk/keats ; 10 Keats Grove ; tarif plein/enfant 8 £/gratuit ; 11h-13h et 14h-17h mer-ven et dim ; Hampstead Heath)

Kenwood House

Voir p. 183, 193. (020-8348 1286 ; www.english-heritage.org.uk/visit/places/kenwood ; Hampstead Ln ; 10h-16h ; Hampstead ou Highgate, bus N°210)

William Morris Gallery

Entrez dans la maison de famille de ce grand touche-à-tout et admirez ses inspirations. (020-8496 4390 ; www.wmgallery.org.uk ; Lloyd Park, Forest Rd ; 10h-17h mar-dim ; Walthamstow Central) GRATUIT

Blue Plaques de Hampstead

Anna Freud

La pionnière de la psychanalyse infantile vivait au 20 Maresfield Gardens, avec son célèbre père, Sigmund, et leur famille. (Finchley Rd)

ALEXMASTRO/SHUTTERSTOCK ©

Keats House

Charles Darwin

Ce naturaliste du XIXe siècle, qui a popularisé la théorie de l'évolution, a vécu dans une maison à l'emplacement où se tient aujourd'hui le bâtiment des sciences biologiques de l'UCL. (115 Gower St, Euston Sq, Warren St ou Goodge St)

George Orwell

Ce romancier visionnaire, auteur de *1984* et de *La Ferme des animaux*, a vécu au 50 Lawford Road. (Camden Rd ou Kentish Town West)

Noor Inayat Khan

Cette femme, agent secret indo-britannique envoyée en France durant la Seconde Guerre mondiale, a vécu au 4 Taviton St. Elle fut arrêtée et déportée. (Euston Sq ou Warren St)

Rabindranath Tagore

Ce poète et mystique indien est devenu célèbre après avoir obtenu le prix Nobel de littérature en 1913. Il a résidé un temps au 3 Villas on the Heath. (Belsize Park)

Ruth First

La militante anti-apartheid sud-africaine et universitaire a vécu au 13 Lyme St avec son mari, Joe Slovo. (Camden Rd)

Balades et découvertes

Hampstead Mixed Pond

Voir p. 191. (020-7485 5757 ; www.cityoflondon.gov.uk ; Hampstead Heath ; tarif plein/réduit 4,25/2,55 £ ; à partir de 7h, heure de fermeture en fonction de la saison ; Hampstead Heath)

Highgate Cemetery

Voir p. 183.

Highgate Men's Pond

Voir p. 190. (020-7485 5757 ; www.cityoflondon.gov.uk ; Hampstead Heath ; tarif plein/réduit 4,25/2,55 £ ; à partir de 7h, heure de fermeture en fonction de la saison ; Hampstead Heath)

AC MANLEY/SHUTTERSTOCK ©

William Morris Gallery

Kenwood Ladie's Pond

Voir p. 191. (020-7332 3779 ; www.cityoflondon.gov.uk ; Hampstead Heath ; tarif plein/réduit 4,25/2,55 £ ; à partir de 7h, heure de fermeture en fonction de la saison ; Hampstead Heath)

London Transport Museum

Voir p. 194. (020-343 222 5000 ; www.ltmuseum.co.uk ; Covent Garden Piazza ; 10h-18h tlj, dernière entrée à 17h ; Covent Garden ou Temple)

Statue de Sigmund Freud

Voir p. 192. (angle Fitzjohn's Ave et Belsize Ln, Hampstead ; Finchley Rd ou Swiss Cottage)

Tottenham Hotspur Stadium

(020-3929 1882 ; www.tottenhamhotspur.com/the-stadium ; 748 High Rd ; adulte/enfant 30/15 £ ; 10h-18h lun-sam, 10h30-16h30 dim ; White Hart Lane, Seven Sisters, puis bus n°149 ou 259)

Wellcome Collection

(020-7611 2222 ; www.wellcomecollection.org ; 183 Euston Rd ; entrée libre ; 10h-18h mar, mer, ven-dim, 10h-21h jeu ; Euston Sq ou Euston) GRATUIT

Zoo de Londres

Les enclos de ce célèbre zoo reproduisent au plus près les habitats d'origine des animaux. (0344-225 1826 ; www.zsl.org/zsl-london-zoo ; Outer Circle, Regent's Park ; adulte 25-32,50 £, enfant 16-20,50 £ ; 10h-18h avr-août, horaires réduits hors saison ; 88, 274)

Escapades ottomanes

Aziziye Mosque

Voir p. 189. (020-7254 0046 ; www.facebook.com/aziziyemosque ; 117-119 Stoke Newington Rd ; U Rectory Rd)

Ramadan Mosque

Voir p. 189. (020-7249 2244 ; www.masjidramadan.org ; 9-15 Shaclewell Ln ; 13h-22h tlj ; U Dalston Kingsland)

Suleymaniye Mosque

Voir p. 189. (020-7684 9900 ; www.suleymaniye.org ; 212-216 Kingsland Rd ; 9h-23h tlj ; U Hoxton ou Haggerton)

Turkish Bath Hammam

Voir p. 188. (020-7249 5554 ; turkishbathhamam.co.uk ; 4A Crossway, Stoke Newington ; femmes 10h22h lun, mer et sam, hommes 13h-2h mar, jeu, ven et dim ; U Dalston Kingsland)

Pour un brunch

Breakfast Club £

On y fait la queue dans cette institution d'Islington le week-end pour le "Full Monty" ou le "Reggie the Veggie". (020-7726 5454 ; thebreakfastclubcafes.com ; 31 Camden Psge ; 8h-15h lun-ven, 8h-17h sam-dim ; U Angel)

Brew House £

Dans la superbe Kenwood House, des petits-déjeuners anglais complets sont servis jusqu'à 11h30 le week-end. (020-3282 8369 ; Kenwood House, Hampstead Ln ; 9h-17h tlj ; U Hampstead ou Highgate, bus n°210)

Roni's £

Dans Swains Lane, à Highgate, le brunch nord-africain est parfait et la chakchouka est servie avec du pain pita frais et chaud. (020-8340 4404 ; www.ronisonline.co.uk ; 2 Swains Ln ; 7h-20h tlj ; U Tufnell Park ou Gospel Oak)

Restaurants et tavernes

Flask

Voir p. 185. (020-8348 7346 ; www.theflaskhighgate.com ; 77 Highgate West Hill ; 12h-23h lun-sam, 12h-22h30 dim ; U Highgate ou Archway)

Hām

Voir p. 193. (020-7813 0168 ; www.hamwesthampstead.com ; 238 West End Ln ; 10h-22h mar-ven, 9h-22h sam, 9h-15h dim ; U West Hampstead)

La Crêperie de Hampstead

Voir p. 192. (020-7445 6767 ; 77 Hampstead High St ; 12h-23h tlj ; U Hampstead)

Lock Tavern

Voir p. 187. (020 7482 7163 ; www.lock-tavern.com ; 35 Chalk Farm Road ; 15h-22h lun-mer, 12h-23h jeu, 12h-01h ven-sam, 12h-22h dim ; U Chalk Farm ou Camden Town)

Old Bull & Bush

Voir p. 185. (020-8905 5456 ; www.thebullandbush.co.uk ; North End Way ; 11h-23h lun, jeu, ven et sam, 11h-22h mar, mer et dim ; U Golders Green ou Hampstead)

Spaniard's Inn

Voir p. 185. (020-8731 8406 ; www.thespaniardshampstead.co.uk ; Spaniards Rd ;

MICHAEL715/SHUTTERSTOCK ©

Tottenham Hotspur Stadium

⏲10h-23h lun-sam, 10h-22h30 dim ; Ⓤ Hampstead, bus N°210)

The Gallery

Voir p. 192. (☎020-7625 9184 ; www.ilovethegallery.com ; 190 Broadhurst Gardens ; ⏲16h-minuit lun-mer, 16h-0h30 jeu-ven, 12h-0h30 sam, 14h-21h dim ; Ⓤ West Hampstead)

West Yard Market

Voir p. 186. (www.camdenmarket.com/food-drink ; Camden Lock Market, Camden Lock Pl ; ⏲12h-17h ; Ⓤ Camden Town)

Pour lire

Black Gull Books

Une épatante librairie d'occasion. (☎020-8444 4717 ; www.facebook.com/blackgullbooks ; 121 High Rd ; ⏲10h-17h30 lun-sam, 11h-17h30 dim ; Ⓤ East Finchley)

Housmans Bookshop

Proche de King's Cross, cette librairie est spécialisée dans la littérature féministe et LGBTIQ+. (☎020-7837 4473 ; housmans.com ; 5 Caledonian Rd, King's Cross ; ⏲10h-18h30 lun-sam, 12h-18h dim ; Ⓤ King's Cross St Pancras)

New Beacon Books

Cette petite librairie, proche de Finsbury Park, promeut les auteurs noirs et leur culture. (☎020-7272 4889 ; www.newbeaconbooks.com ; 76 Stroud Green, Finsbury Park ; ⏲12h-18h jeu-sam, 12h-17h dim ; Ⓤ Manor House ou Crouch Hill)

Chasse aux antiquités

Camden Passage

Venez le mercredi ou le samedi et vous aurez trois marchés adjacents à visiter dans votre quête de la pièce rare, que ce soit un meuble, une porcelaine ou de l'argenterie. (www.camdenpassageislington.co.uk ; Ⓤ Angel)

DOUG MCKINLAY/LONELY PLANET ©

London Transport Museum

Fleming Antiques

Il y a quelques antiquaires dans les fameuses *stables* (écuries) de Camden, et Fleming est un des plus intéressants. Pourquoi ne pas vous offrir un joli meuble ou une porcelaine ? (☎020-7776 236879 ; Arch 68, Saddle Row, The Stables Market, Chalk Farm Rd ; ⏲10h-18h tlj ; Ⓤ Chalk Farm)

Hampstead Antique & Craft Emporium

Ce lieu existe depuis la fin des années 1960. On y trouve de belles pièces d'artisanat, œuvre de talents locaux. (☎020-7794 3297 ; www.hampsteadantiqueemporium.com ; 12 Heath St, Hampstead ; ⏲10h30-17h30 mar-ven, 10h-18h sam, 11h-17h30 dim ; Ⓤ Hampstead)

Také Antiques

Une vraie boutique d'antiquités à l'ancienne, qui déborde jusque sur le trottoir, avec un vendeur sympathique mais quelque peu excentrique. (☎020-8458 3008 ; 1A Longberrys, Cricklewood Ln ; ⏲11h-16h30 tlj ; Ⓤ Golders Green, Cricklewood)

NOTTING HILL ET WEST LONDON

SHOPPING | PARCS | MARCHÉS

NOTTING HILL ET WEST LONDON
à la carte

INCONTOURNABLES
ET TRÉSORS CACHÉS

Accueillant le plus grand carnaval d'Europe, le Notting Hill Carnival, ainsi qu'un iconique marché aux puces, cet immense quartier de Londres allie rues et parcs pittoresques et artères denses et variées, le tout ponctué de boutiques de mode pour tous les budgets.

Le quartier en bref

Sur place Shopping haut de gamme, d'articles vintage et d'antiquités, espaces verts.

S'y rendre Plusieurs stations de métro, principalement en Zone 2, sur les lignes Overground, District, Circle, Hammersmith & City, Piccadilly, Central et Bakerloo.

Circuler Bus et trains longue distance, mais nous vous conseillons aussi la marche à pied.

À savoir Les boutiques d'occasion ne sont pas bon marché ici, mais on y trouve des articles de qualité, dont certains uniques.

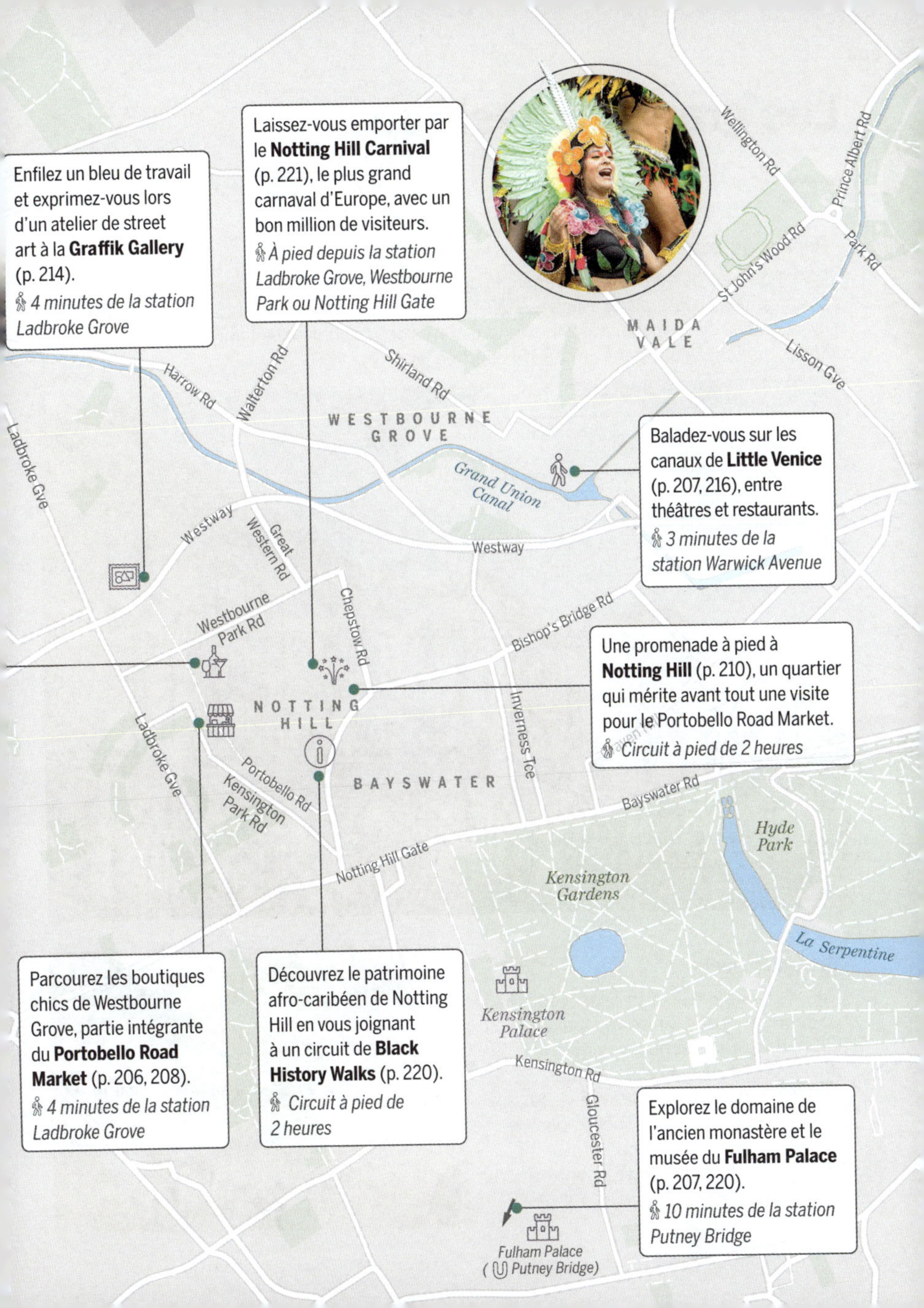

Laissez-vous emporter par le **Notting Hill Carnival** (p. 221), le plus grand carnaval d'Europe, avec un bon million de visiteurs.
À pied depuis la station Ladbroke Grove, Westbourne Park ou Notting Hill Gate

Enfilez un bleu de travail et exprimez-vous lors d'un atelier de street art à la **Graffik Gallery** (p. 214).
4 minutes de la station Ladbroke Grove

Baladez-vous sur les canaux de **Little Venice** (p. 207, 216), entre théâtres et restaurants.
3 minutes de la station Warwick Avenue

Une promenade à pied à **Notting Hill** (p. 210), un quartier qui mérite avant tout une visite pour le Portobello Road Market.
Circuit à pied de 2 heures

Parcourez les boutiques chics de Westbourne Grove, partie intégrante du **Portobello Road Market** (p. 206, 208).
4 minutes de la station Ladbroke Grove

Découvrez le patrimoine afro-caribéen de Notting Hill en vous joignant à un circuit de **Black History Walks** (p. 220).
Circuit à pied de 2 heures

Explorez le domaine de l'ancien monastère et le musée du **Fulham Palace** (p. 207, 220).
10 minutes de la station Putney Bridge

Les grands classiques

Pour les infos pratiques de chaque site, reportez-vous au *Carnet d'adresses* p. 220.

Portobello Road

Idéal pour une balade estivale, le marché de Portobello Road est l'une des curiosités les plus courues de la capitale avec ses étals de fruits et légumes, ses stands de cuisine de rue, d'antiquités, de curiosités, de babioles et d'autres objets pour collectionneurs. Après avoir chiné, détendez-vous dans un café du quartier.

QQ7/SHUTTERSTOCK ©

Design Museum

Dans le quartier de North Kensington, ce superbe musée qui développe une approche globale et pédagogique du design, associe arts, techniques, économie et modes de vie. Une visite incontournable pour quiconque apprécie l'art moderne et contemporain. Au 2e étage, il est possible de rencontrer les designers en résidence.

EUGENE REGIS/SHUTTERSTOCK ©

APOSTOLOS GIONTZIS/ISTOCKPHOTO ©

Fulham Palace

À deux pas de la Tamise, cette résidence d'été (de 704 à 1975) des évêques de Londres tient d'un ravissant mélange de styles architecturaux dans un cadre bucolique. Les plus longues douves d'Angleterre enserraient le palais jusqu'en 1924. La portion la plus ancienne du palais est la porte Tudor en brique rouge.

WILL RODRIGUES/SHUTTERSTOCK ©

Little Venice

Le week-end, les familles apprécient les sorties à Little Venice sur les chemins de halage qui longent le canal. De belles résidences surplombent la jonction entre Regent's Canal et Grand Union Canal. On peut y apercevoir des péniches (*narrow boats*) étroites et colorées.

EXFLOW/SHUTTERSTOCK ©

Holland Park

Ce très beau parc comprend une partie boisée au nord, de vastes pelouses, des terrains de sport au sud, et des jardins charmants, dont le très zen Kyoto Garden. Des paons raviront les enfants, tout comme l'espace "aventure". C'est à la Holland House que se tient en été l'Opera Holland Park.

41 Chinez sur le marché de PORTOBELLO

SHOPPING | MARCHÉS | ANTIQUITÉS

Marché très réputé, le Portobello Road Market attire, d'une année sur l'autre, des foules de voyageurs et de Londoniens, venus faire le tour de plus d'un millier d'étals d'antiquités, de babioles et de nourriture, dressés entre des maisons aux couleurs pastel et des boutiques à façade de briques. C'est un incontournable, notamment le samedi, pour qui aime les ambiances animées.

WILLY BARTON/SHUTTERSTOCK ©

En pratique

S'y rendre Les stations de métro les plus proches (aux deux extrémités de Portobello Rd) sont Notting Hill Gate (lignes Central, Circle et District) et Ladbroke Grove (lignes Circle et Hammersmith & City). Plusieurs bus desservent aussi l'endroit.

Quand y aller Le samedi, voire le vendredi, attirent du monde. Les lieux sont plus calmes en matinée, tout comme en semaine, mais les étals sont alors moins nombreux.

Lève-tôt Bien que l'heure d'ouverture officielle soit 8h le samedi, quelques stands de bijouterie ouvrent dès 5h30.

GRACIELLADEMONNE/SHUTTERSTOCK ©

Un ensemble de marchés Le Portobello Road Market (p. 206, 220) n'est pas qu'un marché installé le long de la route du même nom : il en comporte en fait plusieurs (avec chacun ses spécialités et ses horaires) distribués dans les rues de Notting Hill, ce qui permet sans doute d'y diluer l'affluence (plus de 100 000 visiteurs les week-ends de beau temps). Les amateurs d'antiquités planifieront de préférence leur visite des stands de Portobello Rd, entre Chepstow Villas et Elgin Cres, le samedi, car c'est sur ce tronçon de 800 m que l'on trouve le plus d'articles de collection et vintage. Les étals alignés entre Elgin Cres et Talbot Rd, vendent, quant à eux, toutes sortes de plats, allant des crêpes au poulet jerk jamaïcain, ainsi que des en-cas à emporter, tels que produits de la mer frais ou fromages. Le secteur de Westway est un peu plus éloigné, mais c'est le cœur de la mode et des friperies tendance.

Trésors cachés Éloignez-vous du tumulte du Portobello Road Market en vous réfugiant dans la **Portobello Green Arcade** (p. 223) – l'unique galerie de la rue – pour une séance de lèche-vitrines parmi les boutiques haut de gamme, notamment de créateurs contemporains indépendants. L'**Acklam Village Market** (p. 221), niché sous Westway, est un marché animé, ouvert le week-end uniquement, où on découvre des cuisines du monde et un bar programmant des concerts gratuits. Souvent ignoré des touristes, le marché de **Golborne Road**, reflet des communautés portugaise et marocaine vivant ici, compte une multitude de boutiques et de stands, et propose de délicieuses *pastéis de nata* (pâtisseries à la crème portugaises) et des plats nord-africains.

À gauche Portobello Road Market
En bas à gauche Cuisine de rue

À Londres, faire son marché comme les habitants

Arrivez tôt

Portobello Road Market est bondé en journée, surtout le samedi. Mieux vaut donc arriver vers 9h30 ou 10h ce jour-là.

N'oubliez pas les rues secondaires

Elles regorgent de boutiques, cafés et maisons colorées. Mes préférées sont Lancaster Rd pour sa rangée de bâtisses aux couleurs de l'arc-en-ciel et Blenheim Cres pour ses librairies.

Explorez l'intérieur des boutiques

Derrière leur vitrine, certaines cachent un labyrinthe de salles. Alice's, une boutique d'antiquités, est ma favorite : y entrer donne l'impression de plonger dans un coffre au trésor, car les articles vintage remplissent tous les coins.

Conseils de Julie Falconer, *bloggeuse de voyages, @aladyinlondon*

42 Un samedi à NOTTING HILL

PROMENADE À PIED | MARCHÉS | CINÉMA

C'est le samedi que Notting Hill est le plus animé. Ce jour-là, les rues des différents marchés du quartier se parent de couleurs. D'excellentes adresses placent la journée sous le signe du shopping, de la bonne cuisine et de la cinéphilie dans un cadre historique.

NEIL SETCHFIELD/LONELY PLANET ©

En pratique

Départ La station Notting Hill Gate ; sur les lignes Circle, District et Central.

Arrivée La station Ladbroke Grove ; sur les lignes Hammersmith & City et Circle.

Incontournables Pour se promener, chiner et manger un morceau dans un quartier coloré.

Séquence nostalgie

Après Blenheim Cres, prenez à droite Ladbroke Grove, puis à gauche Lancaster Rd, vers le **Museum of Brands** (p. 220), qui retrace la culture de la consommation depuis l'ère victorienne. Il amusera les enfants et rendra les adultes nostalgiques devant de vieux objets et les icônes que sont Mickey Mouse, Star Wars, Buzz l'Éclair, Pokémon, etc.

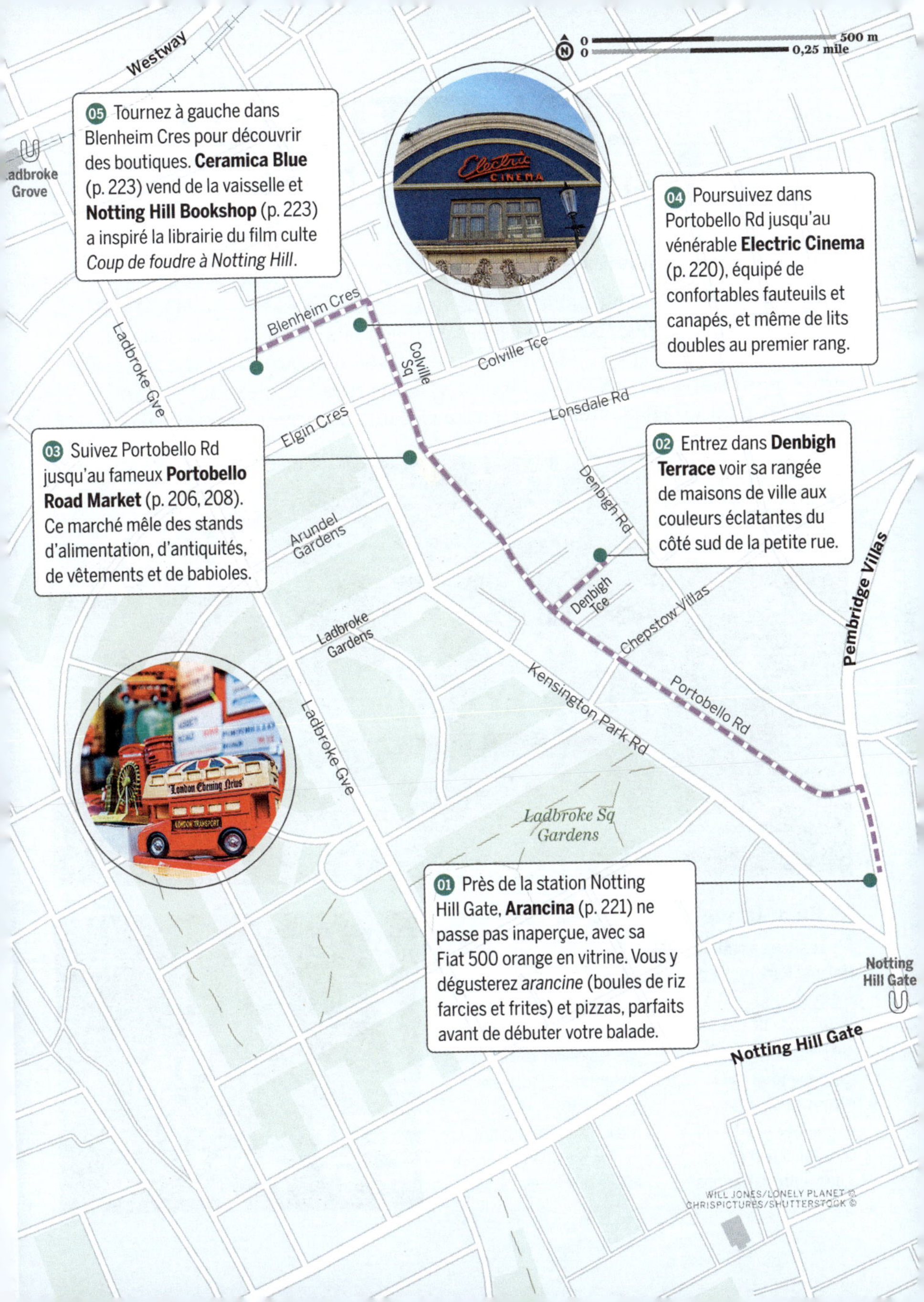

01 Près de la station Notting Hill Gate, **Arancina** (p. 221) ne passe pas inaperçue, avec sa Fiat 500 orange en vitrine. Vous y dégusterez *arancine* (boules de riz farcies et frites) et pizzas, parfaits avant de débuter votre balade.

02 Entrez dans **Denbigh Terrace** voir sa rangée de maisons de ville aux couleurs éclatantes du côté sud de la petite rue.

03 Suivez Portobello Rd jusqu'au fameux **Portobello Road Market** (p. 206, 208). Ce marché mêle des stands d'alimentation, d'antiquités, de vêtements et de babioles.

04 Poursuivez dans Portobello Rd jusqu'au vénérable **Electric Cinema** (p. 220), équipé de confortables fauteuils et canapés, et même de lits doubles au premier rang.

05 Tournez à gauche dans Blenheim Cres pour découvrir des boutiques. **Ceramica Blue** (p. 223) vend de la vaisselle et **Notting Hill Bookshop** (p. 223) a inspiré la librairie du film culte *Coup de foudre à Notting Hill*.

43 ZEN ATTITUDE au Holland Park

NATURE | HISTOIRE | CULTURE

Au nombre des plus jolis espaces verts de West London, Holland Park s'étire sur 22 ha. Il englobe des bois, des équipements de loisirs, une orangerie et la Holland House, bâtie en 1605. De tous ses ravissants jardins, le Kyoto Garden est le plus beau, avec son étang, où nagent des carpes koï, alimenté par une cascade et entouré de lanternes en pierre et d'une flore endémique du Japon.

GS_S7/SHUTTERSTOCK ©

En pratique

S'y rendre La station Holland Park (ligne de métro Central) est à 10 minutes de marche environ. Voir aussi p. 207.

Quand y aller L'été, pour profiter d'une température optimale et la possibilité d'assister à des représentations de l'Opera Holland Park, qui ne se tient que neuf semaines durant.

Célébrités Le quartier de Holland Park est le lieu de résidence de plusieurs célébrités… Peut-être aurez-vous la chance de croiser Elton John ou les Beckham en train de se promener !

FB93/SHUTTERSTOCK ©

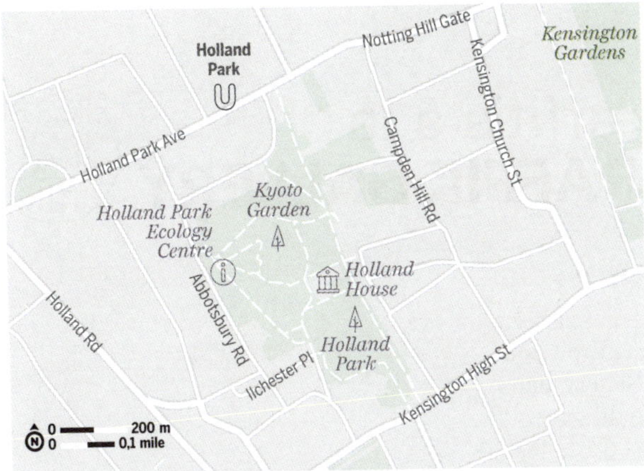

À gauche Kyoto Garden
En bas, à gauche Paon dans le Kyoto Garden

Échos du Japon Le **Kyoto Garden**, construit en 1991, est un présent de cette même ville, témoignage de son amitié durable avec la Grande-Bretagne. Depuis, les visiteurs affluent au Holland Park pour en admirer les carpes koï et la cascade, s'extasier, au printemps et à l'automne, devant les couleurs éclatantes des arbres, et apercevoir les paons. L'ambassade du Japon a également aménagé un jardin, le **Fukushima Memorial Garden**, en 2012, en remerciement de l'aide apportée par les Britanniques après le séisme et le tsunami dévastateurs de 2011, à Fukushima. Bien que le second soit moins exubérant, les deux jardins offrent un répit bienfaisant contrastant avec l'animation de West London.

Vie sauvage La faune des parcs londoniens ne se résume pas aux pigeons et aux écureuils, ni, à Holland Park, aux paons. Une visite organisée au **Holland Park Ecology Centre** (rbkc.gov.uk/ecology) vous permettra d'en découvrir, sous la direction d'un expert, la surprenante biodiversité et l'écosystème. À chaque saison, correspond son lot d'activités. En automne, par exemple, sont organisées des sorties comme la "Fungi Foray", durant laquelle des groupes cherchent, identifient et apprennent quantité de choses sur les différentes espèces de champignons du parc, ou l'"Autumn Bat Walk", un circuit nocturne éclairé à la lampe-torche, conduits par des naturalistes spécialisés dans les chauves-souris, qui utilisent des détecteurs spéciaux pour trouver ces chiroptères. En été sont proposés des sorties consacrées aux papillons, aux batraciens et aux perruches, ainsi que des ateliers de jardinage.

Nos conseils pour découvrir Holland Park

Admirez le Kyoto Garden au printemps, quand les cerisiers sont en fleur et que les *koinobori* (banderoles japonaises en forme de carpe) sont accrochés au-dessus de la cascade et de l'étang.

Admirez les paons, qui se pavanent souvent dans le Kyoto Garden. Si vous ne les voyez pas, levez les yeux et vous les apercevrez peut-être dans les arbres, en train de dormir.

Assistez à un opéra en été, époque à laquelle les vestiges de la Holland House servent de toile de fond à des représentations éphémères. Achetez vos billets suffisamment tôt, car ils partent très vite.

Entrez via la porte sud-ouest, qui donne sur Ilchester Pl, l'une des rues les plus onéreuses (et remarquables) de Grande-Bretagne.

Conseils de Nicole Trilivas, *autrice de voyage,* *@NicoleTrilivas*

44 Graffitis à la GRAFFIK GALLERY

STREET ART | GALERIES | CULTURE

Londres se distingue par sa scène d'art urbain, et le meilleur endroit pour la découvrir est la Graffik Gallery, dans Portobello Rd. Cette vitrine du street art organise des expositions d'artistes émergents, expose de grands noms, tels que Banksy et Bambi, et accueille des ateliers de création de graffitis à réaliser en famille.

En pratique

S'y rendre Ladbroke Grove (lignes du métro Circle and Hammersmith & City) est à 5 minutes de marche de la galerie.

Quand y aller En week-end, l'après-midi (la galerie ferme à 18h30). Réservez très tôt pour assister à des ateliers de graffitis ou des cours privés.

Art abordable Vous n'avez pas le budget pour un collage mixte à 8 000 £ ? Rassurez-vous : quelques œuvres (et cadeaux) sont en vente à moins de 150 £.

Une galerie hors du commun Parmi les premières (sinon la première) galeries commerciales consacrées au street art, Graffik (p. 220) promeut certains des meilleurs créateurs d'art urbain au monde. Vous y verrez des triptyques de skateboards par Robin Coleman ; des panneaux de signalisation peints à la bombe par Tommy Gurr et des tirages limités d'œuvres provocatrices de Kunstrasen. Si la plupart des œuvres sont relativement abordables, il n'est pas rare de voir des originaux partir à 17 500 £ ou plus.

À droite Graffik Gallery
En bas, à droite Réalisation de graffitis

ROBERTO HERRETT/ALAMY STOCK PHOTO ©

DI NICK STARICHENKO/SHUTTERSTOCK ©

Pas à vendre

La Graffik Gallery, sur Portobello Rd, est facile à repérer : vous verrez de loin la façade recouverte d'une fresque de Dotmaster représentant une jeune fille espiègle qui fait un graffiti sur la *Joconde*, accrochée sur un fond de briques bleues.

Pour les collectionneurs, la galerie peut organiser des présentations, sur rendez-vous, d'œuvres d'Andy Warhol et de Jean-Michel Basquiat, deux icônes de l'art contemporain.

Devenez un artiste de rue

Graffik organise également une série d'ateliers et de master class pour les artistes de rue en herbe. Vêtu de gants, de lunettes de protection et d'un bleu de travail brillant, vous suivrez les instructions d'experts pour peindre avec des bombes et des pochoirs sur des toiles… ou en free-style sur les murs du jardin de la galerie. Vous aurez le choix entre les Weekend Graffiti Workshops (ateliers ouverts à tous à partir de 44 £/adulte) et des cours privatifs. La Family Experience Graffiti Class (2 heures) s'adresse aux enfants à partir de 8 ans ; tout le monde peut créer son œuvre ou travailler en groupe sur une toile plus grande.

45 Balade dans LITTLE VENICE

CANAUX | ALIMENTATION | THÉÂTRES

Au nord du quartier de Paddington, le ravissant Maida Vale est un canal jalonné de péniches colorées, où convergent Regent's Canal et Grand Union Canal. Autour de ces canaux, vous trouverez, entre autres, des pubs à l'ancienne, des restaurants sur les quais et des théâtres à nul autre pareils.

MASAMI.K/SHUTTERSTOCK ©

Bateaux à gogo

Pour voir Little Venice dans toute sa splendeur, allez-y le premier jour férié de mai pour assister à la Canalway Cavalcade, un festival durant lequel plus d'une centaine de péniches décorées voguent dans le quartier. Vous aurez le plaisir d'admirer les bateaux et pourrez profiter des stands de boissons et de nourriture, des jeux pour enfants et des concerts.

En pratique

S'y rendre La station Warwick Avenue, sur la ligne de métro Bakerloo, n'est qu'à deux rues de là.

Quand y aller D'avril à septembre, ou dès que le temps est sec et ensoleillé.

Balade sur le canal Accordez-vous une croisière relaxante de 45 minutes sur une petite péniche le long de Regent's Canal, au départ de Little Venice jusqu'à Camden Town (ou inversement), avec la London Waterbus Company (londonwaterbus.com).

01 Dînez au bord du canal au **Summerhouse** (p. 222), un restaurant chic où vous dégusterez des produits de la mer, comme la truite poêlée ou le homard entier. Idéal pour observer les bateaux qui passent.

02 Commandez une bière, savourez un rôti du dimanche ou participez au quiz du mercredi soir au **Warwick Castle** (p. 222), un vénérable pub (1867) installé dans une rue secondaire.

03 Le **Rembrandt Gardens** (p. 220) est un petit, mais charmant, jardin proche de Grand Union Canal. Son nom provient du jumelage, de la Cité de Westminster à la ville d'Amsterdam.

04 Montez à bord de la péniche du **Puppet Theatre Barge** (p. 222), l'unique théâtre de marionnettes flottant du Royaume-Uni, dont les représentations plairont aux petits et aux grands. Réservation requise.

05 À l'étage du Bridge House Pub, le **Canal Café Theatre** (p. 222), une salle de 60 places, présente d'audacieux spectacles de comédie et de cabaret.

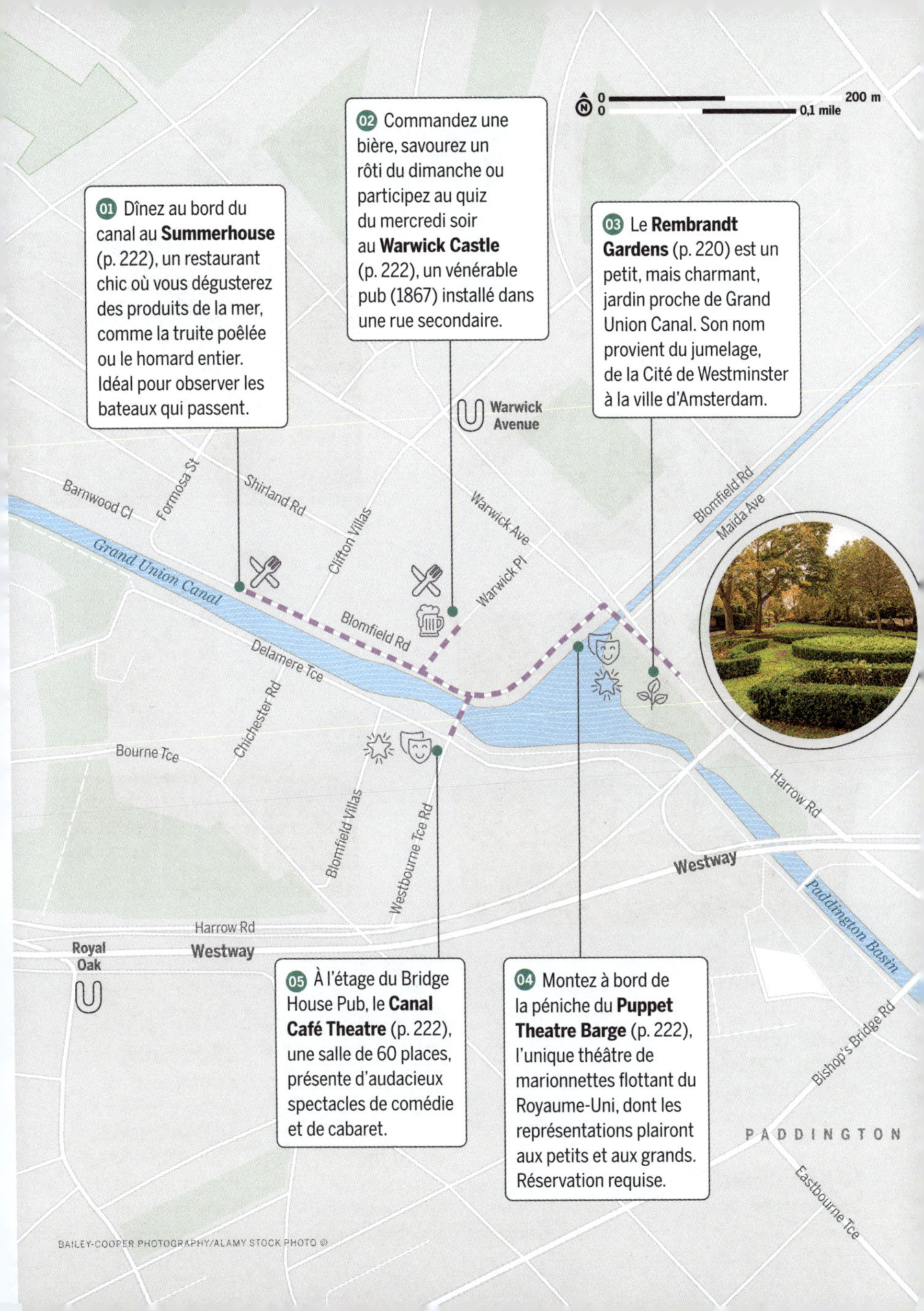

BAILEY-COOPER PHOTOGRAPHY/ALAMY STOCK PHOTO ©

NE QUITTEZ PAS

Londres sans...

01

02

03

04

05

01 Un ours en peluche
Cap sur le grand magasin Liberty London (p. 223), qui vend des teddy-bears, emblématiques de Londres.

02 Des affiches
Découvrez des affiches à l'ancienne avec gares, monuments, etc. à la boutique de souvenirs du London Transport Museum (p. 220).

03 Un mug
Transportez-vous à Londres chaque matin, avec un mug Quite Big London de la boutique John Lewis & Partners (p. 223), dans Oxford St.

04 Des biscuits
Fortnum & Mason (p. 223), épicerie de la maison royale britannique, propose des boîtes de délicieux biscuits.

05 Du thé
Rendez-vous sur le Strand, dans la principale boutique Twinings (p. 223), pour des boîtes de thé London Skyline. *So british* !

06 Un carnet de croquis
Dessinez vos sites londoniens préférés dans le Citysketch London, en vente dans les librairies comme Waterstones (p. 223).

06

07

08

09

10

11

07 Un porte-clefs
L'ours en peluche Paddington vous suivra partout, avec le porte-clefs à se procurer dans la boutique du même nom (p. 223).

08 Un décapsuleur et un tire-bouchon
Si vous aimez les gadgets utiles, choisissez un décapsuleur et tire-bouchon bon marché en forme de cabine de téléphone rouge.

09 Une housse de passeport
Jouez les élèves de Poudlard avec une housse de passeport en similicuir de la boutique Harry Potter, sur le quai 9¾ de la gare de King's Cross (p. 223).

10 Un torchon
Après avoir passé une journée dans le Natural History Museum (p. 116), offrez-vous un superbe torchon avec des dessins de papillons.

11 Du gin
Visitez la vénérable boutique de vins et de spiritueux Berry Bros & Rudd (p. 223), pour acheter gin et coffrets cadeaux.

Carnet d'adresses

Les grands classiques (p. 206)

Design Museum

(020-3862 5900 ; www.designmuseum.org ; 224-238 Kensington High St ; 10h-18h dim-jeu, 10h-21h ven-sam ; U High St Kensington) GRATUIT

Fulham Palace

(020-7736 3233 ; www.fulhampalace.org ; Bishop's Ave ; musée et palais 10h30-17, 10h30-16h en hiver, jardins lever du jour-crépuscule tlj ; U Putney Bridge) GRATUIT

Holland Park

(Ilchester ; 7h30-crépuscule ; U High St Kensington ou Holland Park)

Little Venice

(U Warwick Avenue)

Portobello Road

(www.portobellomarket.org ; Portobello Rd ; 9h-18h lun-mer, 9h-19h ven-sam, 9h-13h jeu)

Demeures historiques

Leighton House

La maison du peintre Frederic Leighton (1830-1896), non loin de Holland Park, se distingue autant par les œuvres d'art qu'elle abrite que par son décor, en partie d'inspiration byzantine et arabe. (020-7602 3316 ; www.rbkc.gov.uk/museums/leighton-house ; 12 Holland Park Road ; voir le site ; U Kensington Olympia)

Sambourne House

Proche de Holland Park, la demeure rénovée du dessinateur Linley Sambourne, anciennement connue sous le nom de 18 Stafford Tce, conserve un salon typique de l'époque victorienne. (020-7602 3316 ; www.rbkc.gov.uk/museums/sambourne-house ; 18 Stafford Tce ; voir site ; U High St Kensington)

Balades et découvertes

Electric Cinema

Voir p. 211. (www.electriccinema.co.uk ; 191 Portobello Rd ; tickets 17,50-45 £)

Graffik Gallery

Voir p. 214. (020-8354 3592 ; www.graffikgallery.co.uk ; 284 Portobello Rd ; 11h-18h30 ; U Ladbroke Grove ou Westbourne Park)

London Transport Museum

Voir p. 199, 218.

Museum of Brands

Voir p. 210. (www.museumofbrands.com ; 111-117 Lancaster Rd ; adulte/enfant/fam 9/5/24 £ ; 10h-18h lun-sam, 11h-17h dim)

Natural History Museum

Voir p. 116, 219.

Rembrandt Gardens

Voir p. 217. (6 Warwick Ave ; 8h-crépuscule ; U Warwick Ave)

Culture afro-caribéenne

Black History Walks

Ces circuits primés s'intéressent à plusieurs

CKTRAVELS.COM/SHUTTERSTOCK ©

Fulham Palace

quartiers londoniens, mais la visite de 2 heures de Notting Hill est incontournable. (www.blackhistorywalks.co.uk)

Notting Hill Carnival

Le plus grand festival de rue d'Europe se déroule tous les ans le dernier lundi d'août à Notting Hill et ses environs (défilés de tambours, concerts, etc.). (www.nhcarnival.org)

Cafés, gastropubs et repas rapides

Acklam Village Market

Voir p. 209. (www.acklamvillage.com ; 4-8 Acklam Rd ; 11h-19h sam, 11h-17h dim ; U Ladbroke Grove ou Notting Hill Gate)

Antipode £

Reposez-vous de l'agitation de Hammersmith dans ce café australien. Le croque au kimchi et au cheddar mature est servi toute la journée. (020-8741 7525 ; www.facebook.com/antipodelondon ; 28 Fulham Palace Rd ; 7h-17h lun-ven, 8h-17h sam, 9h-17h dim ; U Hammersmith)

Arancina £

Voir p. 211. (www.arancina.co.uk ; 19 Pembridge Rd ; plats 3,30-23 £ ; 8h-23h lun-sam, 9h-23h dim)

Caractère £££

La fine cuisine franco-italienne de ce restaurant décontracté-chic reflète l'héritage des chefs Emily Roux (petite-fille du chef français Michel Roux Jr) et Diego Ferrari. (020-8181 3850 ; www.caractererestaurant.com ; 209 Westbourne Park Rd ; 12h-13h45 jeu-sam et 18h15-21h mar-sam ; U Westbourne Park)

Crab Tree ££

Un pub classique au bord du fleuve, à Fulham, qui affiche une belle carte pour le dîner. L'été, les barbecues du vaste Orchard Beer Garden sont très prisés. (020-7385 3929 ; www.thecrabtreew6.co.uk ; Rainville Rd, Fulham ; 12h-23h lun-sam, 12h-22h30 dim ; U Hammersmith)

CKTRAVELS.COM/SHUTTERSTOCK ©

Bush Theatre

Harwood Arms £££

Ce restaurant étoilé, installé dans une rue résidentielle sans prétention proche de Fulham Broadway, est un excellent gastropub. (020-7386 1847 ; www.harwoodarms.com ; Walham Grove ; 12h-14h15 ven-sam, 12h-20h15 dim, diner 17h30-21h15 lun sam ; U Fulham Broadway)

Lowry & Baker £

Dans Portobello Rd, ce café de quartier douillet propose des petits-déjeuners et des brunchs (brioche garnie de ricotta, toasts aux champignons, etc.). (020-8960 8534 ; www.lowryandbaker.co.uk ; 339 Portobello Rd ; 8h-16h dim-ven, 8h-17h sam ; U Ladbroke Grove)

River Café £££

Ce grand restaurant italien de Hammersmith, donnant sur la Tamise, a rang d'institution londonienne depuis 1987. Les menus changent tous les jours. (020-7386 4200 ; www.rivercafe.co.uk ; Thames Wharf, Rainville Rd ; 12h30-14h15 et 19h-21h lun-ven, 12h30-14h30 et 19h-21h sam, 12h-15h dim ; U Hammersmith)

The Cheese Barge £

Dans cette péniche amarrée dans le Paddington Basin, sont servis, à prix doux, des plateaux de fromages, de petites assiettes et des sandwichs au fromage grillé. (07862 001 418 ; www.thecheesebar.com/

paddington ; Paddington Basin, Sheldon Sq ; ⌚12h-14h mar-dim et 17h30-21h mar-sam ; Ⓤ Paddington)

The Cow £££

Gastropub de Notting Hill servant de la Guinness, des huîtres et des produits de la mer. Les murs sont ornés de fresques originales et de portraits de vaches. (☎020-7221 0021 ; thecowlondon.com ; 89 Westbourne Park Rd ; ⌚12h-22h30 tlj ; Ⓤ Royal Oak)

The Ginstitute ££

Rendez-vous dans le temple du gin, édifice de 4 étages de Portobello Rd, pour participer à des master class et des dégustations avant d'aller tester le restaurant et le bar (qui sert d'autres alcools). (☎020-3034 2233 ; www.the-distillery.london ; 186 Portobello Rd ; ⌚3 heures séances 19h jeu, 17h et 19h ven, 12h, 14h30, 17h et 19h sam, 13h dim ; Ⓤ Ladbroke Grove)

The Summerhouse ££

Voir p. 217. (☎020-7286 6752 ; www.thesummerhouse.co ; en face du 60 Blomfield Rd ; ⌚12h-23h lun-ven, 10h-23h sam, 10h-22h30 dim ; Ⓤ Warwick Ave)

The Warwick Castle ££

Voir p. 217. (☎020-7266 0921 ; www.warwickcastlemaidavale.com ; 6 Warwick Pl, Maida Vale ; ⌚12h-23h lun-sam, 12h-22h30 dim ; Ⓤ Warwick Ave)

Trailer Happiness £

Dans Portobello Rd, ce bar tikki fait la part belle au rhum. Les boissons, sur le thème des îles, s'accordent à merveille avec les plats des Caraïbes de la cuisine maison. (☎020-0419 9833 ; www.trailerh.com ; 177 Portobello Rd ; ⌚17h-minuit lun-mer, 17h-0h30 jeu, 17h-1h ven, 16h-1h sam, 16h-minuit dim ; Ⓤ Ladbroke Grove)

Spectacles

Bush Theatre

À Shepherd's Bush, ce théâtre réputé, à l'ambiance intimiste, encourage les nouveaux dramaturges. (☎020-8743 5050 ; www.bushtheatre.co.uk ; 7 Uxbridge Rd ; ⌚10h-23h lun-sam ; Ⓤ Shepherd's Bush Market)

Canal Café Theatre

Voir p. 217. (☎020-7289 6054 ; www.canalcafetheatre.com ; 13 Westbourne Terrace Rd ; Ⓤ Warwick Ave ou Royal Oak)

Eventim Apollo

Les échos des concerts de stars, comme David Bowie ou les Beatles, résonnent toujours dans cette salle de spectacle, qui se distingue par ses éléments Art déco. (☎020-8563 3800 ; www.eventimapollo.com ; 45 Queen Caroline St ; Ⓤ Hammersmith)

Lyric Hammersmith Theatre

Cet espace communautaire moderne, en plein cœur de Hammersmith, programme des pièces de théâtre avant-gardistes (à des tarifs abordables). Jardin sur le toit. (☎020-8741 6850 ; www.lyric.co.uk ; Lyric Sq, King St ; ⌚9h30-23h lun-sam ; Ⓤ Hammersmith)

Opera Holland Park

Voir p. 207. (☎renseignements 020-3846 6222, 0300 999 1000 ; www.operahollandpark.com ; Holland Park ; Ⓤ High St Kensington ou Holland Park)

Puppet Theatre Barge

Voir p. 217. (☎020-7249 6876 ; www.puppetbarge.com ; en face du 35 Blomfield Rd ; ⌚oct à mi-juil ; Ⓤ Warwick Ave)

HEMIS/ALAMY STOCK PHOTO ©

Fortnum & Mason

Séances shopping

Alice's

Voir p. 209. (020-7229 8187 ; www.facebook.com/AlicesPortobello ; 86 Portobello Rd ; 9h-17h mar-ven, 8h-16h sam ; Notting Hill Gate ou Ladbroke Grove)

Berry Bros & Rudd

Voir p. 219. (800 280 2440 ; www.bbr.com ; 63 Pall Mall ; 10h-19h mar-ven, 10h-18h sam ; Green Park)

Ceramica Blue

Voir p. 211. (www.ceramicablue.co.uk ; 10 Blenheim Cres ; 10h-18h30 lun-sam, 11h-17h dim)

Couverture & The Garbstore

Couverture (vêtements pour femme et articles pour la maison) et The Garbstore (vêtements pour homme) est un concept store chic de Notting Hill. (020-7229 2178 ; www.couvertureandthegarbstore.com ; 188 Kensington Park Rd ; 10h-18h lun-sam, 12h-17h dim ; Ladbroke Grove)

Fortnum & Mason

Voir p. 218. (020-7734 8040 ; www.fortnumandmason.com ; 181 Piccadilly St ; 10h-20h lun-sam, 12h-18h dim ; Piccadilly Circus)

Found And Vision

Cette boutique de vêtements d'occasion vend des articles haut de gamme – chapeaux Chanel vintage, robes Kenzo... (020-8964 5656 ; www.foundandvision.com ; 318 Portobello Rd ; 10h30-18h lun-sam ; Ladbroke Grove)

Harry Potter Shop

Voir p. 219. (020-7833 1137 ; harrypottershop.co.uk/pages/platform934 ; Kings Cross Station ; 8h-20h lun-sam, 9h-20h dim ; King's Cross St Pancras)

John Lewis & Partners

Voir p. 218. (020-7629 7711 ; www.johnlewis.com/our-shops/oxford-street ; 300 Oxford St ; 10h-20h lun-mer et ven-sam, 10h-21h jeu, 12h-18h dim ; Oxford Circus ou Bond St)

Liberty London

Voir p. 218. (020-7734 1234 ; www.libertylondon.com ; Regent St, Carnaby ; 10h-20h lun-sam, 12h-18h dim ; Oxford Circus)

Notting Hill Bookshop

Voir p. 211. (www.thenottinghillbookshop.co.uk ; 13 Blenheim Cres ; 9h-19h lun-sam, 10h-18h dim)

Paddington Store

Voir p. 219. (020-7402 5209 ; store.paddington.com ; The Lawn at Paddington Station ; 9h-20h ; Paddington)

Portobello Green Arcade

Voir p. 209. (www.visitportobello.com ; 281 Portobello Rd ; 8h-19h lun-sam, 11h-18h dim ; Ladbroke Grove)

Portobello Road Market

Voir p. 206, 208.

Stuarts London

Depuis plus de 50 ans, ce magasin réputé de vêtements pour homme vend des habits de créateurs provenant du monde entier ainsi que quelques articles vintage. (020-8749 4056 ; www.stuartslondon.com ; 35-37 Uxbridge Rd ; 10h-17h lun-sam ; Goldhawk Rd ou Wood Lane)

Twinings

Voir p. 218. (020-7353 3511 ; twinings.co.uk/pages/twinings-flagship-store-216-strand ; 216 Strand ; 11h-18h ven-mer, 11h30-18h30 jeu ; Temple ou Charing Cross)

Waterstones

Voir p. 218. (020-7851 2400 ; www.waterstones.com/bookshops/piccadilly ; 203-206 Piccadilly ; 9h-20h lun-sam, 12h-18h dim ; Piccadilly

BRIXTON, PECKHAM ET SOUTH LONDON

VIE URBAINE | CULTURE | PARCS

RACHEL & MALIKA
LONDON
THE KEEP

BRIXTON, PECKHAM ET SOUTH LONDON
à la carte

INCONTOURNABLES ET TRÉSORS CACHÉS

Aventurez-vous au sud de la Tamise pour découvrir la vie à la périphérie de la capitale. C'est ici que l'on trouve certains des quartiers les plus dynamiques de Londres. Citons également plusieurs parcs urbains et d'excellents marchés alimentaires (moins touristiques qu'ailleurs).

Le quartier en bref

Sur place Nourriture et boissons abordables, boutiques d'influences diverses et beaux espaces verts.

S'y rendre Lignes Victoria, Northern et Overground, ainsi que des trains National Rail.

Circuler Un vaste réseau de bus vous permettra de gagner les zones difficiles d'accès.

À savoir Le sud de Londres est un ensemble tentaculaire de quartiers bien distincts ; prévoyez de leur consacrer quelques jours.

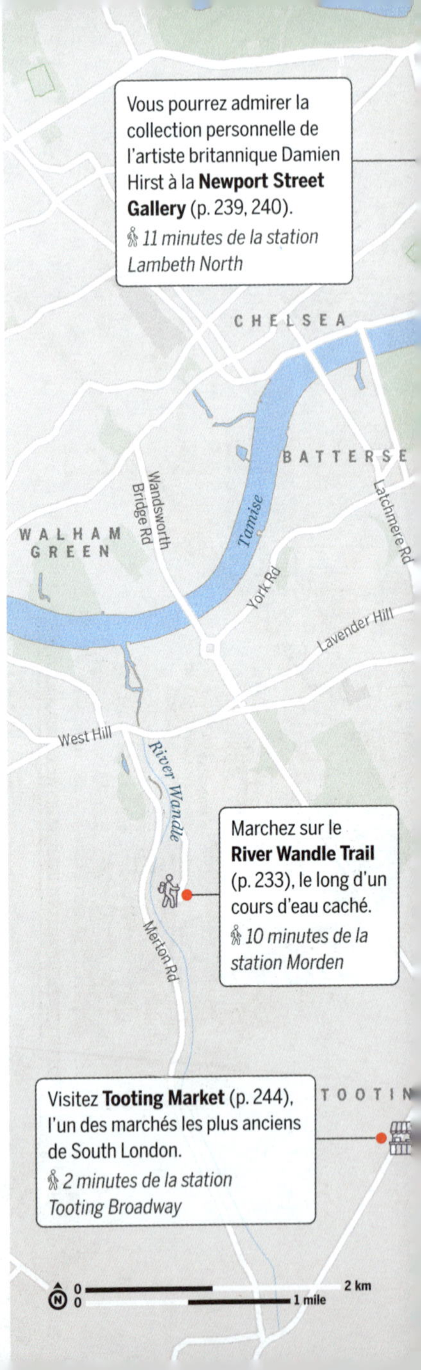

Assistez à une représentation théâtrale immersive dans la **COLAB Tavern** (p. 245).
10 minutes de la station Elephant & Castle
Savourez une cuisine exotique comme celle de Silk Road (p. 241), dans **Camberwell Church Street**.
10 minutes de la station Denmark Hill
Venez boire un verre, manger et/ou danser au **Pop Brixton** (p. 243), un sympathique espace dans des conteneurs.
2 minutes de la station Brixton
Explorez le **Copeland Park & Bussey Building**, surprenant quartier d'entrepôts.
4 minutes de la station Peckham Rye
Imprégnez-vous de l'histoire africaine aux **Black Cultural Archives** (p. 240).
4 minutes de la station Brixton
Repérez les dinosaures et les sphinx du **Crystal Palace Park** (p. 241).
5 minutes de la station Crystal Palace
Great Dover St
London Rd
Lambeth Rd
Victoria St
Eaton Sq
Millbank
LAMBETH
Vauxhall Bridge Rd
Kennington Park Rd
PIMLICO
VAUXHALL
KENNINGTON
Camberwell Rd
Clapham Rd
Brixton Rd
Camberwell New Rd
Peckham Rd
PECKHAM
CAMBERWELL
Stockwell Rd
Denmark Hill
BRIXTON
Brixton Hill
Herne Hill
Dulwich Rd
Tulse Hill
Brockwell Park
BALHAM
Poynders Rd
DULWICH VILLAGE
S Circular Rd
DULWICH
TOOTING BEC
Tooting Commons
STREATHAM
CRYSTAL PALACE

Les grands classiques

Pour les infos pratiques de chaque site, reportez-vous au *Carnet d'adresses* p. 240.

Imperial War Museum

Si ce musée relate l'histoire des conflits passés et présents (et ne glorifie nullement la guerre), il met l'accent sur les actions militaires impliquant les troupes britanniques ou du Commonwealth au cours du XXe siècle. Ne passez pas à côté des impressionnantes sections modernes First World War Galleries et Witnesses to War.

VIOLINCONCERTONO3/ISTOCKPHOTO ©

Battersea Park

S'étirant de part et d'autre de la Tamise, ce parc est idéal pour les sorties en famille avec son zoo et ses bateaux à louer pour ramer sur le lac. Vous pourrez faire de la tyrolienne ou de l'accrobranche. Jouxtant le parc, l'ancienne centrale électrique Battersea Power Station, un bâtiment historique, est omniprésente avec ses cheminées blanches.

BREATHEFITNESS/ISTOCKPHOTO ©

Brixton Village & Market Row

Ce marché couvert connaît depuis peu une renaissance remarquée. Plus de 130 commerçants s'y sont installés. Il constitue un joyeux mélange de cafés, bars à bières artisanales, boutiques de textiles, restaurants ethniques, bazars et primeurs.

ELENACHAYKINAPHOTOGRAPHY/SHUTTERS ©

VIEW PICTURES/GETTY IMAGES ©

Dulwich Picture Gallery

Le plus ancien musée d'art public d'Angleterre (1817) a été conçu par l'architecte sir John Soane. Il abrite des toiles de maîtres tels que Rembrandt, Rubens, Gainsborough, Poussin, Fragonard ou Canaletto, soit plus de 600 chefs-d'œuvre à admirer.

PHENOMARTLOVER/ISTOCKPHOTO ©

Horniman Museum

Cet édifice Art nouveau de 1901, orné d'une tour de l'horloge et de mosaïques, fut conçu pour abriter la collection de Frederick J Horniman (1835-1906), riche marchand de thé. Le clou de la visite est la Natural History Gallery, avec des animaux naturalisés dans des vitrines à l'ancienne.

GEORGECLERK/ISTOCKPHOTO ©

Shad Thames

Ce petit quartier situé à l'est du Tower Bridge fait revivre le Londres d'autrefois, avec ses entrepôts de brique beige reconvertis qui se dressent de part et d'autre d'étroites rues pavées. Des escaliers mènent à des points de vue méconnus sur la Tamise et le Tower Bridge.

46 Balade dans Rye Lane, À PECKHAM

MARCHÉS | ART CONTEMPORAIN | BARS

Cœur battant de Peckham, Rye Lane tient d'un instantané du Londres multiculturel, entre marchés et boutiques tenus par des nouveaux arrivants, entrepôts et restaurants branchés jalonnant une rue aux murs couverts de graffitis. En dépit de sa gentrification, Rye Lane a gardé son caractère à la fois décrépit et bouillonnant… On ne saurait quitter Londres sans y aller.

DAVID JENSEN/ALAMY STOCK PHOTO ©

En pratique

S'y rendre Un train Overground ou l'une des lignes du National Rail qui mène à la station Peckham Rye vous déposera à l'entrée même de Rye Lane.

Quand y aller C'est dans l'après-midi que Rye Lane est la plus animée. Cependant, de la fin du printemps au début de l'automne, les soirs de week-end débordent d'animation.

Vu de près Il existe plusieurs galeries et lieux à visiter en retrait de la rue principale, notamment sous les arches de la voie ferrée de Peckham Rye.

PAT TUSON/ALAMY STOCK PHOTO ©

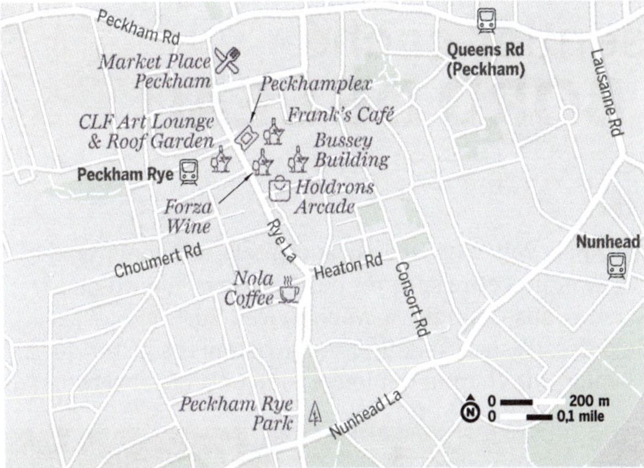

À gauche Cinéma sur le toit du Bussey Building
En bas, à gauche Peckham Afro Foods Ltd

Tournée des toits-terrasses Rye Lane abrite sans doute le plus grand nombre de terrasses aménagées de la capitale. Les adresses les plus en vue donnent entre deux entrepôts voisins reconvertis en centres polyvalents. Outre un bar très couru, décoré sur le thème des tropiques, le toit du **Bussey Building** accueille, aux mois les plus chauds, un cinéma. De l'autre côté de la rue, le toit d'un parking est devenu le lieu de rendez-vous des hipsters et une annexe d'une organisation artistique – le **Frank's Café** (p. 245) – tout en offrant une vue imprenable sur les toits de Londres. Plus bas dans la rue, se trouvent de nouveaux venus : le **CLF Art Lounge & Roof Garden** (p. 245) – si les vues sont moins intéressantes, c'est le plus intime et le plus chaleureux de tous – et le très apprécié **Forza Wine** (p. 245), bar italien avec salle intérieure et espace extérieur, qui coiffe un bâtiment en briques accueillant des espaces de co-working et un night-club au sous-sol.

Un petit monde Des cafés nigérians aux épiceries chinoises, en passant par les boutiques bon marché afghanes et les adresses de cuisine caribéenne végane, le caractère cosmopolite de Rye Lane reste sans pareil. On ne compte plus les boutiques et restaurants exotiques : que vous entriez dans le **Market Place Peckham** (p. 243), rempli d'étals de cuisine multiethniques et de petites boutiques spécialisées, que vous commandiez, à prix doux, un excellent curry à l'**Asian Takeaway** (p. 241) ou que vous vous éloigniez pour rejoindre les restaurants et bars africains de Choumert Rd, vous aurez le sentiment d'avoir parcouru un pan du monde en moins d'un kilomètre.

À ne pas manquer dans Rye Lane

Holdrons Arcade

Une petite galerie (p. 242) insolite forte d'excellents magasins, avec boutiques vintage et sa propre station de radio ; l'ensemble formant une alliance du vieux et du nouveau Peckham.

Peckhamplex

Un classique du quartier (p. 245). C'est un immense cinéma à prix doux (seulement 4,99 £ pour une projection standard et 5,99 £ pour les films en 3D).

Nola Coffee

L'un des meilleurs cafés (p. 245) servis dans South London. L'établissement est relax, mais on peut aussi emporter sa boisson pour la déguster dans le Peckham Rye Park.

Conseils de Julianna Barnaby,
éditrice de London x London, @londonxldn

47 Un sentier caché AU BORD DE L'EAU

NATURE | HISTOIRE | SENTIERS

Si la Tamise est la principale voie navigable de la capitale, ses nombreux affluents ont leur charme. La Wandle s'étire sur près de 15 km vers le nord-ouest, au départ de Croydon, et se jette dans la Tamise à Wandsworth. Sur son passage, elle traverse une myriade de parcs, d'espaces naturels et de bâtiments historiques. Prévoyez une journée pour explorer le chemin qui longe cette paisible rivière.

ABDUL SHAKOOR/GETTY IMAGES ©

En pratique

S'y rendre Pour une promenade de 9,5 km, partez de Morden (via la station Morden, sur la ligne Northern) et marchez jusqu'à Wandsworth, où la Tamise et la Wandle se joignent.

Quand y aller De mars à mai pour voir la nature en fleurs ; de juin à août pour des températures estivales ; d'octobre à novembre pour le flamboyant feuillage.

Trouver son chemin Une carte de randonnée est indispensable. Le site wandlevalleypark.co.uk/map propose des itinéraires adaptés aux smartphones.

PAUL GAPPER/ALAMY STOCK PHOTO ©

À gauche River Wandle Trail
En bas, à gauche Carshalton Water Tower

Nature et préservation Le **River Wandle Trail** dessert un impressionnant réseau de parcs et de réserves naturelles. Difficile d'imaginer, en se promenant à travers le **Wandle Meadow Nature Park**, parc naturel de 4,5 ha émaillé d'étangs marécageux couvert d'une flore abondante, que l'endroit était autrefois une station d'épuration. Plus loin, la **Wilderness Island**, nichée entre deux bras de la rivière, était un moulin industriel avant de devenir un jardin d'agrément, avec étangs, prairies de fleurs sauvages et bois. Au bord de la Wandle, le luxuriant **Watermeads Nature Reserve**, qui avait été fermé au public près d'un siècle, a ouvert en 2015.

Voyage dans le temps Le long du sentier se trouvent des vestiges de la vie au bord de la rivière remontant au XIIe siècle. Le **Merton Priory** (p. 240), monastère anglais autrefois important, fondé en 1114, avait été abandonné des siècles durant jusqu'à ce que des archéologues mettent au jour les fondations de sa **Chapter House** (salle capitulaire), reconvertie en musée. Dans la **Carshalton Water Tower** (p. 240 ; château d'eau) une station de pompage du XVIIIe siècle, on peut participer à une visite guidée (le dimanche uniquement) pour admirer un salon, une orangerie et une salle de bains aux carreaux bleus de Delft peints à la main. Pour savoir pourquoi la Wandle était jadis appelée la "rivière la plus industrieuse" de Londres – à l'époque où ses rives étaient jalonnées de 90 moulins en activité –, quittez le sentier pour suivre London Rd jusqu'au **Wandle Industrial Museum** (p. 241).

Sites incontournables de la Wandle

Le Morden Hall Park est sillonné par le **Wetlands Boardwalk**, un ensemble de passerelles en bois aménagées au-dessus des zones humides alimentées par la rivière.

La **Merton Abbey Mills** (p. 243), autrefois importante usine textile, a été transformée en un centre de loisirs moderne, avec un marché d'artisanat, un théâtre et un restaurant.

Observez les passages où **l'eau s'écoule rapidement** ; ce débit a permis d'alimenter plus de 90 moulins qui fabriquaient de la poudre à canon, du papier, de la farine de blé, du tabac à priser durant l'âge d'or de la région, etc.

La vieille cloche de **Wandsworth**, qui sonne les marées hautes et basses, porte l'inscription *I am rung by the tides* ("Ce sont les marées qui me font sonner").

■ **Conseils de David Fathers,**
auteur local et illustrateur de plusieurs guides de Londres, @fatherswalkslondon

48 Arpentez le marché de BRIXTON VILLAGE

SHOPPING | MARCHÉS | CULTURE

Le marché de Brixton Village (qui inclut le Market Row voisin) est une étape tout indiquée pour visiter le quartier du même nom. C'est le principal marché international de South London, avec des boutiques affichant des prix abordables, des produits d'épicerie, des bars à cocktails et un ensemble de petits restaurants, tous installés dans une galerie couverte haute en couleur.

ELENACHAYKINAPHOTOGRAPHY/SHUTTERSTOCK ©

En pratique

S'y rendre Une courte marche le relie à la station Brixton de la ligne Victoria ou de la gare Brixton du National Rail.

Quand y aller Le marché, essentiellement en intérieur, est idéal quelle que soit la saison. Évitez d'y aller le dimanche et le lundi, jours de fermeture de nombreux magasins.

Une idée lumineuse Sortez et découvrez le marché animé de l'Electric Avenue (fermé le dimanche), installé dans une rue piétonne et qui se targue d'avoir été le premier marché de rue éclairé à l'électricité, à la fin du XIXe siècle.

CKTRAVELS.COM/SHUTTERSTOCK ©

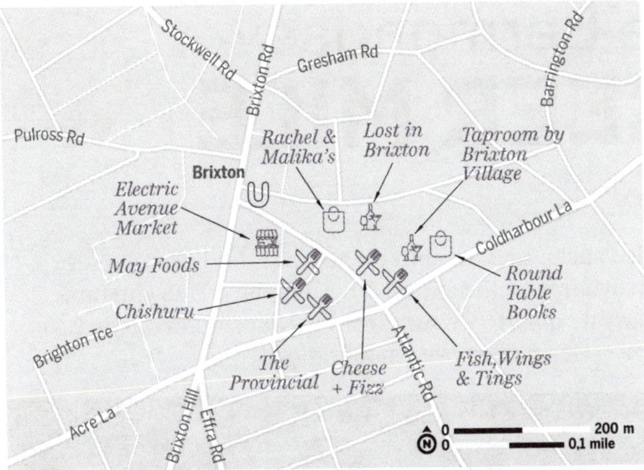

À gauche Marché de Brixton Village
En bas, à gauche Taproom by Brixton Village

Vie nocturne Le Village est essentiellemnt ponctué de restaurants et de boutiques, mais ne négligez pas ses bars et ses établissements ouverts la nuit, modestes mais intéressants. Rendez-vous à **Taproom by Brixton Village** (p. 244) pour goûter des bières craft provenant de brasseries de South London, ou accompagner votre champagne d'une copieuse raclette à la truffe à **Cheese + Fizz** (p. 242). Tendance, **Lost in Brixton** (p. 243) est un bar décontracté installé sur un toit couvert et niché dans une petite rue.

Expérience afro-caribéenne Brixton a connu une forte présence de Noirs britanniques depuis le XXe siècle, et ce marché – jadis connu sous le nom de Glanville Arcade – était un lieu de rendez-vous apprécié. Aujourd'hui, le quartier et le marché sont devenus plus cosmopolites, voire bourgeois, mais on trouve encore des vendeurs des Caraïbes et d'Afrique qui vous permettront de vous immerger dans le Brixton d'autrefois. Pour découvrir la cuisine caribéenne, commencez par un repas au **Fish, Wings & Tings** (p. 242) qui vous servira des plats de Trinidadi, ou optez pour **Eat of Eden** (p. 242), adjacent, qui sert des plats végans tel le curry de potiron et de patate douce. Si vous rêvez de cuisine africaine, **May Foods** (p. 243) sert des spécialités ghanéennes, tandis que **Chishuru** (p. 242), tenu par le chef nigérian primé Adejoke Bakare, éblouit avec sa cuisine ouest-africaine de haute volée. Pour les voyageurs avec des enfants, **Round Table Books** (p. 244), très convivial, est un délice. Les accros au shopping iront quant à eux à **Rachel & Malika's** (p. 243), qui propose de superbes souvenirs et objets d'artisanat d'Afrique de l'Ouest.

Les meilleures adresses du marché

The Provincial

Ce restaurant (p. 244) douillet sert une cuisine mêlant plats latino-américains et tapas espagnoles. Optez pour le brunch Cali ou Medellin avec un cocktail mimosa ou un jus de fruits frais au gingembre pour faire le plein d'énergie.

Senzala Crêperie

Cette bonne adresse de Brixton (p. 244) sert des crêpes et galettes françaises aux accents brésiliens, alliant créativité et saveurs, comme les crêpes King Prawn Cajun ou Rosa Squash.

Kaosarn

Ce restaurant thaïlandais primé (p. 243) vous enchantera avec ses succulentes spécialités, comme le *gang keaw waan*, le *chu chi*, le *pad thai*, etc. N'oubliez pas de goûter au riz gluant (*sticky rice*).

Conseils de Eulanda Shead Osagiede,
Responsable du contenu chez Hey! Dip Your Toes In @dipyourtoesin

49 Le Bermondsey BEER MILE

BIÈRE | CIRCUIT À PIED | HISTOIRE

Vous pourrez prendre part à une inoubliable tournée des bars à bières sous une série d'arches ferroviaires victoriennes, à Bermondsey. Une vingtaine de microbrasseries et de bars de qualité s'y sont installés dans un rayon de 2 km, le "Mile". Mais n'oubliez pas : consommez avec modération.

JESSICA LONG/ALAMY STOCK PHOTO ©

En pratique

S'y rendre Une courte marche mène de la rue principale à la station Bermondsey, sur la ligne de métro Jubilee. La gare South Bermondsey du National Rail se trouve à l'extrémité des arches.

Quand y aller Le samedi est le meilleur moment pour trouver les portes ouvertes au public. S'y rendre le vendredi est aussi une solution.

Pas d'estomac vide Avant de partir à l'assaut des brasseries, sustentez-vous à l'excellent marché voisin de Maltby Street.

Pas de pression

Vous n'aimez pas la bière ? À l'ouest des arches se trouvent deux distilleries de gin, la Bermondsey Distillery et la London Distillery, ainsi que la toute première cidrerie urbaine de Londres, la Hawkes Cidery & Taproom (p. 244), où vous pouvez faire une dégustation, suivre une master class ou tout simplement déguster un verre de ce délicieux breuvage.

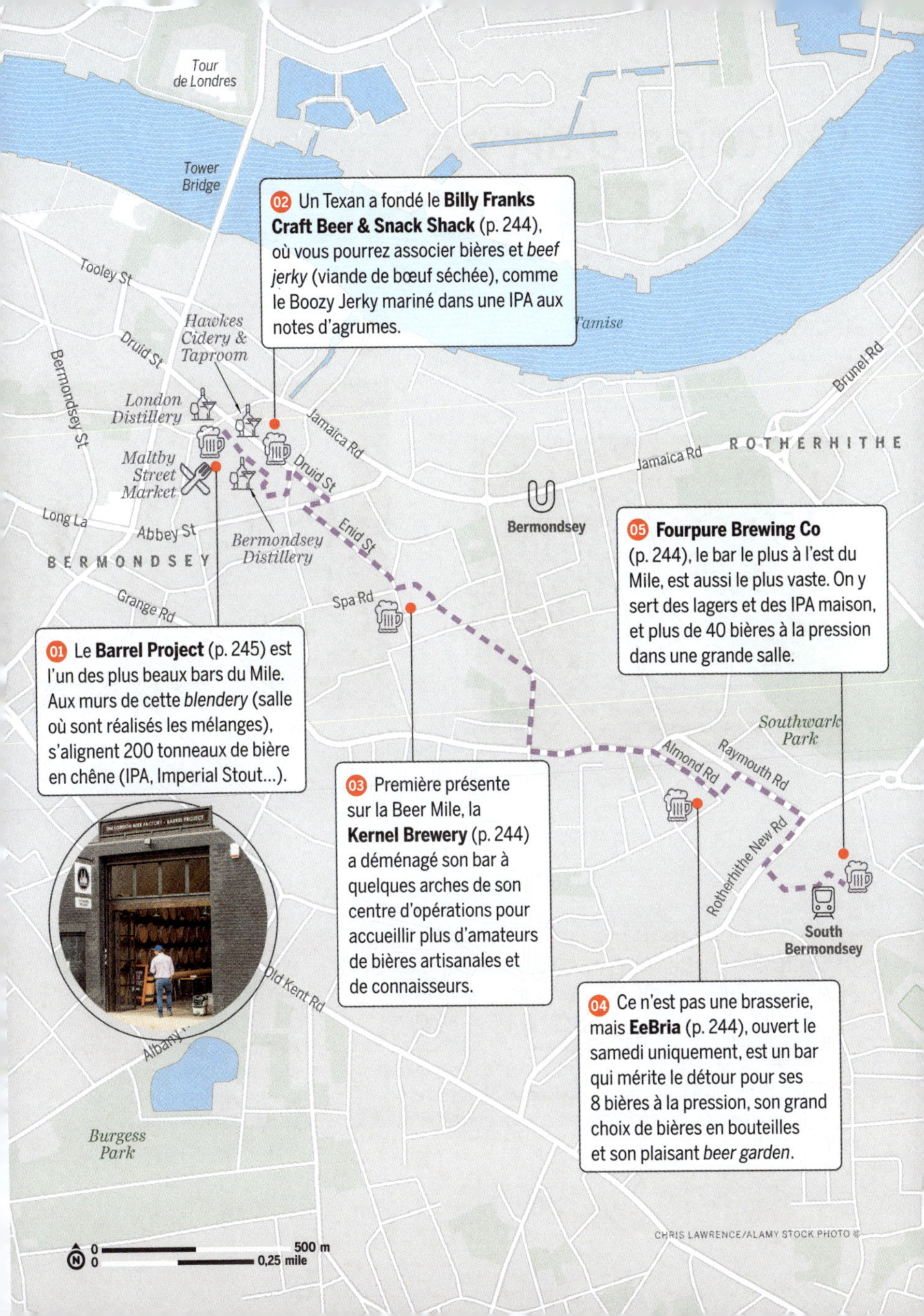

01 Le **Barrel Project** (p. 245) est l'un des plus beaux bars du Mile. Aux murs de cette *blendery* (salle où sont réalisés les mélanges), s'alignent 200 tonneaux de bière en chêne (IPA, Imperial Stout...).

02 Un Texan a fondé le **Billy Franks Craft Beer & Snack Shack** (p. 244), où vous pourrez associer bières et *beef jerky* (viande de bœuf séchée), comme le Boozy Jerky mariné dans une IPA aux notes d'agrumes.

03 Première présente sur la Beer Mile, la **Kernel Brewery** (p. 244) a déménagé son bar à quelques arches de son centre d'opérations pour accueillir plus d'amateurs de bières artisanales et de connaisseurs.

04 Ce n'est pas une brasserie, mais **EeBria** (p. 244), ouvert le samedi uniquement, est un bar qui mérite le détour pour ses 8 bières à la pression, son grand choix de bières en bouteilles et son plaisant *beer garden*.

05 **Fourpure Brewing Co** (p. 244), le bar le plus à l'est du Mile, est aussi le plus vaste. On y sert des lagers et des IPA maison, et plus de 40 bières à la pression dans une grande salle.

Galeries d'art de SOUTH LONDON

01

02

01 South London Gallery
Cette célèbre galerie (p. 240) de Camberwell axée sur la philanthropie est le fer de lance d'une multitude de projets artistiques communautaires et expose des œuvres de grands noms comme Tracey Emin.

02 Bermondsey Gallery
Venez admirer peintures, photographies, sculptures et plusieurs autres supports artistiques dans ce temple indépendant d'artistes émergents et réputés (p. 240).

03 Gasworks
À Kennington, une galerie d'art contemporain (p. 240) de renom orientée vers le dialogue interculturel, qui propose des expositions, des ateliers, des studios d'artistes et des résidences.

03

04

05

04 Newport Street Gallery
L'icône de l'art Damien Hirst a ouvert cette spectaculaire galerie de style industriel à Vauxhall (p. 240), mettant en valeur l'étendue de son œuvre (et de celles de ses contemporains).

05 Dulwich Picture Gallery
Conçu par l'architecte anglais sir John Soane, cet édifice fut construit pour accueillir la première galerie d'art publique (p. 240). Il n'a rien perdu, près de 200 ans après son ouverture, de son prestige culturel.

Carnet d'adresses

Les grands classiques (p. 228)

Battersea Park

(www.wandsworth.gov.uk/batterseapark ; 8h-crépuscule ; Battersea Park, Battersea Power)

Brixton Village & Market Row

(020-7274 2990 ; www.brixtonvillage.com ; Unit 74, Brixton Village, Coldharbour Ln ; 8h-18h lun, 8h-23h30 mar-dim ; Brixton)

Dulwich Picture Gallery

(020-8693 5254 ; www.dulwichpicturegallery.org.uk ; Gallery Rd ; 10h-17h mar-dim ; West Dulwich)

Horniman Museum

(020-8699 1872 ; www.horniman.ac.uk ; 100 London Rd ; entrée libre ; 10h-17h30 ; ; Forest Hill) GRATUIT

Imperial War Museum

(020-7416 5000 ; www.iwm.org.uk ; Lambeth Rd ; entrée libre ; 10h-18h tlj ; Lambeth North) GRATUIT

Intermèdes culturels

Bermondsey Gallery

Voir p. 238. (020-7231 3141 ; www.bermondseygallery.co.uk ; 29 Dockhead ; 10h30-18h lun-sam, 12h-17h dim ; Bermondsey)

Black Cultural Archives

Le passé communautaire du quartier n'est pas oublié. Les Black Cultural Archives sont le seul centre culturel du pays à s'intéresser à l'histoire des populations d'origines africaine et caribéenne du Royaume-Uni. (020-3757 8500 ; blackculturalarchives.org ; 1 Windrush Sq ; 11h30-17h jeu-sam ; Brixton)

Carshalton Water Tower

Voir p. 233. (020-8669 1546 ; www.carshaltonwatertower.co.uk ; Pound St, Carshalton ; 14h30-17h dim ; Carshalton)

Gasworks

Voir p. 238. (020-7587 5202 ; gasworks.org.uk ; 155 Vauxhall St ; 12h-18h mer-dim ; Oval)

Merton Priory

Voir p. 233. (020-8946 4141 ; www.mertonpriory.org ; Chapter Way ; 11h-16h dim ; Colliers Wood ou South Wimbledon)

Newport Street Gallery

Voir p. 239. (020-3141 9320 ; www.newportstreetgallery.com ; 1 Newport St ; 10h-17h mer-dim ; Vauxhall) GRATUIT

South London Gallery

Voir p. 238. (020-7703 6120 ; www.southlondongallery.org ; 65-67 Peckham Rd ; 11h-18h mar-dim ; Peckham Rye ou Denmark Hill) GRATUIT

Southwark Heritage Centre & Walworth Library

Un centre culturel flambant neuf ouvert en 2021, voisin de la station Elephant & Castle, qui propose des expositions et des artefacts présentant la riche histoire de la région. (www.southwark.gov.uk/libraries/southwark-heritage-centre-and-walworth-library ; 145-147 Walworth Rd ; 10h-20h lun-ven, 10h-17h sam, 12h-16h dim ; Elephant & Castle)

Dulwich Park

Wandle Industrial Museum

Voir p. 233. (☎020-8648 0127 ; www.wandle.org ; Vestry Hall Annex, London Rd, Mitcham ; ⏲13h-16h mer, 14h-17h dim ; 🚉Mitcham Junction)

Côté nature

Brockwell Park

Au sud de Brixton, ce vaste et paisible parc, sillonné de chemins, est émaillé d'aires de jeux, de mares à canards, ainsi que du très apprécié Brockwell Lido. Installez-vous sur l'herbe, en hauteur, pour jouir d'une vue sur Londres. (☎020-7926 9000 ; Norwood Rd, Herne Hill ; ⏲7h30-crépuscule ; 🚉Herne Hill)

Burgess Park

Calé entre Camberwell et Peckham, le Burgess Park est le plus grand parc de Southwark. Les habitants y viennent pêcher dans le lac, faire du sport, profiter d'un barbecue dans les espaces prévus à cet effet ou se détendre sur l'herbe. (www.southwark.gov.uk/parks-and-open-spaces/parks/burgess-park ; Albany Rd ; ⏲24h/24 ; Ⓤ Elephant & Castle)

Crystal Palace Park

En plein cœur de South London, ce parc très prisé abrite un labyrinthe végétal, une ferme, un lac, un skate-parc et une surprenante collection de plus de 30 sculptures de dinosaures datant de l'ère victorienne. (Thicket Rd ; ⏲7h30-crépuscule ; Ⓤ🚉Crystal Palace ou Penge West)

Dulwich Park

Créé en 1890, cet espace vert est l'un des plus pittoresques de Londres (la reine Mary l'adorait). Arpentez les espaces boisés et les jardins soigneusement entretenus, louez un vélo et savourez une pizza au Dulwich Clock Café. (www.southwark.gov.uk/parks-and-open-spaces/parks/dulwich-park ; College Rd ; ⏲7h30-crépuscule ; 🚉North Dulwich)

WILLY BARTON/SHUTTERSTOCK ©

Pop Brixton

Les meilleures tables

Asian Takeaway £

Voir p. 231. (☎7438 888 836 ; 125 Rye Ln ; ⏲11h-22h tlj ; Ⓤ🚉Peckham Rye)

Kudu ££

Dans Queen's Rd, à Peckham, le Kudu sert des spécialités sud-africaines raffinées dans une salle rétro chic. Les brunchs sont particulièrement appréciés, et les carafes de Bloody Mary accompagnent bien les rouleaux *boerewors* et le poulet *peri-peri*. (☎020-3950 0226 ; www.kuducollective.com/kudu ; 119 Queen's Rd ; ⏲18h-22h jeu, 12h-14h30 et 18h-22h ven, 11h-14h30 et 18h-22h sam-dim ; 🚉Queen's Rd Peckham)

Restaurant Story £££

Prévoyez plusieurs heures pour le spectacle gastronomique mis sur pied par le chef Tom Sellers, étoilé au guide Michelin, près de Tower Bridge. Le menu dégustation contemporain compte jusqu'à 10 plats, qui réservent bien des surprises. (☎020-7183 2117 ; www.restaurantstory.co.uk ; 199 Tooley St ; ⏲12h-13h30 et 18h30-20h tlj ; Ⓤ London Bridge, Bermondsey ou Tower Hill)

Silk Road £

Délectez-vous des saveurs de Xinjiang (nord-ouest de la Chine) à des tarifs très abordables dans cet établissement de Camberwell Church St. Au menu : raviolis, brochettes d'agneau au cumin et copieuses soupes de nouilles servis dans un cadre sans prétention. (☎ 020-7703 4832 ; 49 Camberwell Church St ; ⏲ 17h-23h lun-ven, 14h-23h sam-dim ; Ⓤ 🚆 Denmark Hill)

Tiwa N Tiwa £

Il n'y a pas plus authentique que cette table nigériane sans prétention située en retrait de Peckham Rd. Le *suya* (tranches de bœuf grillé recouvertes d'épices, d'oignons et de tomates) est à tomber. (☎ 07448 963 313 ; 34a Peckham High St ; ⏲ 12h-23h lun-jeu, 12h-minuit ven-sam, 12h-22h dim ; Ⓤ 🚆 Peckham Rye)

Trinity £££

Ce restaurant étoilé de Clapham concocte avec brio des plats européens modernes et créatifs, et le service est irréprochable. À l'étage au-dessus, le restaurant Upstairs at Trinity propose une expérience plus décontractée et moins onéreuse. (☎ 020-7622 1199 ; www.trinityrestaurant.co.uk ; 4 The Polygon, Clapham ; ⏲ 12h15-14h et 18h-20h tlj ; Ⓤ Clapham Common)

Marchés et cuisines du monde

Brixton Village Market

Voir p. 234.

Cheese + Fizz

Voir p. 235. (☎ 020-7095 8504 ; cheeseandfizz.co.uk ; Unit 10-11, Brixton Village, Coldharbour Ln ; ⏲ 17h-22h mar, 11h-22h mer-jeu, 11h-23h ven-sam, 11h-17h dim ; Ⓤ Brixton)

Chishuru

Voir p. 235. (☎ 020-3915 1198 ; www.chishuru.com ; 9 Market Row, Coldharbour Ln, Brixton ; ⏲ 12h-15h30 ven-sam, et 18h-22h30 mar-sam ; Ⓤ Brixton)

East Street Market

Pour découvrir un marché sans touristes, arpentez Walworth Rd pour trouver des produits frais, des marchandises diverses et abondance de vêtements africains. Bonnes affaires garanties ! (East St, Walworth Rd ; ⏲ 8h-17h mar-ven, 8h-18h30 sam, 8h-16h dim ; Ⓤ Elephant & Castle)

Eat of Eden

Voir p. 235. (☎ 020-7737 7566 ; www.eatofeden.store ; Unit 4, Brixton Village, Coldharbour Ln, Brixton ; ⏲ 11h-21h dim-mer, 11h-22h jeu-sam ; Ⓤ Brixton)

Fish, Wings & Tings

Voir p. 235. (☎ 020-7737 4888 ; www.fishwingsandtings.com ; 3 Granville Arcade, Coldharbour Ln, Brixton ; ⏲ 12h-22h dim-jeu, 12h-23h ven-sam ; Ⓤ Brixton)

Herne Hill Market

Passez un dimanche après-midi dans ce populaire marché de quartier. Le long de la rue piétonne donnant sur la station Herne Hill, sont vendus des objets artisanaux, des articles vintage et des en-cas gourmands. (☎ 020-8293 6436 ; weareccfm.com/locations/herne-hill ; Railton Rd ; ⏲ 10h-16h dim ; 🚆 Herne Hill)

Holdrons Arcade

Voir p. 231. (☎ 020-7635 0000 ; www.copelandpark.com/holdronsarcade ; 135A Rye Ln ; ⏲ 9h-21h lun-sam, 11h-17h dim ; Ⓤ 🚆 Peckham Rye)

Maltby Street Market

Kaosarn

Voir p. 235. (☎ 020-7095 8922 ; www.kaosarnlondon.co.uk ; 96 Coldharbour Ln, Brixton ; ⏲ 12h-22h mar-sam, 12h-21h dim ; Ⓤ Brixton)

Lost in Brixton

Voir p. 236. (☎ 020-8187 1038 ; www.lostinbrixton.com ; Brixton Village, Coldharbour Ln ; ⏲ 17h-tard mar-ven, 12h-tard sam-dim ; Ⓤ Brixton)

Maltby Street Market

Niché le long d'arches du chemin de fer proche du London Bridge, ce marché ouvert le week-end uniquement est apprécié des gourmets et des chercheurs de tendances. Vaste choix de cuisines – des *gyoza* aux tapas espagnoles en passant par les pâtisseries. (www.maltby.st ; Ropewalk ; ⏲ étals 10h-17h sam, 10h-16h dim, boutiques et restaurants 10h-22h mer-dim ; Ⓡ London Bridge, Ⓤ Bermondsey)

Market Place Peckham

Voir p. 231. (☎ 020-8570 2729 ; www.marketplacelondon.co.uk/peckham ; Unit 10, The Aylesham Centre, Rye Ln ; ⏲ 9h-20h lun-sam, 10h-19h dim ; Ⓤ Ⓡ Peckham Rye)

May Foods

Voir p. 235. (☎ 020-7978 8830 ; 16C Market Row, Brixton ; ⏲ 9h-19h30 lun-mar et jeu-sam ; Ⓤ Brixton)

Mercato Metropolitano

Baladez-vous dans le dédale d'étals de nourriture et de boissons de ce marché communautaire tendance, installé dans une papeterie désaffectée proche d'Elephant & Castle. On y trouve aussi une microbrasserie et un club de jazz. (☎ 020-7403 0930 ; www.mercatometropolitano.com ; 42 Newington Causeway ; ⏲ 12h-23h lun-jeu, 12h-minuit ven-sam, 12h-22h dim ; Ⓤ Elephant & Castle ou Borough)

Merton Abbey Mills

Voir p. 233. (☎ 020-7287 1766 ; www.mertonabbeymills.org.uk ; Merantun Way, Wimbledon ; ⏲ 9h-23h tlj ; Ⓤ Colliers Wood ou South Wimbledon)

KURT PACAUD/ISTOCKPHOTO ©

Burgess Park

Pop Brixton

À l'ombre du marché de Brixton Village, Pop Brixton est une initiative communautaire qui a le vent en poupe. Boutiques, bars et stands de nourriture indépendants y occupent une série de conteneurs aménagés. (☎ 020-3879 9410 ; www.popbrixton.org ; 49 Brixton Station Rd ; ⏲ 9h-23h dim-mer, 9h-minuit jeu-sam ; Ⓤ Ⓡ Brixton)

Prince of Peckham

Un énorme panneau "Bienvenue à Peckham" attire les passants de Queen's Rd dans cet excentrique pub tenu par des Afro-Britanniques. On y vient pour les délicieuses spécialités caribéennes, les généreuses happy hours et la clientèle sympathique. (☎ 020-7635 8844 ; www.princeofpeckham.co.uk ; 1 Clayton Rd ; ⏲ 16h-0h30 lun, 12h-0h30 mar-jeu, 12h-2h30 ven-sam, 12h-0h30 dim ; Ⓤ Ⓡ Peckham Rye ou Queen's Rd Peckham)

Rachel & Malika's

Voir p. 235. (☎ 020-7326 0587 ; www.rachelandmalikas.com ; 34 Granville Arcade, Coldharbour Ln, Brixton ; ⏲ 11h-18h mar et jeu-sam, 11h-17h mer et dim ; Ⓤ Brixton)

Railway Tavern

Cachée sous la station de Tulse Hill, cette taverne de quartier, conviviale et dotée d'un immense patio, est éclectique et propose notamment des soirées DJ spécialisées dans le reggae et la soul, et des soirées quiz. (020-7622 4077 ; www.therailwayclapham.co.uk ; 18 Clapham High St ; 12h-23h dim-mer, 12h-minuit jeu, 12h-1h ven, 11h-1h sam ; Clapham North ou Clapham High St)

Round Table Books

Voir p. 235. (www.roundtablebooks.co.uk ; 97 Granville Arcade, Coldharbour Ln, Brixton ; 11h-17h30 dim-ven, 9h30-17h30 sam ; Brixton)

Senzala Crêperie

Voir p. 235. (020-7274 2211 ; www.senzalacreperie.co.uk ; 41-42 Coldharbour Ln, Brixton ; 11h-17h lun, 10h-22h mar-mer, 10h-22h30 jeu, 10h-23h ven, 9h-23h sam, 9h-22h dim ; Brixton)

Taproom by Brixton Village

Voir p. 235. (020-3794 8864 ; www.wearetaproom.co.uk ; 43-44 Brixton Village, Coldharbour Ln ; 16h-tard mer-ven, 12h-tard sam-dim ; Brixton)

The Provincial

Voir p. 235. (07432-064 845 ; 9 Market Row, Coldharbour Ln, Brixton ; 12h-23h tlj ; Brixton)

Tooting Market

Véritable institution de Tooting High St depuis plus de 90 ans, avec des vendeurs de diverses nationalités. Arrêtez-vous aux espaces de restauration, faites le tour des stands ou dégustez une boisson à base de gin dans une microdistillerie. (020-8672 4760 ; www.tootingmarket.com ; 21-23 Tooting High St ; 8h-22h30 lun-jeu, 8h-23h30 ven-sam, 8h-22h30 dim ; Tooting Broadway)

Bières et spiritueux

Bermondsey Distillery

Voir p. 236. (020-7237 1500 ; www.bermondseygin.com ; 55 Stanworth St ; 10h30-17h sam, 11h-16h dim ; Bermondsey)

Billy Franks Craft Beer & Snack Shack

Voir p. 237. (020-7237 6848 ; billyfranks.co.uk/pages/craft-beer-snack-shack ; 104 Druid St ; 17h-22h jeu, 17h-23h ven, 12h-23h sam, 12h-18h dim ; Bermondsey)

Eebria

Voir p. 237. (www.eebria.com/taproom ; 15 Almond Rd ; 12h30-20h sam ; Bermondsey)

Fourpure Brewing Co

Voir p. 237. (020-3744 2141 ; www.fourpure.com ; 25 Bermondsey Trading Estate ; 16h-22h jeu, 12h-22h ven-sam, 12h-18h dim ; South Bermondsey)

Hawkes Cidery & Taproom

Voir p. 236. (020-3903 8387 ; wearehawkes.com/taproom ; 86-92 Druid St ; 16h-23h jeu-ven, 12h-23h sam, 12h-19h dim ; Bermondsey)

Kernel Brewery

Voir p. 237. (020-7231 4516 ; www.thekernelbrewery.com ; Arch 7, Dockley Rd Industrial Estate ; 16h-22h mer-ven, 11h-20h sam, 12h-18h dim ; Bermondsey)

London Distillery

Voir p. 236. (020-7936 3636 ; www.cityoflondondistillery.com ; 22-24 Bride Ln ; 16h-22h lun-sam ; Blackfriars)

ISSY CROKER/LONELY PLANET ©

Bar de Peckham

The Barrel Project

Voir p. 237. (020-7394 6763 ; thebarrelproject.co.uk ; 80 Druid St, Bermondsey ; 16h-23h mer-ven, 11h-23h sam, 12h-19h dim ; Bermondsey)

Soirées au théâtre

Bread & Roses Theatre

Un pub-théâtre d'avant-garde à Clapham, qui programme des pièces très variées dans une salle de 60 sièges. Après la représentation, les spectateurs peuvent boire un verre dans l'attrayant *beer garden* au rez-de-chaussée. (020-8050 3025 ; www.breadandrosestheatre.co.uk ; 68 Clapham Manor St ; Clapham North, Clapham Common ou Clapham High St)

COLAB Tavern

Une troupe de théâtre immersif installée dans un ancien pub, à proximité d'Elephant & Castle. (07724 633 985 ; www.colabtheatre.co.uk ; King William IV, 16 Harper Rd ; 12h-minuit mar-jeu, 12h-1h ven-sam, 12h-23h dim ; Elephant & Castle ou Borough)

Tara Theatre

Fondé après le meurtre à caractère raciste d'un jeune Sikh à Londres, en 1977, ce théâtre de Wandsworth met à l'honneur le talent de comédiens d'Asie du Sud et son répertoire aborde des questions sociales. (020-8333 4457 ; www.taratheatre.com ; 356 Garratt Ln ; Earlsfield, Wimbledon Park)

Theatre Peckham

John Boyega, qui a incarné le rebelle Finn dans *Star Wars*, a fait ses débuts dans ce théâtre, dont le programme vise à encourager les jeunes talents. Assistez à une pièce dans la salle moderne de 200 places pour découvrir, sait-on, la prochaine grande star. (020-7708 5401 ; www.theatrepeckham.co.uk ;

MARK CHILVERS/LONELY PLANET ©

Brasserie de Brixton

221 Havil St ; 10h-20h lun-ven, 10h-18h sam ; Peckham Rye ou Denmark Hill)

Sorties

CLF Art Lounge & Roof Garden

Voir p. 231. (020-7732 5275 ; www.clfartcafe.org ; 133 Rye Ln ; 17h-23h mar-mer, 17h-2h30 jeu, 17h-4h ven, 12h-4h sam, 12h-23h dim ; Peckham Rye)

Forza Wine

Voir p. 231. (020-7732 7500 ; www.forzawine.com ; The Rooftop, 133 Rye Ln ; 12h-23h30 dim-jeu, 12h-0h30 ven-sam ; Peckham Rye)

Frank's Café

Voir p. 231. (boldtendencies.com/franks-cafe ; 10e ét, 95a Rye Ln ; 17h-23h mar-mer, 14h-23h jeu-ven, 11h-23h sam-dim mi-mai à mi-sept ; Peckham Rye)

Nola Coffee

Voir p. 231. (www.nolacoffee.co.uk ; 224 Rye Ln ; 8h-16h lun-ven, 9h-17h dim ; Peckham Rye)

Peckhamplex

Voir p. 231. (844 567 2742 ; www.peckhamplex.london ; 95a Rye Ln ; 11h-minuit tlj ; Peckham Rye)

EXCURSIONS
PATRIMOINE | CULTURE | CUISINE

EXCURSIONS
à la carte

INCONTOURNABLES ET TRÉSORS CACHÉS

En une heure, voire moins, vous pourrez rejoindre, depuis Londres, des villes riches d'histoire, comme Oxford, Cambridge, Windsor ou Canterbury, et découvrir, entre autres, deux des plus vieilles universités du monde anglophone, un château millénaire et une cathédrale plus ancienne encore.

Feuille de route

Sur place L'histoire, le patrimoine, la culture et la cuisine.

Y venir Villes bien desservies par des trains quotidiens directs au départ de Londres.

Circuler On se déplace aisément à pied ou à vélo. Les transports locaux sont efficaces et bon marché.

À savoir Arrivez tôt et repartez tard pour bénéficier des tarifs les moins élevés et profiter au maximum de votre escapade.

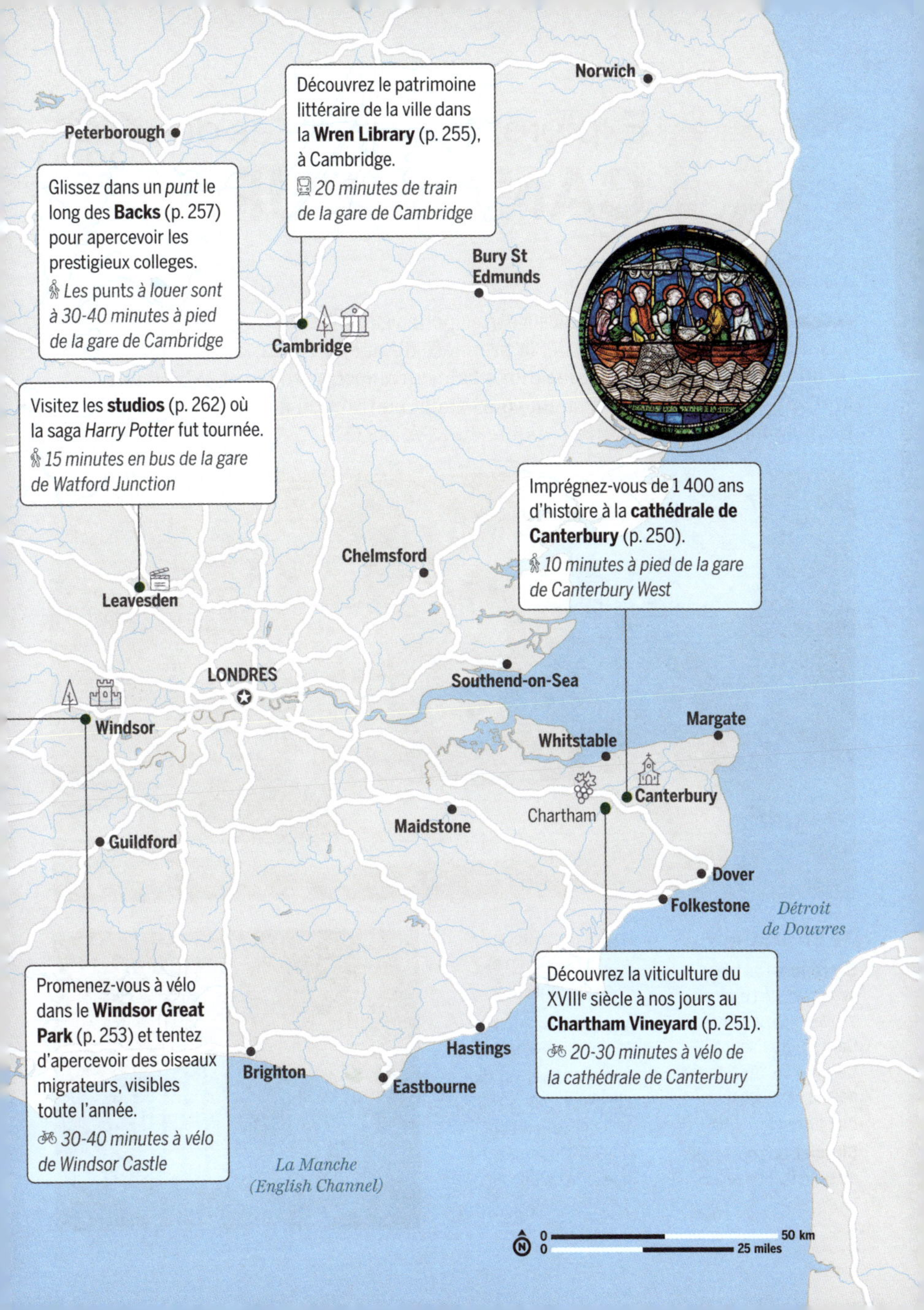
Norwich
Peterborough
Découvrez le patrimoine littéraire de la ville dans la Wren Library (p. 255), à Cambridge.
20 minutes de train de la gare de Cambridge
Glissez dans un punt le long des Backs (p. 257) pour apercevoir les prestigieux colleges.
Les punts à louer sont à 30-40 minutes à pied de la gare de Cambridge
Bury St Edmunds
Cambridge
Visitez les studios (p. 262) où la saga Harry Potter fut tournée.
15 minutes en bus de la gare de Watford Junction
Imprégnez-vous de 1 400 ans d'histoire à la cathédrale de Canterbury (p. 250).
10 minutes à pied de la gare de Canterbury West
Chelmsford
Leavesden
LONDRES
Southend-on-Sea
Windsor
Margate
Whitstable
Canterbury
Chartham
Maidstone
Guildford
Dover
Folkestone
Détroit de Douvres
Promenez-vous à vélo dans le Windsor Great Park (p. 253) et tentez d'apercevoir des oiseaux migrateurs, visibles toute l'année.
30-40 minutes à vélo de Windsor Castle
Découvrez la viticulture du XVIIIe siècle à nos jours au Chartham Vineyard (p. 251).
20-30 minutes à vélo de la cathédrale de Canterbury
Hastings
Brighton
Eastbourne
La Manche (English Channel)
0 50 km
0 25 miles

50 Explorez les vignobles de CANTERBURY

HISTOIRE I VIGNOBLES I VÉLO

Il existe plusieurs bonnes raisons pour visiter Canterbury, dans le Kent, à commencer par sa cathédrale, la première d'Angleterre. La ville est à moins de 30 minutes en voiture des stations balnéaires britanniques de Whitstable, Margate et Broadstairs. De là, un court trajet en train ou à vélo vous conduira à un vignoble dont l'histoire remonte au XIVe siècle.

JACOBS STOCK PHOTOGRAPHY LTD/GETTY IMAGES ©

En pratique

S'y rendre Les trains au départ de Londres arrivent à la gare de Canterbury East ou Canterbury West, toutes deux à distance de marche de la cathédrale.

Circuler Un court trajet en train suffit à relier la gare de Canterbury West à Chartham et à son vignoble.

À savoir Une prière matinale quotidienne, ouverte à tous, est dite à la cathédrale, à 7h30 du lundi au vendredi, et à 9h15 le samedi et le dimanche.

INSPIRED BY MAPS/SHUTERSTOCK ©

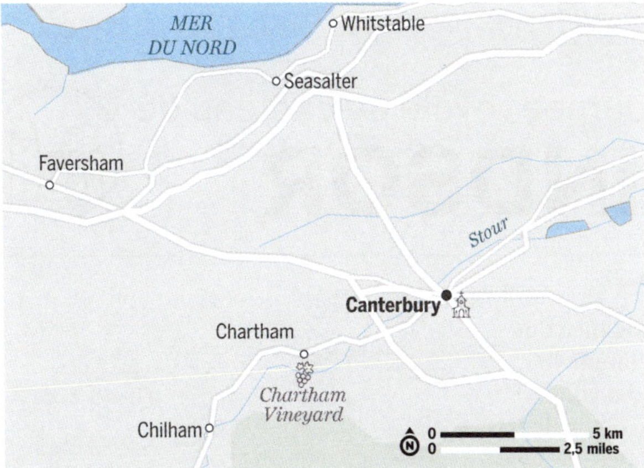

Première cathédrale d'Angleterre On ne saurait se rendre à Canterbury sans accorder une visite à sa **cathédrale** (haute de 72 m), fondée voici 1 400 ans. Parfois surnommée "Angleterre en pierre", et classée au Patrimoine mondial, elle se distingue par sa magnifique architecture gothique, ses superbes jardins et les nombreux objets d'importance historique qu'elle recèle (peintures, manuscrits, photographies et documents divers). C'est l'un des monuments les plus visités du Royaume-Uni, et l'affluence y est donc constante. Les visites de la cathédrale peuvent être réservées par le biais du site Internet.

La viticulture anglaise à l'honneur Au départ de la cathédrale, une jolie route, longue de 6 km, exempte de circulation et propice au vélo, suit la **Stour** jusqu'à Chartham et son vignoble. Le Kent a une longue histoire de viticulture qui remonte au Domesday Book, ouvrage où fut rassemblé le grand inventaire d'Angleterre et du pays de Galles, lancé par Guillaume le Conquérant. Mentionné dans des documents dès 1303, le **vignoble de Chartham** compte maints bâtiments datant du XVIIIe siècle. Joignez-vous à circuit guidé et découvrez-en les approches traditionnelles et modernes de la viticulture et de la vinification. Les visites en groupe et les dégustations ont lieu le samedi uniquement, à 11h et 14h. Les circuits avec dégustation coûtent 15 £ par personne et doivent être réservés via le site Internet (charthamvineyard.co.uk).

À gauche Variété de vins de dégustation
En bas, à gauche Intérieur de la cathédrale de Canterbury

Les vignobles de Chartham Les meilleurs vins

Blanc de Blancs (2018). Un délicat vin pétillant et finement mousseux, aux arômes de pêche, et d'agrumes, élaboré à partir de raisins chardonnay, récoltés à la main fin septembre 2018.

Pinot Noir (2018). Un rouge délicat à la texture ferme et soyeuse, aux notes de griottes, uniquement à base de raisins noirs Pinot Noir, récoltés à la main en octobre 2018.

Bacchus (2019). Un blanc floral et aromatique, exclusivement tiré de raisins Bacchus, récoltés à la main en septembre 2019.

Pinot Gris (2019). Un blanc sec de grande qualité, aux douces saveur et texture. Il n'est réalisé qu'à partir de raisins Pinot gris récoltés à la main.

Certains vins peuvent être remplacés par des millésimes ultérieurs.

Recommandé par Roz et Richard Goodenough, *copropriétaires de la Chartham Vineyard, charthamvineyard.co.uk*

51 Une journée royale au château de WINDSOR

CHÂTEAU | NATURE | HISTOIRE

Windsor a été la résidence de 39 monarques depuis Guillaume le Conquérant, au XIe siècle. La ville est cosmopolite et on y trouve d'excellents magasins, restaurants et cafés, avec en toile de fond le plus ancien et plus grand château occupé au monde. La cérémonie de la relève de la garde est un moment fort à ne pas manquer.

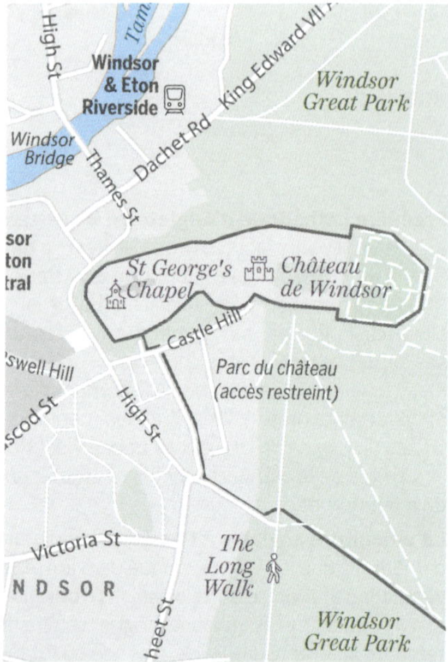

En pratique

S'y rendre Des trains quotidiens partent des gares de Waterloo et Paddington à Londres pour rejoindre les gares de Windsor (30 min à 1 heure).

Circuler Découvrez les monuments à pied. Des bus "hop-on, hop-off" circulent dans la ville. Le Windsor Great Park se trouve à 8 km au sud du château ; le trajet en bus prend 30 minutes ; le taxi est plus rapide.

Quand y aller Toute l'année ; les mardis, jeudis ou samedis pour voir la relève de la garde.

La cérémonie de la **relève de la garde** (www.windsor.gov.uk) est incontournable. Les gardes défilent dans le centre-ville, en tenue d'apparat et accompagnés d'une fanfare, entre 10h45 et 11h, heure à laquelle ils arrivent au château. Pour assister au reste de la cérémonie, qui se déroule dans l'enceinte, vous devrez avoir acheté un billet d'entrée. Ce billet vous permet de visiter les State Apartments (appartements d'État), les Semi-State Rooms et la Waterloo Chamber, et de voir la **Queen Mary's Dolls' House** (maison de poupée de la reine Marie), réalisée par sir Edwin Lutyens avec plus de 1 500 personnes. Vous pourrez

En haut, à droite La Garde royale à Windsor **À droite** St George's Chapel

Observation des oiseaux dans le Windsor Great Park

janvier-avril grives litorne et mauvis, martin-pêcheur

mai- août pouillot véloce, martinet, perruche à collier

septembre-décembre chardonneret, buse variable, pic épeiche

■ **Conseils de Flock Together,** *collectif d'ornithologie Instagram @flocktogether.world*

aussi voir la **St George's Chapel**, où reposent le roi Henri VIII et sa troisième épouse Jane Seymour.

Du château, le **Windsor Great Park** (www.windsorgreatpark.co.uk) n'est qu'à un court trajet en bus ou en taxi. Dans l'enceinte du parc, la **Long Walk**, bénéficie d'une vue sur le château de Windsor. Notons que plusieurs parties du parc sont cyclables. Le reste se prête mieux aux balades à pied. Le **Savill Garden**, les **Valley Gardens** et le **Virginia Water** sont très plaisants et le **Queen Anne's Ride & Stag Meadow** est idéal pour faire un pique-nique. Sinon, le **Virginia Water Pavilion Cafe** est agréable pour déjeuner.

Le Windsor Great Park, dont de larges pans sont classés zones de conservation, est parfait pour **observer les oiseaux** ; n'oubliez pas vos jumelles.

52 Suivez le Cambridge FOOD TRAIL

CUISINE | PATRIMOINE | VÉLO

La remarquable scène culinaire de Cambridge invite à rejoindre les sites d'intérêt par le chemin des écoliers. On doit, à sa communauté cosmopolite, un ensemble de restaurants créatifs, aux influences diverses, dont la découverte tient en soi d'autant d'expériences mémorables.

NATHANIEL NOIR/ALAMY STOCK PHOTO ©

En pratique

S'y rendre De nombreux trains directs relient quotidiennement Londres à Cambridge depuis Liverpool Street, St Pancras International et King's Cross. La durée moyenne du trajet est de 1 heure 15.

Quand Toute l'année. Les sites et les activités ne manquent pas, de janvier à décembre.

Budgets Les tarifs Londres-Cambridge sont à partir de 8 £ l'aller. Il est possible de louer un vélo pour la journée à Rutland Cycling, à la gare de Cambridge.

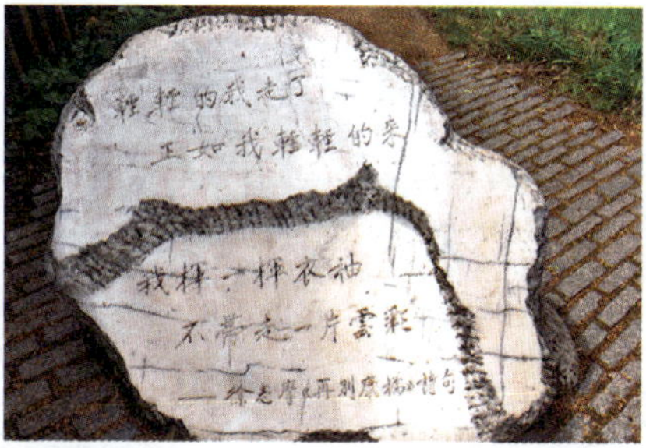

JOHN BRACEGIRDLE/ALAMY STOCK PHOTO ©

Découvrez le visage littéraire de Cambridge et dégustez une pinte Plath, Hughes, Milne... ont tous arpenté les rues de Cambridge. Rendez-leur hommage à la faveur d'une visite de la **Wren Library** du Trinity College, à l'Université de Cambridge. La librairie **Sarah Key Books – The Haunted Bookshop** (9 St Edward's passage, www.sarahkeybooks.co.uk) mérite le détour pour qui cherche des livres pour enfants. Ne manquez pas non plus la **Cambridge University Press Bookshop** (1-2 Trinity St ; cupbookshop.co.uk), en activité depuis 1581. Enfin, éprouvez votre fibre littéraire au **Pint Shop** (pintshop.co.uk), qui s'inspire des maisons de la bière du XIXe siècle, berceau du pub moderne. On y vend du pain, de la bière et de la viande, le tout avec style !

ROBERT EVANS/ALAMY STOCK PHOTO ©

Circuit en punt

Faites une promenade en *punt* agrémentée d'un pique-nique avec la Traditional Punting Company et, en passant, rendez hommage au **Xu Zhimo Memorial Garden**, au King's College. Les vers du célèbre poète chinois "Second Farewell to Cambridge" ("Second adieu à Cambridge") sont gravés sur un rocher du jardin.

En haut, à gauche Le Pint Shop **En haut** Xu Zhimo Memorial Garden, King's College **À gauche** Sarah Key Books – The Haunted Bookshop

Faites connaissance avec la vie estudiantine et déjeunez au Bread & Meat Rien de mieux qu'un guide diplômé ou un ancien élève pour plonger dans la vie universitaire à Cambridge. Explorez les *colleges* avec l'un d'eux, promenez-vous dans les jardins et laissez-vous captiver par la longue histoire de l'université. Rendez-vous ensuite à **Bread & Meat** (www.breadandmeat.co.uk) pour des plats consistants et de la mayonnaise maison. Le sandwich à la viande rôtie accompagné de poutine (plat québécois composé de frites et de fromage, le tout arrosé de sauce) est leur spécialité.

Chasse aux articles vintage dans Mill Rd. Passez quelques heures dans Mill Rd et faites emplette d'articles de maison, de vinyles et de vêtements vintage, dans les nombreuses boutiques indépendantes qui bordent cette rue animée. Après une journée de lèche-vitrine, traversez la ville pour vous rendre au **Varsity Hotel & Spa** (www.thevarsityhotel.co.uk) ;

Vélo et repas au Guerilla Kitchen

Cambridge est bien adaptée au vélo, qui constitue le meilleur moyen de s'y déplacer. Vous pourrez d'ailleurs, un peu partout, en louer un à la journée. Suivez la piste cyclable de Midsummer Common le long de la rivière Cam jusqu'au village de Waterbeach (10,5 km l'aller). Il s'agit d'une promenade facile et plaisante. Sur le chemin, cherchez le **Guerilla Kitchen Bao Bus** (guerrillakitchen.co.uk), où l'on vend des brioches fourrées à la poitrine de porc, au poulet et au halloumi. Il est vivement conseillé de commander en ligne et de récupérer ses *baos* dans le bus car, dans le plus pur style guérilla, il n'est jamais garé au même endroit.

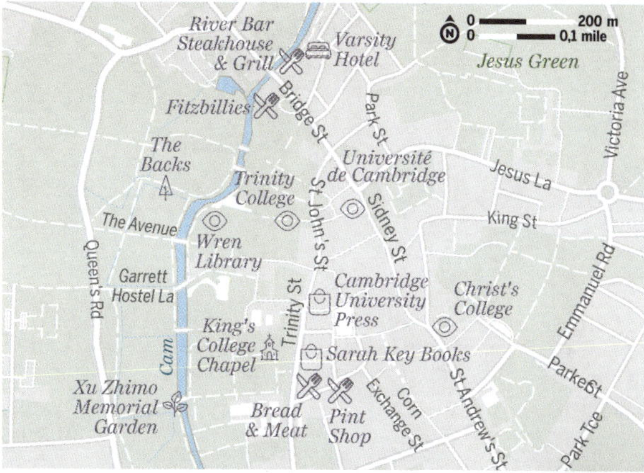

fondé par un groupe de diplômés de Cambridge, et depuis le toit-terrasse duquel on a une vue imprenable sur la ville. Le **River Bar Steakhouse & Grill** (www.riverbarsteakhouse.com) de l'hôtel, situé à côté, affiche une excellente carte de plats de viande et de poisson, pour qui veut s'offrir un dîner avec vue.

Sortie en punt suivie d'un thé au Fitzbillies

Il est impensable de venir à Cambridge sans y faire une promenade en *punt* (bateau à fond plat manié à la perche), et nul endroit ne s'y prête mieux que les **Backs**. Cette zone du centre de Cambridge s'étire le long de l'arrière de sept des *colleges* les plus prestigieux de l'université du même nom : Magdalene, St John's, Trinity, Trinity Hall, Clare, King's et Queen's. Les terrains appartiennent aux *colleges*, donc, hormis à étudier ici, le *punt* est le seul moyen de s'imprégner du romantisme des Backs. Partez de Mill Lane et suivez la rivière Cam, d'où l'on contemple de superbes pelouses, des ponts bas médiévaux et la magnifique architecture des *colleges*. Terminez votre sortie par une tasse de thé et un petit pain crémeux de **Fitzbillies** (36 Bridge St ; www.fitzbillies.com), près de la station de *punts* de Magdalene Bridge. Il s'agit de la nouvelle filiale de la boulangerie d'origine (51-52 Trumpington St), fondée voici plus d'un siècle.

À gauche Place du marché et St Mary's church.
Ci-dessous Chelsea buns chez Fitzbillies

53 Magie littéraire à OXFORD

FANTAISIE I LITTÉRATURE I HISTOIRE

Harry Potter et Alice aux pays des merveilles sont tous deux étroitement liés à Oxford, et notamment au Christ Church College de l'Université. Parcourez-en les rues, et vous comprendrez à quel titre les fans de l'une et l'autre œuvre s'y sentent chez eux. Voir aussi p. 262 pour la visite des studios de la Warner Bros.

EXPOSE/SHUTERSTOCK ©

En pratique

S'y rendre Des bus fréquents relient tous les jours les gares de Marylebone et de Paddington, à Londres. Le trajet dure de 44 à 67 minutes.

Quand y aller Oxford est belle toute l'année, y compris en juillet, au moment de l'Alice's Day, un festival consacré à l'univers de Lewis Carroll.

À savoir La Bodleian Library et la Weston Library, qui dépendent toutes deux de l'Université d'Oxford, sont ouvertes chaque jour aux visiteurs.

SERG ZASTAVKIN/SHUTERSTOCK ©

Faites un circuit du Christ Church College

Le **Great Hall** du Christ Church College a été utilisé sans interruption depuis le XVIe siècle. Ses riches ornementations ont inspiré le "thé du Chapelier fou" dans le *Alice au pays des merveilles* de Lewis Carroll, qui a vécu et travaillé au *college* pendant 47 ans.

Perçant le mur de gauche, la **fenêtre d'Alice** arbore des vitraux sur lesquels sont représentées Alice Liddell, la jeune fille qui a inspiré le personnage du roman, ainsi que, juste en dessous, l'Alice fictive, dans sa robe bleue. Lewis Carroll se trouve à sa droite.

Le fameux escalier à voûte en éventail qui mène au Great Hall a servi, dans les films *Harry Potter*, de décor aux scènes se déroulant dans l'entrée de Poudlard. La Grande Salle a par ailleurs été entièrement recréée en studio pour le tournage.

TERESA DAPP/PICTURE ALLIANCE/GETTY IMAGES ©

Balade en bateau jusqu'à Binsey

L'histoire d'*Alice au pays des merveilles* a débuté par un récit lors d'une sortie en bateau sur la Tamise. À son bord, se trouvaient Charles Dodgson (Lewis Carroll), le révérend Duckworth, Alice Liddell et ses sœurs. Louez un bateau au Folly Bridge et recréez leur journée jusqu'au hameau de Binsey (2,4 km au nord-ouest d'Oxford).

En haut, à gauche The Great Hall, Christ Church College **En haut, à droite** Plafond voûté de la Bodley Tower **À gauche** Le vitrail d'Alice dans le Great Hall

Les Bodleian Libraries et le Dodo d'Oxford
Les **Bodleian Libraries** de l'université d'Oxford sont également des incontournables. La bibliothèque principale est la **Bodleian Old Library**, qui inclut la **Duke Humfrey's Library**. Cette dernière est la bibliothèque des films de la série *Harry Potter*. La **Divinity School**, à l'architecture exceptionnelle, fut construite, à l'origine, pour être une salle d'examen. Elle servit de décor à l'infirmerie de Poudlard (dans *Harry Potter et la pierre philosophale*). On les découvre toutes deux lors des visites de la librairie.

Dans l'**Oxford University Museum of Natural History** est exposé le dodo d'Oxford, à l'origine du célèbre personnage dans l'histoire d'Alice. C'est le specimen le mieux conservé au monde de cet oiseau. Le muséum possède en outre de remarquables collections de paléontologie, d'art et d'architecture. L'entrée est gratuite, mais il est plus sage de réserver ses billets.

The Perch Inn
Une fois à Binsey, faites escale au **Perch Inn** (the-perch.co.uk). Ce pub à toit de chaume en bord de rivière, vieux de 800 ans (aussi ancien que l'université) est le lieu où Lewis Carroll fit sa première lecture publique d'*Alice au pays des merveilles*. Son grand jardin rustique est idéal pour un dîner en plein air. La cuisine, britannique, allie tradition et modernité, et inclut des plats végans. La longue carte des vins et bières comprend un bon choix de crus anglais. Ouvrez un œil sur les réseaux sociaux du pub (www.facebook.com/theperchoxford), car celui-ci accueille des événements dans le cadre de l'Alice's Day.

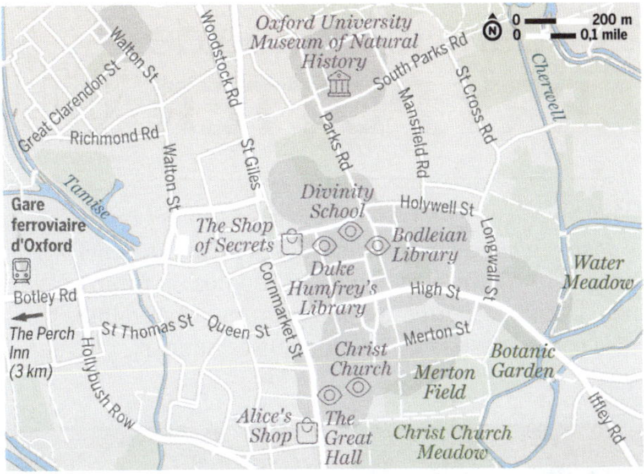

À gauche Oxford University Museum of Natural History.
Ci-dessous Une porte de la Bodleian Libraries

Mémorables portes Oxford compte quantité de portes chères aux visiteurs. Celle, principale, de la **Bodleian Old Library**, date de 1602 et arbore les armoiries de plusieurs *colleges* de l'Université. Sur celle de la **Weston Library** figure l'inscription *Si bonus es intres, si nequam ne quaquam* ("Si vous êtes bon, entrez. Si vous êtes mauvais, n'entrez sous aucun prétexte"). L'**Alice's Door** (non accessible au public) relie le jardin du doyen de la Christ Church, où vivait Alice Liddell, au jardin de la cathédrale – une porte qu'elle aurait trouvée verrouillée, tout comme son homonyme aurait trouvé close celle du pays des merveilles.

Faites du shopping avec Alice et Harry
La **Shop of Secrets** (9 Broad St ; theshopofsecrets.co.uk) vend toutes sortes d'articles en lien avec Harry Potter, y compris des vêtements, des bijoux et des mugs. Offrez-vous votre propre baguette ou une Coupe des Trois Sorciers. L'**Alice's Shop** (83 St Aldates ; aliceinwonderlandshop.com) occupe un bâtiment du XVe siècle qui a servi de modèle pour la boutique du Vieux Mouton dans *De l'autre côté du miroir*, la suite du roman de Lewis Carroll. Liddell et ses sœurs vivaient à quelques pas de ce magasin victorien de curiosités. La minuscule boutique vend aujourd'hui des objets en rapport avec *Alice au pays des merveilles*, et son aspect extérieur reste relativement inchangé.

54 Entrez dans le monde de HARRY POTTER

DÉCORS I FILMS I EFFETS VISUELS

Que vous ayez pris le train en route ou que vous soyez inconditionnel de Harry, vous serez séduit par cette visite autoguidée des studios où furent tournées les scènes de la saga. Décors, costumes et présentations des coulisses, des robots et des effets visuels sont répartis en deux immenses hangars, plus une partie en extérieur.

CHRISDORNEY/SHUTTERSTOCK ©

En pratique

S'y rendre Un train de banlieue part de la gare London Euston pour Watford Junction. Une navette (15 min) rejoint ensuite les studios, à Leavesden. Le bus touristique est plus cher.

Quand y aller Pendant les événements à thème, tels que "Dark Arts" ou "Hogwarts in the Snow".

À savoir Comptez au moins 3 heures pour la visite.

Infos www.wbstudiotour.co.uk/fr ; Studio Tour Dr, Leavesden ; adulte/enfant/famille 49/39/159 £ ; 8h30-22h, horaires variables oct-mai

TRENCHCOATES/ISTOCKPHOTO ©

Entrée au World of Harry Potter On est saisi d'emblée en entrant dans le complexe par la gigantesque maquette du dragon **Pansedefer ukrainien**, suspendue au plafond. On y trouvera aussi un comptoir où prendre un passeport d'activités pour recueillir des tampons tout au long de la visite.

La Grande Salle Ayant servi pour le Bal de Noël ou la Bataille de Poudlard, la Grande Salle (voir aussi p. 259) présente un grand festin sur deux longues tables, avec des étudiants en costume et le **pupitre de Dumbledore**.

Intérieurs familiers Un grand hangar abrite le **dortoir des garçons de Gryffondor** et leur **salle commune**, ainsi que le **bureau de Dumbledore** et la scintillante **armoire à souvenirs**.

Quai 9¾ et Poudlard Express Avant d'incarner le Poudlard Express, la vieille locomotive à vapeur a transporté des passagers, de 1937 à 1963. Si la plupart des scènes se déroulant sur le quai 9¾ furent tournées à King's Cross, à Londres, on en a recréé une partie, en studio, voie et train compris.

Chemin de Traverse Le décor du Chemin de Traverse, inspiré par Dickens, pavé et défiant la gravité, aligne des devantures comme celles de la **banque Gringotts**, de la **boutique de baguettes magiques d'Ollivander**, et les robes de sorciers de **Madame Guipure**.

La dernière partie de la visite présente une fantastique **maquette de Poudlard au 1/24e**, illuminée, qui servait aux prises extérieures. Dans un paysage inspiré des Highlands d'Écosse, elle contient plus de 2 500 fibres optiques lumineuses, de vraies plantes et du gravier.

À gauche Le Chemin de Traverse (Diagon Alley)
En bas, à gauche Entrée des studios de la Warner Bros.

Forêt interdite

Si vous n'êtes pas effrayé par le noir, vous aimerez le décor lugubre de la forêt interdite. Éclairs et robots animés abondent, tels **Buck** l'hippogriffe et **Aragog**, une araignée, dont les 5,50 m terrifiaient Rupert Grint, arachnophobe, qui jouait le personnage de Ron Weasley.

Carnet pratique

À droite Boutique du Portobello Road Market (p. 208)

GRATEFUL DEAD
CONCERT
MADISON SQUARE GARDEN
NEW YORK CITY
OCTOBER 13.15.17.19
1994
ALICE IN CHAINS
CONCERT
LIVE AT THE CONCERT HALL
TORONTO, ONTARIO, CANADA
NOVEMBER 29
THE KINKS
PLUS SPECIAL GUEST STARS
SUNDAY EVENING, MAY 12
8PM, ROBERTSON GYM, UCSB
FLEETWOOD MAC
TUSK TOUR 1979
UNKNOWN PLEASURES
MOODY BLUES
20x30cm SIGNS
1x 14.95
2x 24.95
3x 34.50
ABBEY ROAD
BAKER STREET
ST JAMES' PARK NE1
NEWCASTLE UNITED FC
WHITE HART LANE N17
TOTTENHAM HOTSPUR
KICKS ON
the Notting Hill shopping bag.

ARRIVER À LONDRES

La plupart des visiteurs arrivent à Londres en train ou en avion. La gare ferroviaire de St Pancras accueille les passagers de l'Eurostar. Les vols arrivent en général à Heathrow ou à London City, les deux aéroports les plus proches du centre. Southend, Gatwick, Luton et Stansted, éloignés de 40 à 65 km de la capitale, servent surtout aux compagnies à bas coût comme Ryanair, Vueling ou easyJet.

AUTRES POINTS D'ENTRÉE

Aéroport de Heathrow Heathrow (à 24 km à l'ouest de Londres) a 4 terminaux (numérotés de 2 à 5) et est desservi par la Piccadilly Line. Le métro (*Tube*) est le moyen de transport le plus économique entre Heathrow et le centre de Londres. Les trains Heathrow Express relient Heathrow à la gare de Paddington (15 min). Les bus National Express relient la gare routière Heathrow Central à la gare routière de Victoria. La course en *black cab* (taxi noir) coûte entre 50 et 100 £ (45 min-1 heure de trajet).

Aéroport de Luton Le petit aéroport de Luton, à 51 km au nord-ouest de Londres, accueille surtout des vols low cost. Les trains National Rail relient St Pancras à la gare de Luton, d'où une navette rejoint l'aéroport en 10 minutes. Les bus Airbus A1 et Green Line Bus 757 circulent fréquemment entre Luton et la gare routière de Victoria (environ 1 heure 30).

Train L'Eurostar, qui emprunte le tunnel sous la Manche, a pour terminus la gare St Pancras International, qui se trouve sur les lignes de métro Victoria, Piccadilly, Northern, Hammersmith & City, Circle et Metropolitan. L'Eurostar relie Londres à Paris, Bruxelles, Amsterdam et Marseille. Les tarifs commencent à environ 50 € l'aller simple Paris-Londres.

Voiture La traversée de la Manche la plus courte se fait via Calais et par le tunnel sous la Manche. Le Shuttle d'Eurotunnel transporte des véhicules (voitures, camping-cars, motos) entre Coquelles, à 5 km au sud-ouest de Calais, et Folkestone, à 12 km de Douvres (Dover), en Angleterre (durée 35 min ; 24h/24 ; à partir de 74 €/voiture et passagers aller-retour).

Ferry Vous pouvez aussi traverser la Manche en ferry. La traversée la plus courte se fait entre le port de Calais et Douvres. DirectFerries (www.directferries.fr) recense les différentes options. Depuis Douvres, il vous restera ensuite 130 km pour rejoindre Londres.

Bus Les bus à petits prix de Ouibus et Flixbus assurent des liaisons entre Paris et Londres (comptez 7 à 9 heures de trajet), à partir de 40 € environ l'aller simple. Il existe également des bus au départ de plusieurs villes comme Lyon, Lille ou Bruxelles.

FORMALITÉS D'ARRIVÉE ET DE DÉPART

Arrivée Ayez bien votre passeport et les documents requis (visas et carte de débarquement ; vérifiez sur le site www.diplomatie.gouv.fr/fr/conseils-aux-voyageurs/).

Départ Renseignez-vous sur ce que vous avez le droit ou non d'emporter. Si vous rapportez du whisky par exemple, il faudra le déclarer à la douane et la quantité ne devra pas être supérieure à 1 litre.

À L'AÉROPORT

Cartes SIM On en trouve facilement dans presque tous les aéroports : boutiques WHSmith, automates ou boutiques de téléphonie. Les boutiques sont ouvertes jusque vers 22h, les automates accessibles 24h/24, 7j/7.

Bureaux de change Il y a des guichets dans tous les aéroports, mais les taux seront toujours plus avantageux dans les banques en ville.

Wi-Fi Gratuit et facile à utiliser dans tous les aéroports de Londres.

Points de recharge Désormais disponibles dans tous les aéroports sauf à Southend, le plus petit ; ils sont parfois intégrés aux sièges.

DAB Reliés aux principaux systèmes bancaires (Visa, Mastercard, Maestro, etc.), il y en a dans tous les aéroports ; beaucoup distribuent au choix euros ou GBP (la livre sterling britannique).

REJOINDRE LE CENTRE DE LONDRES

Train express Des trains express desservent tous les aéroports sauf London City, proche du centre de Londres, desservi par le Docklands Light Railway (DLR). Selon l'aéroport d'arrivée, les trains déposent leurs passagers aux gares de Liverpool St, Victoria, King's Cross ou Paddington. Billets à partir de 9,70 £/aller.

Autocar National Express propose des cars entre Stansted, Luton et Gatwick et le centre de Londres à partir de 5 £. Ils desservent les principales interconnexions comme Stratford, London Victoria et King's Cross, ainsi que d'autres arrêts intermédiaires.

Transports en commun L'aéroport de Heathrow se trouve sur la ligne de métro Piccadilly, en zone 6. Il est aussi relié au centre par plusieurs bus (5h-minuit). L'aéroport de London City est sur la ligne DLR, qui va dans le centre.

BUDGET

10 £
pour un trajet de 2 miles ou de 10 minutes

1,55 £
pour tout trajet en bus – avec un plafond de **4,65 £** par jour

6 £
de Heathrow au centre de Londres

Taxi Dans les stations des aéroports, tous les taxis acceptent les cartes bancaires. Les applis de taxis ou de voitures avec chauffeur ont en général des zones de dépose minute qui leur sont dédiés.

Planifiez votre voyage Activez l'option "transports en commun" sur Google Maps pour planifier vos trajets vers/depuis l'aéroport. L'appli TfL Go est pratique pour les transports en commun.

Oyster Card Ces cartes de transport sont pratiques sur tous les transports de TfL (Transport for London). Si vous utilisez une carte de paiement sans contact ou un smartphone, renseignez-vous car ils peuvent inclure des frais pour les cartes bancaires étrangères. Des Oyster Cards déjà créditées s'achètent auprès du British Tourist Board (visitbritainshop.com) ou dans les gares ferroviaires des aéroports. On peut les recharger dans les stations, automates, certaines boutiques, en ligne ou via l'application TfL Oyster, si vous avez une adresse au Royaume-Uni.

CONSEILS PRATIQUES POUR CIRCULER

TfL
Transport for London gère les transports en commun de la ville. Son site Internet (www.tfl.gov.uk) et son appli (TfL Go) sont les plus pratiques pour planifier ses déplacements.

MÉTRO
Le métro ou *Tube* (London Underground) est le moyen de transport le plus commode. Il circule de 5h30 à 0h30, et 24h/24 sur cinq lignes, les vendredis et samedis.

Thames Clippers

Les bateaux de Thames Clippers permettent de circuler de manière agréable. Ils suivent la Tamise, avec des arrêts proches des principaux monuments de Londres, tels que Big Ben, le Globe Theatre et Tower Bridge. Les Clippers circulent tous les jours entre Putney à l'ouest et Woolwich à l'est, avec trois zones tarifaires (ouest, centre et est). Un billet illimité pour la journée coûte 18,40/9,20 £ (adulte/enfant).

1,55 £ pour tout trajet en bus

FREE

Transports gratuits pour les - de 10 ans

Wi-Fi gratuit dans les trains Overground

MARCHE
Londres se parcourt aisément à pied, et c'est le meilleur moyen de visiter le centre historique, où se trouvent nombre de grands sites touristiques.

BUS
Le réseau de bus est très étendu et pratique, même s'il est parfois plus rapide de marcher lorsqu'il y a des bouchons. Un trajet plein tarif coûte 1,55 £.

OVERGROUND ET DLR
En conjonction avec le métro, Le Docklands Light Railway (DLR) et l'Overground relient Londres à des endroits plus éloignés comme Enfield, au nord, Peckham, au sud, ou, pour le DLR, à un quartier spécifique : Docklands.

VÉLO
Les vélos Santander sont très commodes pour faire de courts trajets dans le centre, notamment depuis le développement d'un réseau de pistes cyclables. Téléchargez l'appli pour louer un vélo. Le port d'un casque n'est pas obligatoire.

Taxis

Les *black cabs* londoniens circulent partout et à toute heure, et si le coût est assez élevé, il faut en prendre un au moins une fois, ne serait-ce que pour l'expérience ! Hélez-en un dans la rue ou commandez-le via une des différentes applis, dont les plus populaires se nomment Gett ou Freenow.

Les Londoniens utilisent de plus en plus les applis comme Uber ou Bolt, qui reviennent en général moins cher.

À droite Plan du métro de Londres **À l'extrême droite** L'appli TfL Go app et une Oyster Card

VOYAGEURS HANDICAPÉS

L'accessibilité n'est pas le point fort des trains londoniens, planifiez donc vos transports avec soin. Sur les plans, cherchez les logos bleus ou blancs d'un fauteuil roulant pour chaque station. Le bleu indique un accès sans escalier de la rue au train, le blanc un accès sans escalier jusqu'au quai seulement ; demandez une assistance pour accéder au train si nécessaire. L'espace pour les fauteuils roulants est limité dans les bus, et il peut être difficile de monter à bord aux heures d'affluence.

L'ESSENTIEL DES TRANSPORTS EN COMMUN

Pour s'y retrouver dans le réseau ferré assez compliqué de Londres.

Le réseau comprend métro (Underground), TfL rail, Docklands Light Railway (DLR), Overground, tramway (South London uniquement) et le téléphérique Emirates Air Line (qui traverse la Tamise entre les stations North Greenwich et Royal Victoria).

Couleurs et noms Les lignes de métro londoniennes ont chacune un nom et une couleur. Les deux principales pour visiter le centre sont la Circle Line (jaune) et la Central Line (rouge).

Tarifs À Londres, les tarifs dépendent de plusieurs variables : votre mode de paiement (espèces, sans contact ou Oyster Card), l'heure de votre trajet, les zones que vous traversez et le nombre de voyages effectués. Le plus simple est de renseigner votre trajet sur le site de TfL ou l'appli TfL Go app, qui en détermineront automatiquement le coût. Très souvent, le moins cher est de créditer un forfait jour ou semaine sur une Oyster Card, à un automate en station, à un kiosque, en ligne ou via l'appli Oyster.

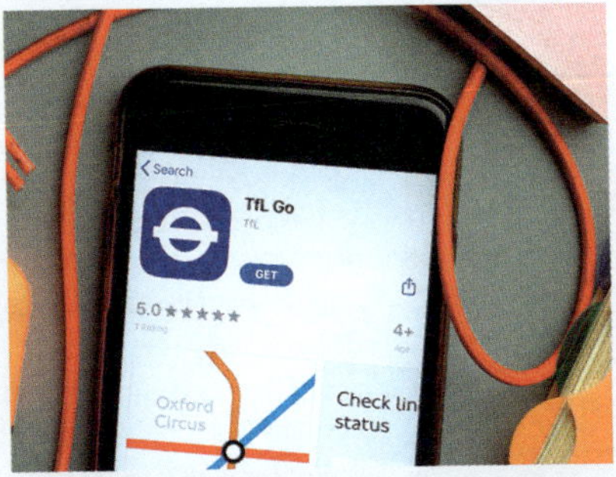

Oyster Card ou sans contact ? En prépayé, le tarif est le même avec une Oyster Card qu'avec un paiement sans contact (carte ou smartphone). Mais si votre option sans contact passe par une banque étrangère, il peut y avoir des frais supplémentaires, l'Oyster Card est alors plus intéressante. Et il sera moins cher d'y créditer un forfait jour ou semaine qu'en en achetant un séparément.

Correspondances De nombreuses stations du réseau ont des correspondances ; parmi les plus importantes, citons Liverpool St, Bank, Oxford Circus et King's Cross.

Plans et applis Il existe des plans du réseau dans toutes les stations, dans tous les trains et sur chaque quai. On peut aussi en télécharger une version PDF sur le site de TfL, ou y accéder via l'appli TfL Go.

HÉBERGEMENTS TYPIQUES ET INSOLITES

Les hébergements sont notoirement chers à Londres, les moins onéreux étant les quelques auberges de jeunesse de la ville. Pour un accueil plus chaleureux, essayez les B&B indépendants, à l'écart du centre, ou pour plus de glamour si vous voulez jouer le grand jeu, un apparthôtel luxueux avec services et même votre propre concierge.

BUDGET POUR UNE NUIT

Auberge
à partir de 30 £

Hôtel
à partir de 150 £

Apparthôtel
à partir de 170 £

AUBERGES DE JEUNESSE

Il y en a de moins en moins à Londres car les loyers continuent d'augmenter. Mais elles restent abordables, surtout pour les voyageurs en solo. Certaines disposent de chambres familiales.

B&B

Les B&B se raréfient et sont plus courants lorsqu'on s'éloigne du centre. C'est une solution confortable, accueillante, à des tarifs raisonnables, avec souvent un solide petit-déjeuner.

HÔTELS

Il y en a partout à Londres. Les hôtels du centre et proches de la Tamise seront généralement les plus chers.

ENTRE PARTICULIERS ET AIRBNB

La tendance à la location entre particuliers est de plus en plus répandue ; le choix est vaste, mais rien n'est bon marché.

APPARTHÔTELS

Croisement d'appartements et d'hôtels, ils sont en général plutôt haut de gamme, très bien situés, avec des services de conciergerie et de ménage.

RÉSERVATIONS

Certains hôtels indépendants proposent des tarifs plus avantageux à qui réserve directement chez eux mais, le plus souvent, les principales applis affichent les meilleurs prix. Les vacances d'été (juillet-août) et la période des fêtes de fin d'année sont habituellement les périodes les plus chargées.

Booking.com Site très prisé proposant des ristournes de fidélité.

Hostelworld (hostelworld.com). Auberges de jeunesse bon marché, surtout destinées aux routards et aux voyageurs en solo.

Luxury Serviced Apartments (luxuryservicedapartments.com). Très bon site pour les apparthôtels haut de gamme, dans les quartiers les plus appréciés.

OÙ SÉJOURNER, SI VOUS AIMEZ...

Histoire, architecture et petits jardins La City (p. 66). Une riche histoire et d'imposants gratte-ciel à quelques pas les uns des autres ; étonnamment calme la nuit, mais cher.

Théâtre, danse et shopping Le West End (p. 32). Cher mais exaltant. Beaucoup de lieux de sorties nocturnes, parfait pour une grande virée de shopping, mais rarement calme.

↓ Parcs, luxe et musées Kensington et Hyde Park (p. 112). Élégant, avec plusieurs grands musées, mais avec très peu d'hébergements bon marché, et à 25 minutes de transport du centre de Londres.

Marchés, boutiques et gastropubs Notting Hill et West London (p. 202). C'est là qu'on trouve le fameux marché et le carnaval, mais il est difficile d'y dénicher un hébergement à prix raisonnable.

↗ Culture, art et marchés d'alimentation South Bank (p. 92). Espaces d'art et de théâtre de renom à proximité les uns des autres ; hébergements abordables en s'éloignant du fleuve.

Bars, musique live et shopping Clerkenwell, Shoreditch et Spitalfields (p. 134) Beaucoup de bars et de restaurants, au détriment de la tranquillité. Les hébergements sont nombreux et la City n'est pas loin.

Culture, petits marchés et scène culinaire East London (p. 152). Cuisines d'avant-garde étoilées au Michelin ou multiethniques. Avec les meilleurs petits marchés de la ville, des hébergements abordables, et le centre est étonnamment proche.

Boutiques, espaces verts et cuisine d'Anatolie Hampstead et North London (p. 178). Quartiers appréciés et plutôt aisés, où se trouve le fameux Hampstead Heath. Pratiques et agréablement calmes, mais chers et à 20-30 minutes de transport du centre.

Culture locale, cuisine et microbrasseries Brixton, Peckham et South London (p. 224). Quartiers animés et vivants, avec une atmosphère de village. Ce sont les plus éloignés du centre, donc avec les hébergements les moins chers.

Page précédente L'hôtel Ritz **À gauche** Hampstead Heath (p. 190)
En haut Charcutier du Borough Market (p. 100)

SÉCURITÉ

Pour une ville de cette taille, Londres est sûre pour qui l'aborde avec bon sens. Certes, il y a déjà eu des attaques terroristes, mais le risque individuel est faible. Gardez l'œil sur vos sacs, portefeuilles et téléphones dans les bars, les night-clubs et les transports en commun.

SANTÉ

Depuis le 1er janvier 2021, le droit de l'Union européenne ne s'applique plus au Royaume-Uni. La carte européenne d'assurance maladie (en anglais EHIC) reste valable jusqu'à son expiration. Un certificat provisoire de remplacement peut être établi pour les citoyens de l'UE. Il est conseillé de souscrire une assurance voyages couvrant les dépenses médicales. À Londres, beaucoup de pharmacies sont ouvertes 7j/7.

QUARTIERS BRANCHÉS

Les quartiers tendance paient leur succès au prix de la tranquillité. En y allant, veillez à rester dans les secteurs les plus touristiques et ne vous aventurez pas seul(e) dans des endroits peu familiers, surtout la nuit. Agressions et vol à la tire sont rares, mais ils existent.

TRAVERSER LA RUE

Assurez-vous de regarder du bon côté en traversant une rue, mais prenez aussi garde aux nouvelles pistes cyclables, entre le trottoir et la chaussée.

WEI HUANG/SHUTTERSTOCK ©

TAXIS

Ne montez jamais dans un taxi sans licence, prenez un *black cab* ou un véhicule commandé via une appli reconnue de taxis ou de voitures avec chauffeur.

COVID-19

En raison de la pandémie de coronavirus, les voyageurs doivent respecter diverses conditions pour entrer au Royaume-Uni. Si vous vous sentez malade ou avez besoin de conseils, consultez www.diplomatie.gouv.fr/fr/conseils-aux-voyageurs/.

CONSEILS POUR VOUS AIDER À GÉRER VOTRE BUDGET

CARTES BANCAIRES

La pandémie de Covid-19 a accéléré la généralisation des modes de paiement sans contact (carte, smartphone) et même les vendeurs sur les marchés ont un terminal permettant de payer ainsi. Sachez qu'il peut y avoir des frais en payant avec une carte bancaire étrangère. Les cartes Visa et Mastercard sont les plus souvent acceptées.

CHANGE

Si possible, changez de l'argent dans un bureau de poste, car il n'y a aucune commission. On peut aussi le faire dans les banques, agences de voyages et bureaux de change.

DAB

Les distributeurs des banques sont sans frais. Les DAB privés prennent une petite commission. Les DAB des points d'entrée dans le pays (aéroports et gares) dispensent aussi des euros.

MONNAIE

Livre britannique

BUDGET

café
2,70 £

pinte de bière
5,00 £

dîner pour deux
45 £

PARTAGER LA NOTE

La plupart des restaurants acceptent volontiers de partager la note entre plusieurs payeurs. Mais savoir qui paye quoi reste du ressort des convives, hormis s'ils demandent dès le départ à avoir des additions séparées.

POURBOIRE

Les Londoniens laissent 10% de pourboire dans les restaurants, et 15% si le service a été excellent. Certains établissements incluent le service dans l'addition. Pour la plupart des autres services, taxis ou consommations dans un bar, le pourboire est optionnel.

RÉDUCTIONS ET PROMOTIONS

Tous les sites, activités et transports offrent des réductions aux étudiants, seniors, enfants et familles. Certains forfaits incluent aussi des réductions sur l'accès à certains grands sites touristiques. Le plus connu, le London Pass, est proposé à partir de 56 £ pour les adultes, et 37 £ pour les enfants.

LA FIN DE L'ARGENT LIQUIDE

L'usage des espèces continue de décliner à Londres, et on ne peut pas payer en liquide les taxis commandés via une appli, par exemple. La plupart des restaurants, bars et services touristiques acceptent en principe les espèces.

VOYAGE RESPONSABLE

Conseils pour découvrir Londres en ayant un impact positif et écoresponsable.

CHOISISSEZ DES LIEUX ÉCORESPONSABLES

Achetez dans des boutiques éthiques, comme Karavan Eco, qui suit ces principes depuis 1995. C'est l'endroit idéal pour acheter chaussettes ou T-shirts en bambou. @karavaneco

Assistez à une pièce dans un théâtre neutre en carbone. L'Arcola Theatre, à Dalston, a réduit ses émissions de carbone de 25% grâce à des panneaux solaires, sert de la bière brassée localement et, le mardi, on "paye ce qu'on peut". @arcolatheatre

Mangez pour réduire les déchets. Chez St John, à Smithfields, les abats – langue, pieds de mouton ou de porc, etc. – souvent jetés par d'autres bouchers, servent à faire de bons plats. @st.john.restaurant

Faites une visite guidée par Unseen (unseentours.org.uk), qui permet à d'anciens sans-abri et exclus de gagner leur vie en vous guidant dans les rues de leur ville.

En haut Bénévolat avec GoodGym
À droite Sacs du marché de Portobello Road (p. 208)

CONTRIBUER

Contribuer tout en gardant la forme avec Goodgym (goodgym.org), en courant, marchant ou pédalant pour une bonne cause ; aidez les plus vulnérables ou participez à un projet communautaire, tout en faisant de l'exercice.

Devenez bénévole chez Food Cycle (foodcycle.org.uk) et donnez à manger à des centaines de Londoniens précaires en transformant des surplus alimentaires en repas et en développant la solidarité.

Nettoyez les canaux avec London Boaters and Moo Canoes (moocanoes.com). Glissez sur les jolis canaux de Londres et échangez vos déchets récoltés contre des récompenses, lors d'événements réguliers.

SOUTENEZ LA VIE LOCALE

Visitez les marchés de Londres et achetez aux stands tenus par et pour les gens du coin.

Mangez et achetez local. À Paradise Row (paradiserowlondon.com), achetez un sac à main en cuir fabriqué par un artisan d'East London. Dînez à base de produits locaux au Barge East Restaurant (@bargeeast).

Levez votre verre en l'honneur des brasseurs indépendants. Goûtez aux bières des microbrasseries indépendantes telles que Crate Brewery (@cratebrewery) à Hackney ou Kernel Brewery (@thekernelbrewery) à Bermondsey.

APPROFONDIR

Assistez à un festival culturel et découvrez la culture banglado-britannique, lors du Boishakhi Mela (p 9, p. 23).

Visitez les quartiers multiculturels de Londres et découvrez les communautés anatoliennes de North London, afro-caribéennes de South London ou bangladaises d'East London.

Apprenez l'histoire des habitants de Londres dans des instituts méconnus tels que le Kobi Nazrul Centre (p. 163) ou les Black Cultural Archives (p. 227).

ALLÉGEZ VOTRE EMPREINTE CARBONE

Achetez dans les épiceries de vrac, où vous pouvez apporter vos propres contenants.

Emportez votre tasse pour aller dans les cafés.

Ayez toujours votre sac réutilisable à portée pour vos achats.

Déplacez-vous à pied ou à vélo autant que possible quand vous circulez.

Achetez vêtements et cadeaux dans les boutiques vintage et les marchés aux puces.

VOYAGES ET CHANGEMENTS CLIMATIQUES

Tous les moyens de transport fonctionnant à l'énergie fossile génèrent du CO_2 – la principale cause du changement climatique induit par l'homme. L'industrie du voyage est aujourd'hui dépendante des avions. Si ceux-ci ne consomment pas nécessairement plus de carburant par kilomètre et par personne que la plupart des voitures, ils parcourent en revanche des distances bien plus grandes et relâchent quantité de particules et de gaz à effet de serre dans les couches supérieures de l'atmosphère. De nombreux sites Internet utilisent des "compteurs de carbone" permettant aux voyageurs de compenser le niveau des gaz à effet de serre dont ils sont responsables par une contribution financière à des projets respectueux de l'environnement. Lonely Planet "compense" les émissions de tout son personnel et de ses auteurs.

RESSOURCES

handsonlondon.org.uk
wildlondon.org.uk
socialenterprise.org.uk
safh.org.uk
londonyouth.org

BOÎTE À OUTILS

CODE POSTAL
Sachez où se situe une adresse dans Londres grâce à la première lettre de son code postal ; E pour est, W pour ouest, etc.

WI-FI
Le Wi-Fi est gratuit dans la plupart des cafés et des bars, ainsi que dans certaines rues.

INFOS UTILES

Fuseau horaire
GMT+0

Indicatif pays
44

Électricité
230 V / 50 Hz

À SAVOIR

Les journaux et magazines gratuits tels que *Evening Standard*, *Metro* ou *Time Out* ont des guides des sorties.

Les ressortissants de pays comme le Canada et les États-Unis peuvent séjourner jusqu'à six mois sans visa au Royaume-Uni.

Il faut avoir au moins 18 ans pour acheter ou consommer de l'alcool.

On marchande sur les marchés (sauf pour l'alimentation) mais pas dans les boutiques.

En utilisant les escalators, il faut se tenir à droite, et marcher côté gauche.

VOYAGEURS HANDICAPÉS

Les hôtels plus spacieux et plus récents sont aussi plus accessibles que les anciens ; essayez d'y réserver suffisamment à l'avance.

Correspondances. Entre deux stations accessibles aux handicapés, attention à la station de correspondance, qui ne le sera pas forcément.

Les plus grands sites touristiques comme le British Museum ou Tower Bridge disposent d'audioguides ou de systèmes intégrés d'aide auditive. Hélas ! les guides en braille restent rares.

Les places de parking réservées aux visiteurs nécessitant une assistance sont courantes dans tout Londres.

Tous les ***black cabs*** sont accessibles aux usagers en fauteuil ; les plus récents ont aussi des interphones adaptés aux utilisateurs d'aides auditive.

Les **bus** sont faciles d'accès en dehors des heures de pointe ; leurs seuils s'abaissent jusque sur le trottoir. Les usagers en fauteuil voyagent gratuitement.

Les **chiens guides** sont bienvenus partout.

Consultez la page "accès handicapés" du site de Transport for London (tfl.gov.uk/transport-accessibility) pour organiser vos déplacements.

AccessAble (accessable.co.uk) donne des informations détaillées sur l'accessibilité à de nombreux sites touristiques de la ville.

EXCUSES
Les Londoniens, comme tous les Britanniques, ont tendance à s'excuser tout le temps. C'est dans leur culture.

POLITESSE
Quand vous rencontrez quelqu'un pour la première fois, n'hésitez pas à lui serrer la main.

FUMER ET VAPOTER
Interdit à l'intérieur et à proximité de nombreux bâtiments, mais il existe des espaces fumeurs.

EN FAMILLE

Les bus et les trains sont gratuits pour les enfants de 10 ans et moins.

L'espace pour les **poussettes** est limité dans les transports, surtout aux heures de pointe.

Il y a souvent de quoi **changer les bébés** dans les grandes chaînes de cafés du centre de Londres.

On peut **manger en famille** dans des chaînes comme Nandos, Wagamama ou Giraffe, qui proposent chaises hautes et menus pour enfants, tout comme dans certains pubs familiaux.

L'**entrée** à tous les sites touristiques est beaucoup moins chère pour les enfants.

POIDS ET MESURES
Au Royaume-Uni, le système de poids et de mesures est un mélange merveilleusement déconcertant des deux systèmes, métrique et impérial.

TOILETTES
- La plupart des restaurants et des pubs vous laisseront utiliser leurs toilettes si vous le leur demandez, même sans consommer.
- Les toilettes de certaines gares sont payantes.
- Dans quelques chaînes de cafés et restaurants, l'accès requiert un code, imprimé sur votre ticket de caisse.
- Il reste encore des toilettes publiques dans certains des plus grands parcs de la ville.

MARIO-GALAS/SHUTTERSTOCK ©

VOYAGEURS LGBTIQ+

La discrimination sans fard est très rare à Londres, surtout dans le centre, même si elle n'est pas absente des quartiers les plus conservateurs.

La culture britannique n'est pas encore tout à fait à l'aise avec les manifestations d'affection trop visibles ou trop soutenues.

Le village gay de Soho est l'endroit où on trouvera le plus de lieux accueillants à cet égard.

Time Out London LGBT (timeout.com/london/lgbt) reste l'un des meilleurs sites pour son guide d'adresses LGBTQI+.

LANGUE

Chacun peut parler une langue étrangère, le tout est d'oser. La grammaire, au final, n'est pas essentielle pour se débrouiller sur place. Pour réserver une chambre, commander un plat ou simplement engager la conversation, voici quelques phrases basiques qui vous aideront à vous exprimer en toutes circonstances !

EXPRESSIONS COURANTES

Bonjour/salut.	*Hello/Hi.*
Au revoir.	*Goodbye.*
Excuse(z)-moi.	*Excuse me.i*
Désolé(e).	*Sorry.*
S'il vous (te) plaît.	*Please.*
Merci.	*Thank you.*
Oui./Non.	*Yes./No.*

Parlez-vous français ?
Do you speak French?

Je ne comprends pas.
I don't understand.

Comment allez-vous/vas-tu ?
How are you/How do you do?

Bien. Et vous/toi ?
Fine. And you?

POUR ALLER PLUS LOIN

Indispensable pour mieux communiquer sur place : le *Guide de conversation anglais* de Lonely Planet. Pour réserver une chambre, lire un menu ou simplement faire connaissance, ce manuel permet d'acquérir des rudiments d'anglais. Inclus : un minidictionnaire bilingue.

AU RESTAURANT

Je suis végétarien(ne).
I'm vegetarian.

Je voudrais..., s'il vous plaît.
I'd like ..., please.

L'addition s'il vous plaît.
The bill, please.

C'était délicieux !	*That was delicious!*
Santé !	*Cheers!*
une table pour (deux)	*a table for (two)*
ce plat	*that dish*
la carte des vins	*the wine list*

HÉBERGEMENT

Où puis-je trouver un hôtel ?
Where's a hotel?

Quel est le prix par nuit ?
How much is it per night?

Je voudrais réserver une chambre.
I'd like to book a room.

J'ai une réservation.
I have a reservation.

URGENCES

Au secours ! *Help!*

Appelez la police ! *Call the police!*

Appelez un médecin (qui parle français) !
Call a doctor who speaks French!

Où y a-t-il un dentiste par ici ?
Where's a dentist nearby?

Je suis perdu(e). *I'm lost.*

Je suis malade. *I'm sick.*

Où sont les toilettes ? *Where's the bathroom?*

HEURE ET NOMBRES

Quelle heure est-il ?	*What time is it?*
Il est (1/13) heure(s).	*It's (one am/pm) o'clock.*
matin	*morning*
après-midi	*afternoon*
soir	*evening*
hier	*yesterday*
aujourd'hui	*today*
demain	*tomorrow*

1	*one*	**6**	*six*
2	*two*	**7**	*seven*
3	*three*	**8**	*eight*
4	*four*	**9**	*nine*
5	*five*	**10**	*ten*

TRANSPORTS ET ORIENTATION

Où est...?
Where's ...?

Quelle est l'adresse ?
What's the address?

Pouvez-vous me montrer (sur la carte) ?
Can you show me (on the map)?

Un billet pour..., s'il vous plaît.
One ticket for ... please.

À quelle heure part le bus/le train ?
What time does the bus/train leave?

Je voudrais un taxi.
I'd like a taxi.

Ce taxi est-il libre ?
Is this taxi free?

Arrêtez-vous ici, s'il vous plaît.
Please stop here.

SHOPPING

Je cherche...
I'm looking for ...

Combien est-ce que ça coûte ?
How much is it?

C'est trop cher.
That's too expensive.

Pouvez-vous baisser le prix ?
Can you lower the price?

Index

D

E

F

G

000 Références des cartes

N

O

P

000 Références des cartes

DEMI PERERA

Demi est née au Sri Lanka et a grandi à Londres. Selon elle, on n'explore jamais mieux un endroit qu'à pied : c'est ainsi que l'on peut voir les choses qui nous échapperaient autrement.

@girl_travelsworld

Mon expérience favorite est un dîner à Exmouth Market. Manger en plein air avec des amis un soir d'été et bavarder pendant des heures.

QIN XIE

Journaliste et éditrice spécialisée, Qin Xie vit à Londres. Elle aime découvrir les nouveaux restaurants, faire du paddle sur la Tamise et assister à des spectacles insolites dans de petits théâtres.

@qinxiesays

Mon expérience favorite est d'assister à une représentation au Shakespeare's Globe. C'est une expérience différente et exaltante à chaque fois.

THARIK HUSSAIN

Vivant à Londres, Tharik est l'auteur du livre *Minarets in the Mountains: A Journey into Muslim Europe*, et aime partager ses connaissances approfondies sur le patrimoine musulman et les voyages.

@tharik_hussain _tharikhussain

Mon expérience favorite est un dimanche après-midi à Brick Lane, consacré à vivre des expériences culinaires ou culturelles, ou à chiner, avant d'aller au Columbia Road Flower Market.

TRAVIS LEVIUS

Né à Brooklyn, Travis est un journaliste multimédia et créateur de contenu qui se partage entre Atlanta, aux États-Unis, et Londres. Il organise également des ateliers sur l'écriture de voyages.

@misterlevius

Mon expérience favorite est la contemplation du ciel londonien au coucher du soleil, un verre de cidre à la main, au-dessus du Frank's Café, à Peckham.

À PROPOS DE CET OUVRAGE

Traduction
Florence Delahoche, Vincent Guilluy

Direction éditoriale
Didier Férat

Responsable éditorial
Dominique Bovet

Responsable prépresse
Jean-Noël Doan

Coordination éditoriale et adaptation française
Carole Haché

Maquette
Denis Montagner

Cartographie
Nicolas Chauveau

Couverture
Laurent Briard, Laure Wilmot

Remerciements à Jean-Victor Rebuffet pour sa précieuse contribution au texte. Merci à Jacqueline Menanteau pour sa relecture attentive. Un grand merci, enfin, à Dominique Spaety du bureau de Lonely Planet à Paris, ainsi qu'à Luan Angel et Nigel Longuet à Londres, et à Jean-Pierre Masclef à Melbourne.

Nos auteurs

HANNAH AJALA

Journaliste anglo-nigériane, Hannah partage ses aventures, essentiellement en ligne et dans les articles qu'elle écrit, tant sur ses voyages en Afrique de l'Ouest que sur ses expériences londoniennes. Elle produit et présente des podcasts pour la BBC.

@hannah_ajala

Mon expérience favorite est de prendre un train aérien qui traverse mon quartier animé de Hackney, lequel déborde de magasins et galeries éphémères, et d'effluves de cuisines provenant de tous les continents.

LINDA KONDE

Journaliste et éditrice venue de Suède, Linda est née au Congo et a vécu à Los Angeles. Elle se passionne pour les voyages, la culture et la cuisine, et tient VacayStories, un blog haut en couleur sur Londres, la nourriture et les voyages.

@lyndakonde

Mon expérience favorite est un dîner entre amis à Soho ou dans le quartier de Shoreditch, en profitant d'un verre sur une terrasse avec vue, ou un moment détente dans un parc, par un bel après-midi d'été.

Les meilleures expériences à Londres
1re édition
Traduit et adapté de l'ouvrage *Best Experiences London, 1st edition, novembre 2021*

92 avenue de France - 75013 Paris

Dépôt légal Septembre 2022
ISBN 978-2-81619-588-0

Imprimé par ESTIMPRIM, Autechaux, France

En Voyage Éditions | un département édi8